L.b. 1900.
27.a.6.

MÉMOIRES

POUR SERVIR

A L'HISTOIRE DE FRANCE

SOUS LE GOUVERNEMENT

DE NAPOLÉON BUONAPARTE,

ET PENDANT L'ABSENCE

DE LA MAISON DE BOURBON;

Contenant des anecdotes particulières sur les principaux personnages de ce temps.

PAR J.-B. SALGUES.

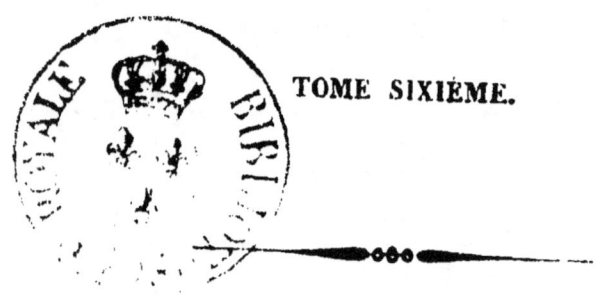

TOME SIXIÈME.

PARIS.

IMPRIMERIE-LIBRAIRIE DE J. G. DENTU,
RUE DU COLOMBIER, N° 21.

1826.

MÉMOIRES

POUR SERVIR

L'HISTOIRE DE FRANCE.

MÉMOIRES

POUR SERVIR

A L'HISTOIRE DE FRANCE

SOUS LE GOUVERNEMENT

DE NAPOLÉON BUONAPARTE,

ET PENDANT L'ABSENCE

DE LA MAISON DE BOURBON.

CHAPITRE PREMIER.

Protestation de Louis XVIII, roi de France, contre l'usurpation de Buonaparte; lettre noble et courageuse de ce prince au roi d'Espagne, en lui renvoyant l'ordre de la Toison-d'Or. Commencement du procès du général Moreau et de ses co-accusés. Explications de lord Hawkesbury à l'occasion des intrigues politiques de M. Drake et de sir Spencer Smith.

L'HÉRITIER légitime de la couronne ne pouvoit voir en silence un soldat heureux s'asseoir sur le trône qu'avoient occupé si long-temps et avec tant de gloire les rois ses aïeux. Du fond de son exil de Varsovie, où les rigueurs de la fortune continuoient de le retenir, il adressa à tous les souverains une protestation digne de son rang et de son caractère.

« En prenant le titre d'empereur, disoit le
« monarque légitime, Buonaparte vient de
« mettre le sceau à son usurpation. Ce nouvel
« acte d'une révolution où tout, dès l'origine,
« a été nul, ne peut sans doute infirmer mes
« droits. Mais comptable de ma conduite à tous
« les souverains, dont les droits ne sont pas
« moins lésés que les miens, et dont les trônes
« sont tous ébranlés par les principes dange-
« reux que le Sénat de Paris a osé mettre en
« avant ; comptable à la France, à ma famille,
« à mon propre honneur, je croirois trahir la
« cause commune en gardant le silence en
« cette occasion. Je déclare donc (après avoir,
« au besoin, renouvelé mes protestations con-
« tre tous les actes illégaux qui, depuis l'ou-
« verture des États-Généraux en France, ont
« amené la crise effrayante dans laquelle se
« trouvent la France et l'Europe), je déclare,
« en présence de tous les souverains, que
« loin de reconnoître le titre impérial que
« Buonaparte vient de se faire déférer par un

« corps qui n'a pas même d'existence légi-
« time, je proteste contre ce titre et contre
« tous les actes subséquens auxquels il pour-
« roit donner lieu. »

Quelques jours auparavant, ce prince, que l'infortune pouvoit accabler, mais non pas abattre, avoit renvoyé au roi d'Espagne l'ordre de la Toison d'Or, dont Buonaparte venoit d'être décoré, en accompagnant ce renvoi d'une lettre pleine de noblesse et de dignité.

« Il ne peut y avoir, écrivoit Louis XVIII,
« il ne peut y avoir rien de commun entre moi
« et le grand criminel que l'audace et la fortune
« ont placé sur un trône qu'il a eu la barbarie
« de souiller du sang pur d'un Bourbon, du
« duc d'Enghien. La religion peut m'engager
« à pardonner à un assassin, mais le tyran de
« mon peuple doit toujours être mon ennemi.
« Si la Providence, par des motifs inexplica-
« bles, me condamne à finir mes jours en
« exil, jamais ni mes contemporains ni la
« postérité ne pourront dire que, dans le
« temps de l'adversité, je me suis montré in-
« digne d'occuper, jusqu'au dernier soupir, le
« trône de mes ancêtres. »

C'étoit un noble spectacle, dans cet abandon général de tous les sentimens généreux, dans cette servitude universelle de tous les cœurs, de voir un roi malheureux donner asile dans le sien à tout ce que la nature humaine a de plus élevé et de plus grand. Un de ses aïeux disoit que *si la bonne foi étoit bannie du reste de la terre, elle devoit se retrouver dans le cœur des rois.* Louis XVIII pouvoit en dire autant de la noblesse des sentimens. Ce prince étoit loin de prévoir alors que, dix ans après, au même mois et presqu'au même jour où Buonaparte recevoit du haut de son trône des hommages usurpés, il rentreroit, lui, dans sa capitale au milieu des acclamations générales, et qu'il seroit salué du nom de *Louis-le-Désiré*. Ainsi roulent sur le char du temps, couvertes d'un voile impénétrable, les destinées des empires.

En ce moment tout sembloit se réunir pour consommer la ruine du trône des Capets. Les adresses et les félicitations arrivoient de toutes les provinces de France, un concours immense de courtisans remplissoit les salles du palais de Buonaparte, tandis que l'on voyoit paroître devant les tribunaux, sous les livrées d'un accusé, les sujets les plus dévoués de l'ancienne monarchie. L'issue de ce procès n'étoit pas douteuse; l'abolition du jury, l'institution d'un tribunal spécial, le choix du juge chargé de la poursuite des prévenus, les écrits répandus contre eux, tout annonçoit le dessein de les perdre. L'Europe entière prenoit part à ce grand procès.

Moreau avoit rempli le monde du bruit de ses victoires ; sa réputation ne reposoit point uniquement sur la gloire des armes, elle se fondoit sur ses qualités personnelles, sur cette estime qui se forme dans les hautes classes de la société, et provient de la réflexion, du jugement et de l'affection. La réputation de Buonaparte n'avoit pas des fondemens aussi nobles et aussi solides; elle étoit le produit du prestige, de l'enthousiasme et de l'artifice. Le général Moreau n'employoit aucun moyen pour accroître sa renommée et conquérir la faveur populaire. Buonaparte n'en négligeoit aucun : les poëtes, les peintres, les orateurs, les historiens, les théâtres, tout étoit mis en réquisition pour célébrer son génie, ses bienfaits, sa gloire. Moreau n'avoit point d'adulateurs, parce qu'il n'avoit rien à donner. Buonaparte disposoit de tout, et les flatteurs, espèce de lèpre qui s'attache à tous les gouvernemens, l'attendoient aux portes de son palais, sur sa route, dans les camps, pour recueillir le prix de leur complaisance et de leur servitude. L'encens fumoit sur les autels du demi-dieu, et quelque épais qu'il fût, il le respiroit avec délices.

Moreau se croyoit trop grand pour aller grossir ce cortége. Moreau, renfermé chez lui, sans ostentation et sans luxe, vivoit modestement de son traitement de général en chef, qui se montoit à 40,000 francs; sa cour se composoit de quelques généraux habiles et modestes comme lui, qui dédaignoient les faveurs de Napoléon. Dans ce petit cercle d'amis on parloit quelquefois assez librement de l'idole devant laquelle se courboient toutes les puissances. Buonaparte n'ignoroit pas que, deux mois environ avant le 18 brumaire, un parti qui vouloit renverser le Directoire s'étoit adressé à son rival, et que le général Moreau avoit répondu : *Adressez-vous à Buonaparte, il entend à merveille l'art de faire la guerre dans les rues de Paris.* On s'expliquoit chez lui sans détour sur l'expédition d'Angleterre. Aucun général instruit ne pouvoit y croire, et l'on rioit de pitié à la vue de cette quantité de péniches que l'on construisoit avec appareil à la Rapée et à l'esplanade des Invalides. Moreau les appeloit des *coquilles de noix.* Nous avons rapporté plus haut sa plaisanterie sur les sabres et les pistolets d'honneur. De son côté, Buonaparte ressentoit un dépit profond de la fierté de son rival et de ses bons mots. Il s'en vengeoit en parlant de ses talens avec dédain, et l'appeloit *le général des retraites* (1). Le jour de la solennité du concordat, à Notre-Dame, Mme Moreau, qui s'étoit présentée pour prendre place parmi les dames de la famille de Buonaparte ou les femmes des généraux de division, avoit été grossièrement repoussée et réduite à se retirer. Enfin Buonaparte sentoit que Moreau étoit le seul qui pût ébranler son trône, si jamais il se décidoit à se mettre à la tête d'un parti, et les essais des royalistes étoient pour lui un redoutable avertissement. Ainsi tout se réunissoit pour le décider à perdre un rival dangereux, son propre péril, son orgueil et le plaisir de la vengeance.

Nulle puissance étrangère n'étoit plus intéressée à cette cause célèbre que la Grande-Bretagne : c'étoit elle que Buonaparte accusoit d'avoir formé le complot d'attenter à sa vie, et de s'assurer le succès de la guerre qui venoit de

---

(1) Dans les divers écrits venus de Sainte-Hélène, on fait dire à Buonaparte que Moreau étoit un bon général de division, mais incapable de commander en chef; qu'il étoit infiniment au-dessous de Kléber, de Desaix, et même de Soult. On lui fait dire aussi que, comme général, Pichegru étoit un homme d'un talent peu ordinaire, infiniment supérieur à Moreau, quoiqu'il n'eût rien fait de véritablement remarquable.

s'allumer, sans avoir besoin ni de ses soldats ni de ses vaisseaux. Ces accusations étoient répétées tous les jours en France ou dans le pays soumis à sa domination. La conduite de M. Drake et celle de sir Spencer Smith donnoient un grand poids à cette imputation, et le silence des ministres anglais pouvoit être pris pour un aveu tacite; mais ils furent forcés de s'expliquer. M. Hill, le plus célèbre jurisconsulte de l'Angleterre, homme également vénéré pour son savoir, son désintéressement, la fermeté d'âme et la chaleur du patriotisme qu'il avoit conservées dans un âge très-avancé, (à quatre-vingt dix ans), présenta au lord-chancelier un Mémoire plein de force sur la nécessité de repousser les odieuses inculpations du gouvernement français. Dans le même temps, les ministres furent interpellés, dans la Chambre des communes, de déclarer s'il étoit vrai que le cabinet britannique se fût associé à des projets d'assassinat contre le premier consul. Le chancelier de l'échiquier se leva, et affirma, sur son honneur, qu'il n'avoit jamais pris aucune part à un semblable projet, ni autorisé aucune machination du genre de celles dont le gouvernement français avoit accusé M. Drake.

Mais ces déclarations isolées ne suffisoient

pas pour justifier le ministère entier, et satisfaire à ce que les gouvernemens de l'Europe avoient droit d'attendre de lui ; lord Hawkesbury crut donc devoir s'expliquer d'une manière officielle ; il adressa à tous les ministres étrangers près la cour de Saint-James une note dans laquelle il essaya formellement de justifier la conduite de M. Drake et de sir Spencer Smith, en protestant néanmoins que Sa Majesté lui avoit donné l'ordre de déclarer qu'elle croyoit n'avoir pas besoin de repousser avec tout le dédain et l'indignation qu'elle méritoit, l'atroce et calomnieuse imputation d'avoir participé à aucun projet d'assassinat, accusation aussi incompatible avec l'honneur du roi qu'avec le caractère connu de la nation britannique.

Après cette profession publique, on fut étonné de le voir poser des principes jusqu'alors inconnus aux nations civilisées ; il prétendit qu'un Etat en guerre avec un autre Etat avoit droit d'employer tous les moyens de servir sa cause ; qu'il étoit de son devoir et de sa sagesse de se procurer, par des voies secrètes et détournées, des renseignemens sur la situation intérieure du gouvernement ennemi, d'y entretenir et propager les mécontens, d'y susciter des troubles, s'ils pouvoient être utiles. Il appuyoit cette doctrine de l'exemple de la France, qui, sous le nom d'*agens de commerce*, avoit établi l'espionage au sein de l'Angleterre, fomenté des séditions en Irlande, retenu prisonniers les sujets de Sa Majesté britannique qui se trouvoient en France au moment du départ de l'ambassadeur. Il demandoit s'il étoit une convention, un traité, une capitulation, que le gouvernement français eût respectés, et citoit des faits récens qui justifioient ces reproches : ces faits étoient vrais; mais une mauvaise action n'a jamais autorisé un mauvais principe, et les maximes du cabinet anglais, comme les actions de Buonaparte, ne tendoient qu'à bouleverser tout droit public, à ramener la barbarie au sein de la civilisation.

M. de Talleyrand, chargé de répondre à cette note, fit un plaidoyer éloquent contre le ministre anglais.

« Le projet, dit-il, que le gouvernement anglais a conçu depuis un demi-siècle, d'abolir graduellement le système tutélaire du droit public qui unit et engage toutes les nations policées, se développe avec une progression effrayante. Les gouvernemens attendront-ils, pour s'élever contre une telle entreprise, qu'il n'existe plus aucun lien moral qui préserve leurs droits, garantisse leurs engagemens et protége leurs intérêts ?

« Le gouvernement anglais a jusqu'à présent opposé à chaque puissance, selon sa position particulière, une maxime injurieuse à son honneur, et subversive de tous ses droits ; aujourd'hui il les attaque ensemble, et pour mieux atteindre son but, il adresse ses coups à la morale même, et si je puis ainsi dire, à la religion du droit public.

« En tout pays, en tout temps, le ministère des agens diplomatiques fut en vénération parmi les hommes. Ministres de paix, organes de conciliation, leur présence est un augure de sagesse, de justice et de bonheur ; ils ne parlent, ils n'agissent que pour terminer ou prévenir les différends funestes qui divisent les princes et dégradent les peuples par les passions, les meurtres et la misère que la guerre produit : tel est le but du ministère diplomatique ; c'est à l'observation des devoirs qu'il impose, c'est au caractère généralement respectable des hommes qui exercent ce ministère sacré en Europe, qu'elle doit la gloire et le bonheur dont elle jouit. »

Ces maximes étoient belles et noblement exprimées : mais étoit-ce au gouvernement français qu'il appartenoit de les réclamer ? avoit-il lui-même montré une grande vénération pour le caractère diplomatique, quand, en pleine paix, il avoit chargé ses espions de lever en secret les plans des côtes d'Angleterre, d'en sonder les ports, d'en étudier les passes, et de suivre attentivement les mouvemens d'insurrection en Irlande ? Et quand des soldats passèrent le fleuve pour aller au-delà de ses rives surprendre, pendant la nuit, sur une terre amie, arracher de son domicile et livrer à des assassins un prince qui reposoit sur la foi du droit public ; quand le ministre prescrivoit un secret coupable à ses agens diplomatiques ; quand il veilloit lui-même à l'accomplissement du crime, professoit-il un grand respect pour le lien moral qui unit les nations ? mais alors on s'étoit de part et d'autre affranchi de tout devoir.

Il étoit incontestable que le ministère anglais avoit eu pleine connoissance des projets de Georges, du départ du général Pichegru et des autres chefs de la conspiration, qu'il l'avoit approuvée, qu'il avoit chargé le capitaine Wright de les débarquer, et s'étoit engagé à servir de ses fonds et soutenir de ses intelligences cette hardie conception. Buonaparte exagéroit quand il parloit d'assassinat, mais il disoit vrai quand il parloit de complots contre sa personne. Bientôt tout alloit devenir public, et tous les doutes fixés sur la nature de cette entreprise et la part que pouvoit y avoir prise le vainqueur d'Hohenlinden.

CHAPITRE II.

Fin du procès du général Moreau, de Georges Cadoudal et de ses co-accusés.

Tandis que les portes du palais impérial s'ouvroient chaque jour pour recevoir la foule servile des courtisans qui venoient saluer Napoléon assis sur le trône qu'ils lui avoient élevé, les portes du Palais-de-Justice s'ouvroient aussi pour montrer au peuple, assis sur le banc des accusés, d'une part, un illustre guerrier aussi recommandable par ses vertus privées que par l'éclat de ses victoires, de l'autre, des hommes de cœur, des sujets fidèles à l'honneur, fidèles à l'ancienne monarchie, dont tout le crime étoit d'avoir voulu relever le trône, non pour y asseoir un usurpateur, mais l'héritier légitime du sceptre de saint Louis.

De quels souvenirs douloureux ce lieu n'étoit-il pas rempli! c'étoit là qu'avoit paru, dépouillée de tout l'appareil de sa grandeur, l'épouse infortunée de Louis XVI, cette reine auparavant si brillante de grâces, de jeunesse et d'esprit ; c'étoit là qu'une princesse, modèle angélique de toutes les vertus, après avoir partagé les malheurs et les souffrances de sa famille, étoit venue entendre son arrêt de mort; c'étoit de là, de cette même salle, qu'étoit sortie cette foule d'honorables victimes immolées à une horde de cruels et vils ambitieux qui se disputoient leurs dépouilles; c'étoit là que, peu de jours auparavant, on avoit vu étendus les restes inanimés d'un illustre guerrier immolé à la plus lâche jalousie. Ces réflexions n'échappoient point à ceux que ce grand et tragique spectacle avoit attirés; ils croyoient revoir encore la révolution armée de ses anciennes fureurs.

Les accusés, au nombre de quarante-sept, étoient rangés sur trois lignes : à la tête de la première étoit Georges Cadoudal, chef de la conjuration; à la tête de la seconde, le général Moreau. Le danger n'étoit pas égal pour tous; quelques-uns n'étoient prévenus que d'avoir donné asile aux conjurés, quelques autres que d'avoir favorisé leur débarquement ou leur arrivée à Paris. Ceux que l'on remarquoit davantage, après Cadoudal et le général Moreau, étoient MM. de Polignac, de Rivière, le général Lajollais, Coster de Saint-Victor, Léridant, Bouvet de Lozier, Couchery, le major

Russillon, Rolland, l'abbé David, et Joyaut, aide-de-camp de Georges.

Si l'expérience n'avoit démontré depuis long-temps combien il est difficile de conduire une conspiration, et à quels dangers s'exposent ceux qui les entreprennent, le procès de Georges et du général Moreau en auroit fourni un grand' exemple. La plupart des accusés, dès qu'ils se virent sous la main d'une justice inexorable, ne purent soutenir les regards de leurs juges ni les envisager sans pâlir; et si Georges trouva quelques hommes fidèles et braves, il est triste de le dire, ce ne fut pas parmi les compagnons les plus distingués de sa malheureuse entreprise. Moreau lui-même ne put se défendre d'un accès de foiblesse : frappé par le malheur, le héros se fit homme, et descendit de sa dignité jusqu'à écrire à son oppresseur une lettre apologétique que l'histoire a conservée comme un des plus tristes monumens des misères du cœur humain.

« Général,

« Voilà bientôt un mois que je suis détenu comme complice de Georges et de Pichegru, et je suis peut-être destiné à me disculper devant les tribunaux du crime d'attentat à la sûreté de l'Etat et du chef du gouvernement.

« J'étois loin de croire, après avoir traversé la révolution et la guerre exempt du moindre reproche d'incivisme et d'ambition, et surtout quand à la tête des armées victorieuses j'aurois eu les moyens de les satisfaire, que ce soit au moment où, vivant en simple particulier, occupé de ma famille, et voyant un très-petit nombre d'amis, qu'on puisse m'accuser d'une pareille folie.

« Nul doute que mes anciennes liaisons avec le général Pichegru ne soient les motifs de cette accusation.

« Avant de parler de ma justification, permettez, général, que je remonte à la source de ces liaisons, et je ne doute pas de vous convaincre que les rapports que l'on peut conserver avec un ancien chef et un ancien ami, quoique divisés d'opinion et ayant servi des partis différens, soient loin d'être criminels.

« Le général Pichegru vint prendre le commandement de l'armée du Nord au commencement de la campagne de l'an II. Il y avoit environ six mois que j'étois général de brigade. Je remplissois, par intérim, les fonctions de divisionnaire. Content de quelques succès et de mes dispositions à la première tournée de l'armée, il m'obtint très-promptement le grade que je remplissois momentanément.

« En entrant en campagne, il me donna le commandement de la moitié de l'armée, et me chargea des opérations les plus importantes. Deux mois avant la fin de la campagne sa santé le força de s'absenter. Le gouvernement me chargea, sur sa demande, d'achever la conquête d'une partie du Brabant hollandais et de la Gueldre. Après la campagne d'hiver qui nous rendit maîtres de la Hollande, il passa à l'armée du Haut-Rhin, me désigna pour son successeur, et la Convention nationale me chargea du commandement qu'il quittoit. Un an après, je le remplaçai à l'armée du Rhin. Il fut appelé au Corps législatif, et alors je cessai d'avoir des rapports fréquens avec lui.

« Dans la courte campagne de l'an v, nous prîmes les bureaux de l'état-major de l'armée ennemie. On me remit une grande quantité de papiers, que le général Desaix, alors blessé, s'amusa à parcourir. Il nous parut, par cette correspondance, que le général Pichegru avoit eu des relations avec les princes français. Cette découverte nous fit beaucoup de peine, et à moi particulièrement; nous convînmes de la laisser en oubli. Je pris néanmoins des précautions pour la sûreté de l'armée. Le déchiffrage des pièces les avoit mises aux mains de plusieurs personnes. Les évènemens du 18 fructidor s'annonçoient, l'inquiétude étoit assez grande. Deux officiers qui avoient connoissance de cette correspondance m'engagèrent à en faire part au gouvernement, et me firent entendre qu'elle devenoit assez publique, et qu'à Strasbourg on s'apprêtoit à instruire le Directoire.

« J'étois fonctionnaire public, et ne pouvois garder un plus long silence : mais sans m'adresser directement au gouvernement, j'en prévins confidentiellement le directeur Barthélemy, en le priant de me faire part de ses conseils, et le prévenant que ces pièces, quoique assez probantes, ne pouvoient faire preuve judiciaire, puisque rien n'étoit signé, et que tout étoit en chiffres.

« Ma lettre arriva à Paris peu d'instans après que le citoyen Barthélemy eut été arrêté, et le Directoire, à qui elle fut remise, me demanda les papiers dont elle faisoit mention.

« Pichegru fut à Cayenne, et de retour, successivement en Allemagne et en Angleterre. Je n'eus aucune relation avec lui. Peu de temps après la paix d'Angleterre, M. David, oncle du général Souham, qui avoit passé un an avec lui à l'armée du Nord, m'écrivit que le général Pichegru étoit le seul des fructidorisés qui ne fût point rentré, et il me mandoit qu'il étoit étonné d'apprendre que c'étoit sur ma seule opposition que vous vous refusiez à permettre son retour en France. Je répondis à M. David que, loin d'être opposant à sa rentrée, je me ferois au contraire un devoir de la demander. Il communiqua ma lettre à quelques personnes, et j'ai su depuis qu'on vous fit positivement cette demande.

« Quelque temps après, M. David m'écrivit qu'il avoit engagé Pichegru à vous demander lui-même sa radiation, mais qu'il avoit répondu ne vouloir la demander qu'avec la certitude de l'obtenir; qu'au surplus il le chargeoit de me remercier de la réponse que j'avois faite à l'imputation de m'opposer à sa rentrée, qu'il ne m'avoit jamais cru capable d'un pareil procédé, et qu'il savoit même que, dans l'affaire de la correspondance avec Kinglin, je m'étois trouvé dans une position très-délicate....

« Je n'entendis plus parler de Pichegru que très-indirectement, et par des personnes que la guerre forçoit de revenir en France.

« Depuis cette époque jusqu'au moment où nous nous trouvons, pendant ces deux dernières campagnes d'Allemagne et pendant la paix, il m'a été fait quelquefois des ouvertures assez éloignées pour savoir s'il seroit possible de me faire entrer en relation avec les princes français. Je trouvai tout cela si ridicule, que je n'y fis pas même de réponse.

« Quant à la conspiration actuelle, je puis vous assurer également que je suis loin d'y avoir eu la moindre part. Je vous avoue même que je suis à concevoir comment une poignée d'hommes épars ose espérer de changer la face de l'Etat, et de remettre sur le trône une famille que les efforts de toute l'Europe et la guerre civile n'ont pu parvenir à y placer, et que surtout je fusse assez déraisonnable, en y concourant, pour y perdre tout le fruit de mes travaux, qui devroient m'attirer de sa part des reproches continuels.

« Je vous le répète, général, quelque proposition qui m'ait été faite, je l'ai repoussée par opinion, et regardée comme la plus insigne de toutes les folies; et quand on m'a présenté les chances de la descente en Angleterre comme favorables à un changement de gouvernement, j'ai répondu que le Sénat étoit l'autorité à laquelle tous les Français ne manqueroient pas de se réunir en cas de troubles, et que je serois le premier à me soumettre à ses ordres.

« De pareilles ouvertures faites à moi particulier isolé, n'ayant voulu conserver aucune relation avec ni dans l'armée, dont les neuf dixièmes ont servi sous mes ordres, ni avec aucune autorité constituée, ne pouvoient exiger de ma part qu'un refus. Une délation répugnoit trop à mon caractère. Presque toujours jugée avec sévérité, elle devient odieuse, et imprime un sceau de réprobation sur celui qui s'en est rendu coupable vis-à-vis des personnes à qui on doit de la reconnoissance et avec qui l'on a eu d'anciennes liaisons d'amitié. Le devoir même peut quelquefois céder au cri de l'opinion publique.

« Voilà, général, ce que j'avois à vous dire sur mes relations avec Pichegru; elles vous convaincront sûrement qu'on a tiré des inductions bien fausses et bien hasardées de démarches et d'actions qui, peut-être imprudentes, étoient loin d'être criminelles, et je ne doute pas que si vous m'aviez fait demander, sur la plupart de ces faits, des explications que je me serois empressé de vous donner, elles vous auroient fait éviter les regrets d'ordonner une détention, et à moi l'humiliation d'être dans les fers, et peut-être obligé d'aller devant les tribunaux dire que je ne suis pas un conspirateur, et appeler, à l'appui de ma justification, une probité de vingt-cinq ans qui ne s'est jamais démentie, et les services rendus à mon pays. Je ne vous parlerai pas de ceux-ci, général; j'ose croire qu'ils ne sont pas encore effacés de votre mémoire; mais je vous rappellerai que si l'envie de prendre part au gouvernement avoit été un seul instant le but de mes services et de mon ambition, la carrière m'en a été ouverte d'une manière bien avantageuse quelque temps avant votre retour d'Egypte, et sûrement vous n'avez pas oublié le désintéressement que je mis à vous seconder au 18 brumaire. Des ennemis nous ont éloignés depuis ce temps. C'est avec bien des regrets que je me vois forcé de parler de moi et de ce que j'ai fait; mais dans un moment où je suis accusé d'être le complice de ceux qu'on regarde comme agissant d'après l'impulsion de l'Angleterre, j'aurai peut-être à me défendre moi-même des piéges qu'elle me tend. J'ai l'amour-propre de croire qu'elle peut juger du mal que je puis encore lui faire par celui que je lui ai fait.

« Si j'obtiens, général, toute votre attention, alors je ne doute plus de toute votre justice. J'attendrai votre décision sur mon sort avec le calme de l'innocence, mais non sans inquiétude de voir triompher les ennemis qu'attire toujours la célébrité. »

Cette lettre étoit du 8 mars, c'est-à-dire de dix jours postérieure à l'arrestation de l'infortuné Pichegru; elle inculpoit évidemment ce général; car à qui pouvoit s'appliquer, si ce n'est à lui, ce que Moreau disoit de l'horreur qu'inspirent naturellement les délations quand elles atteignent des hommes auxquels on doit de la reconnoissance, et avec lesquels on a eu des relations d'amitié? Quel fruit le héros de Hohenlinden pouvoit-il attendre de cet abaissement? celui qui en étoit l'objet étoit-il capable de quelque sentiment généreux? Cette lettre, publiée partout, ne fit qu'atténuer l'intérêt qu'inspiroit celui qui l'avoit écrite; il ne falloit rien moins que l'éclat de sa vie, l'horreur de sa situation et la haine qu'on portoit à son ennemi, pour excuser cet acte de foiblesse.

Mais s'il fut foible, d'autres le furent plus que lui, et des déclarations de Lajollais, de Rolland, du major Russillon, de Bouvet de Lozier et de quelques autres, le compromettoient plus fortement qu'il ne compromettoit lui-même le général Pichegru.

Bouvet de Lozier surtout se présentoit aux débats sous les plus funestes auspices. Il paroissoit certain qu'il avoit tenté de se donner la mort dans sa prison, et qu'il n'avoit été sauvé que par les prompts secours du gardien chargé de le surveiller. Détaché du lacet fatal qui devoit terminer ses jours, à peine revenu à lui-même, il avoit été transporté chez le grand-juge, où il avoit fait, d'une voix et d'un style sépulcral, une déclaration que les ministres de Buonaparte avoient fait insérer dans tous les journaux.

« C'est un homme qui sort des portes du tombeau, et encore couvert des ombres de la mort, qui demande vengeance de ceux qui, par leur perfidie, l'ont jeté, lui et son parti, dans l'abîme où il se trouve.

« Envoyé pour soutenir la cause des Bourbons, il se trouve obligé ou de combattre pour Moreau, ou de renoncer à une entreprise qui étoit l'unique objet de sa mission.

« Je m'explique : MONSIEUR devoit passer en France pour se mettre à la tête du parti royaliste. Moreau promettoit de se réunir à la cause des Bourbons. Les royalistes rendus en France, Moreau se rétracte, il leur propose de travailler pour lui et de le faire nommer dictateur. L'accusation que je porte n'est appuyée peut-être que de demi-preuves. Voici les faits ; c'est à vous de les apprécier :

« Un général qui a servi sous les ordres de Moreau, Lajollais, je crois, est envoyé par lui aux princes français à Londres. Pichegru étoit l'intermédiaire. Lajollais adhère, au nom et de la part de Moreau, aux points principaux du plan proposé. Le prince prépare son départ. Le nombre des royalistes en France est augmenté, et dans les conférences qui ont lieu à Paris entre Moreau, Pichegru et Georges, le premier manifeste ses intentions, et déclare ne pouvoir agir que pour un dictateur, et non pour un roi : de là l'hésitation, la dissension et la perte presque totale du parti royaliste.

« Lajollais étoit auprès du prince au commencement de janvier de cette année, comme je l'ai appris par Georges; mais ce que j'ai vu, c'est le 17 janvier, son arrivée à la Poterie, le lendemain de son débarquement avec Pichegru, par la voie de notre correspondance, que vous ne connoissez que trop.

« J'ai vu encore le même Lajollais le 25 ou le 26 janvier, lorsqu'il vint prendre Georges et Pichegru à la voiture où j'étois avec eux, boulevard de la Madeleine, pour les conduire à Moreau, qui les attendoit à quelques pas de là.

« Il y eut entre eux, aux Champs-Elysées, une conférence qui déjà nous fit présager ce que Moreau proposa ouvertement dans la suivante, qu'il eut avec Pichegru seul, savoir, qu'il n'étoit pas possible de rétablir le roi, et il proposa d'être mis à la tête du gouvernement sous le titre de *dictateur,* ne laissant ainsi aux royalistes que la chance d'être ses collaborateurs et ses soldats.

« Je ne sais quel poids aura près de vous l'assertion d'un homme arraché depuis une heure à la mort qu'il s'étoit donnée lui-même, et qui voit devant lui celle qu'un gouvernement offensé lui réserve. Mais je ne puis retenir le cri du désespoir, et ne pas attaquer l'homme qui m'y réduit. Au surplus, vous pourrez trouver des faits conformes à ce que j'avance dans la suite de ce grand procès, où je suis impliqué. »

Nulle déclaration n'étoit plus propre à satisfaire un gouvernement altéré de sang, et surtout de celui du général Moreau; tout le secret de la conjuration y sembloit renfermé, mais elle étoit loin d'être exacte dans tous ses points. Il étoit constant que jamais Moreau n'avoit envoyé personne aux princes pour leur offrir ses services, que jamais ni le général Pichegru ni le général Lajollais n'avoient été chargés de pareilles négociations; mais la déposition de Bouvet de Lozier dévoiloit une partie du complot.

A l'époque où Buonaparte venoit de renouveler la guerre avec l'Angleterre, de former le projet d'une descente et d'en faire les préparatifs, l'imagination des royalistes s'étoit exaltée. Ils espérèrent qu'il pourroit périr dans cette expédition; et le désir qu'ils avoient de cette catastrophe la faisoit déjà regarder comme réelle. On savoit que le général Moreau se tenoit depuis long-temps éloigné du gouvernement, et qu'il avoit au Sénat et dans l'armée un parti considérable; on ne doutoit pas que si Buonaparte venoit à succomber, ce ne fût entre ses mains qu'on déposât les faisceaux de la république. On se flattoit que ce général, dont le père avoit péri sur l'échafaud, seroit moins disposé à servir la révolution que la monarchie; on se rappeloit ses anciennes liaisons avec le général Pichegru; e quoique les évènemens du 18 fructidor eussent brisé entre eux les liens de l'amitié, on ne désespéroit pas de les réunir; et si l'on pouvoit y parvenir, que n'avoit-on pas droit d'attendre de deux semblables auxiliaires pour le triomphe de la cause royale?

Déjà cette réconciliation avoit été tentée par un abbé David, homme d'esprit, qui, quoique prêtre, s'étoit, dans le temps des proscriptions, sauvé dans les camps, et avoit servi sous les ordres du général Moreau, dont il s'étoit fait aimer. Moreau s'étoit montré prêt à racheter le tort de sa lettre en servant son ancien compagnon d'armes ; mais l'abbé David, sur le point de repasser en Angleterre, avoit été arrêté, et jeté dans la tour du Temple.

Cependant la négociation ne fut point pour cela abandonnée; le général Lajollais voulut la reprendre, et par son indiscrétion perdit tout. Cet officier avoit servi sous Pichegru, et s'étoit attaché à sa fortune. Compromis au 18 fructidor dans les délations portées contre son général, inculpé même par la lettre de Moreau, il avoit subi un jugement devant une commission militaire qui l'avoit acquitté, il est vrai, mais il étoit resté deux ans et plus dans les prisons, d'où il étoit sorti sans emploi, sans fortune, sans ressources. Subjugué par la nécessité, il se rapprocha du général Pichegru, oublia tous les sujets de plainte, et obtint de lui une lettre de recommandation auprès du général Moreau pour obtenir du service. Dans ses visites à ce général, il se figura que ses sentimens étoient peu éloignés de ceux de Pichegru pour les princes français. Lajollais étoit un homme d'un esprit actif, d'une imagination vive, prêt à prendre ses rêves pour des réalités. Il passe en Angleterre, revoit son ancien ami, peint la disposition des esprits en France, comme son imagination la lui représente, s'offre à servir les princes, et pour les flatter davantage, leur présente les objets sous les couleurs les plus favorables; son récit, joint aux lettres qu'on recevoit de France, séduit jusqu'à la raison froide et mesurée de Pichegru; on croit l'heure enfin venue de relever l'antique trône de saint Louis; il se forme à Londres une sorte de croisade royaliste, Pichegru part, les princes se disposent à partir après lui.

Le plan étoit simple; Georges l'avoit conçu, et paroissoit capable de l'exécuter. Il ne s'agissoit point, comme on l'a dit, d'assassiner le premier consul, mais de l'attendre dans un passage étroit, de le combattre, de l'enlever s'il étoit possible, et de s'abandonner, dans tous les cas, aux chances du combat. Les hommes du parti de Buonaparte pouvoient ne voir dans ce projet que le dessein d'un assassinat en grand; mais les royalistes, qui se regardoient comme en guerre avec la république, n'y voyoient qu'une action toute naturelle autorisée par les droits de la guerre; ils ne devoient même rien entreprendre qu'autant qu'ils auroient à leur tête un prince français.

Que ce plan ait été communiqué confidentiellement au général Moreau, il seroit peut-être difficile d'en douter; il avoit eu récemment à ce sujet des conférences avec le général Pichegru; mais plus à portée de juger du véritable état des choses, il avoit fait la seule réponse raisonnable qu'il pouvoit faire : c'étoit, selon lui, une entreprise folle que de songer à renverser le gouvernement pour y substituer tout à coup la maison de Bourbon, qui n'avoit d'appui ni dans l'armée ni dans les autorités constituées. Quant à lui, il ne pouvoit rien, et s'il pouvoit se promettre quelques chances de crédit, ce ne seroit qu'autant que Buonaparte et les siens disparoîtroient. Dans ce cas, peut-être le Sénat jeteroit-il les yeux sur lui pour lui conférer le pouvoir, et alors il en useroit suivant les circonstances. Toute la conjuration étoit renfermée dans ce peu de mots.

Les conjurés ne tardèrent pas à reconnoître la justesse de ces observations; en regardant autour d'eux ils ne virent qu'un vide immense; et le désespoir succédant tout à coup aux plus flatteuses illusions, ils se plaignirent qu'on les eût trompés, et quelques-uns d'entre eux poussèrent l'injustice jusqu'à jeter des soupçons sur la bonne foi du général Lajollais, qui n'étoit réellement coupable que d'inconséquence et de légèreté. D'autres se répandirent en plaintes amères et aussi injustes contre le général Moreau, qu'ils accusoient de les avoir abandonnés, quoiqu'il n'eût jamais été à eux. Tous se disposoient à quitter une terre prête à les dévorer, lorsque les foudres de Buonaparte vinrent les atteindre.

Ils pouvoient encore se sauver cependant, s'ils avoient eu la fermeté du général Pichegru, la présence d'esprit, le courage et la discrétion du général Cadoudal, leur chef. Le secret de l'entreprise étoit entre eux; eux seuls pouvoient le trahir; mais la plupart étoient au-dessous de leur position, et ne surent résister aux moyens employés pour les séduire ou les effrayer : l'or, les promesses, les menaces et les tourmens furent également employés.

Les débats révélèrent que Picot, domestique de Georges, ayant été traîné à la Préfecture de police, on avoit étalé devant lui une somme considérable; et qu'ayant refusé de l'accepter, un chef de bureau lui fit subir une question douloureuse à laquelle son courage succomba. Une jeune fille appelée comme témoin obligé, montra aux juges ses pieds ensanglantés par les fers dont on les avoit inhumainement chargés, et implora leur secours contre ses bourreaux (1). Le capitaine anglais

---

(1) Les sténographes qui recueilloient les débats eurent défense de publier ces particularités.

Wright, qui avoit débarqué les conjurés, et qui venoit d'être enfermé au Temple après avoir été fait prisonnier dans un combat, déclara, en plein tribunal, qu'on l'avoit menacé de le faire fusiller s'il refusoit de déposer contre les accusés, et nomma l'indigne personnage qui lui avoit fait cette menace; mais le président défendit de consigner ce nom dans le procès-verbal.

Tout, dans cette funeste affaire, portoit le sceau de la violence et de la tyrannie. Plusieurs des conjurés, et notamment Georges, avoient été constamment chargés de chaînes dans leur prison. Moreau et plusieurs autres étoient gardés par des gendarmes qui ne les quittoient ni jour ni nuit; tous étoient tenus au secret le plus impénétrable. Jamais, dans les temps même de la terreur, on n'avoit déployé plus de rigueur contre des prévenus.

Le jour où les débats s'ouvrirent, les journalistes eurent ordre de se rendre à la Préfecture de police pour y recevoir la rédaction toute faite des débats. Un seul osa s'y refuser, et préféra ne pas rendre compte de ce procès.

Les juges étoient au nombre de douze; il faut en conserver les noms pour la gloire des uns et la honte des autres : MM. Hémard, président; Martineau, vice-président; Thuriot, juge instructeur; Lecourbe (frère du général), Clavier, Dameuve, Laguillaumie, Bourguignon, Rigault, Selves, Granger, Desmaisons; le procureur-général se nommoit *Gérard*.

Le président Hémard, attaché depuis long-temps aux fonctions de juge criminel, étoit la terreur des accusés. Il s'étoit acquis une triste célébrité par la dureté de son caractère. On lui reprochoit de ne chercher, dans toute cause, que des coupables, de réunir avec un soin cruel tout ce qui pouvoit les accabler, et d'écarter avec le même zèle tout ce qui pouvoit les favoriser; c'étoit un homme passionné, prompt à se prévenir, peut-être à se prêter à des influences étrangères.

Thuriot, ancien membre de la Convention nationale, s'étoit signalé par ses excès révolutionnaires. On l'avoit vu d'abord marcher avec les hordes parisiennes contre la Bastille, et se décorer du titre de vainqueur de cette citadelle. Devenu membre de l'Assemblée législative, il s'y fit remarquer par la violence de ses opinions, et ne rougit pas d'outrager son roi dans le sein même de l'assemblée où ce malheureux prince s'étoit réfugié, en demandant devant lui la destruction de toutes les statues de nos souverains, en provoquant un décret d'accusation contre MM. de Laporte, intendant de la liste civile, et d'Abancourt, ministre de la guerre. Ce fut sur sa motion qu'on institua cet horrible tribunal du 17 août, précurseur sanglant des tribunaux révolutionnaires. A la Convention, il vota la mort du roi, sans appel et sans sursis, et déclara, à la tribune des jacobins, que si on usoit d'indulgence envers le tyran, il iroit lui-même lui brûler la cervelle. Après la fin tragique de ce prince, il se déclara avec violence contre les girondins, et, par la persévérance de ses poursuites, contribua à les pousser à l'échafaud. Observateur fidèle des circonstances, toujours prêt à servir le parti du plus fort, il montra au 9 thermidor, pour abattre Roberspierre, autant de zèle qu'il en avoit déployé précédemment pour l'élever; mais vaincu avec son parti aux journées des 12 germinal et 1er prairial (1er avril et 20 mai 1795), il fut réduit à prendre la fuite et à se cacher. Enfin, amnistié en 1796, protégé par Cambacérès, il devint successivement commissaire du Directoire au tribunal de Reims, et juge au tribunal criminel de la Seine.

Tel étoit l'homme que Buonaparte avoit

chargé d'informer contre les deux plus grands capitaines de leur siècle, et les plus fidèles serviteurs de la monarchie que la mauvaise fortune avoit fait tomber entre ses mains. Georges, qui connoissoit son vote, ne l'appeloit jamais dans les débats que *Tue-roi*.

M. Selves, si célèbre depuis par ses écrits contre les procès et le nombre immense de ceux qu'il eut à soutenir, ne jouissoit pas dès lors d'une très-haute considération, et fut quelque temps après compris dans une épuration des tribunaux.

M. Bourguignon, ministre de la police sous le Directoire, manquoit de cette fermeté de caractère que réclamoient les circonstances difficiles où il se trouvoit. Mais son jeune fils, plein d'âme et de courage, en eut assez pour se faire le défenseur d'un des accusés.

M. Desmaisons, ancien conseiller au bailliage de Sens, s'étoit livré dans cette ville au parti révolutionnaire plus par crainte peut-être que par inclination, et les nombreuses accusations qui étoient tombées sur lui, après la chute de Roberspierre, l'avoient forcé de s'expatrier.

M. Martineau, aussi conseiller au bailliage d'Auxerre, y avoit constamment joui de l'estime publique, et l'on pouvoit compter sur son intégrité.

MM. Lecourbe, Clavier, Laguillaumie, Rigault et Dameuve n'avoient cessé de se montrer dignes du caractère honorable dont ils étoient revêtus.

L'opinion publique plaçoit le procureur-général Gérard sur la même ligne que le président Hémard; ils furent l'un et l'autre éliminés quelque temps après. Ainsi les chances de crainte et d'espérance, d'injustice et d'équité, se balançoient dans ce mélange d'élémens opposés et divers.

Les avocats du barreau de Paris ne manquèrent point à l'honneur dans cette cause périlleuse; les orateurs les plus distingués, les Blacque, les Guichard, les Dommanget, les Bonnet, les Billecocq, les Pérignon, les Bellart, vinrent s'asseoir courageusement à côté des accusés.

Dans un temps où la justice eût été libre et indépendante, où elle auroit joui de tous ses droits, l'issue de ce grand procès n'eût pas été incertaine. Quels que fussent les complots de Georges et de Pichegru, on ne pouvoit les considérer comme une conspiration; c'étoient de simples projets encore renfermés dans le domaine de la pensée; rien de fixe, rien de lié, rien d'arrêté dans leurs desseins. Le texte même du Code pénal s'expliquoit en leur faveur : « Il y a complot ou conspiration, disoit la loi, dès que la résolution d'agir est concertée et arrêtée entre les conspirateurs. C'est alors seulement que commence l'action de la justice ; le reste appartient à la police. » Mais Buonaparte ne dissimuloit pas le dessein de subjuguer la conscience des juges, ou de braver leurs jugemens ; et cette résolution, annoncée publiquement, étoit l'objet d'une impatiente anxiété.

Les plus illustres amis du général Moreau se réunirent dès la première audience ; on y distinguoit surtout les généraux Lecourbe, Magdonald, et un grand nombre d'officiers supérieurs qui avoient servi sous ses ordres ; son frère étoit indignement retenu aux arrêts.

Cette séance fut consacrée à la lecture de l'acte d'accusation ; le dessein de perdre le général s'y montroit évidemment ; c'étoit sur lui qu'on s'étoit appliqué à réunir toutes les charges ; les autres accusés (Georges lui-même), presque perdus dans l'ombre, sembloient n'y paroître que pour aggraver l'accusation. Afin de diminuer la haute considération dont jouissoit le général, on ne manqua point de rappeler sa conduite envers Pichegru et le général Lajollais. On lui fit un crime et d'avoir écrit et d'avoir gardé le silence; et quoiqu'il n'y eût point alors de télégraphe sur la ligne de Strasbourg, l'accusateur public n'en soutint pas moins qu'il n'avoit révélé la conspiration de Pichegru que quand il eut appris par le télégraphe les évènemens du 18 fructidor. On remarqua que toute cette partie de la procédure étoit servilement extraite des honteux libelles de Montgaillard. Bientôt les débats prouvèrent que les faits rapportés par l'accusateur public étoient altérés, les dépositions tronquées ou falsifiées, les interrogatoires dénaturés. On osoit soutenir que si Moreau n'étoit point entré en 1797 dans la conspiration de Pichegru, c'est qu'il avoit été devancé par les évènemens. Après ce préambule, le sieur Gérard s'attacha à prouver que, depuis le retour de Pichegru, Moreau avoit entretenu des émissaires pour se rapprocher de lui, et conspirer de concert contre le gouvernement. Il parloit de la mission de l'abbé David, de celle de Lajollais; et comme cette dernière se lioit naturellement aux projets de Georges, il en tiroit la conséquence que Moreau n'avoit cessé de nourrir le dessein de renverser Napoléon pour relever le trône de l'ancienne dynastie.

Il faisoit valoir les déclarations de Bouvet de Lozier, de Rolland, du major Russillon, du général Lajollais, de Victor Couchery et de l'aîné des Polignac; toutes parloient de ses conférences avec Pichegru, quelques-unes de ses entrevues avec Georges. M. Armand de Polignac avoit, sur des ouï-dire, déclaré qu'il étoit à sa connoissance que *ces trois personnages avoient eu ensemble une conférence très-sérieuse à Chaillot,* et cependant cet entretien n'avoit pas eu lieu.

Mais les dépositions les plus fâcheuses étoient celles de Lajollais et de Rolland : celui-ci attestoit qu'étant allé de la part de Pichegru chez Moreau, ce général lui avoit dit : « Je ne puis me mettre à la tête d'aucun mouvement pour les Bourbons; un essai semblable ne réussiroit pas. Si Pichegru fait agir dans un autre sens, en ce cas, je lui ai dit qu'il faudroit que les consuls et le gouverneur de Paris disparussent, et je crois avoir un parti assez fort dans le Sénat pour obtenir l'autorité. Je m'en servirai aussitôt pour mettre son monde à couvert, ensuite de quoi l'opinion dictera ce qu'il conviendra de faire. Mais je ne m'engagerai à rien par écrit. » Il ajoutoit qu'il tenoit de Moreau, que, depuis la première ouverture avec Pichegru, il avoit parlé à plusieurs de ses amis. L'accusateur public tiroit de cette déposition la conséquence que Moreau, loin de repousser les propositions de Pichegru, et de reculer devant le projet d'assassiner le premier consul, en avoit plutôt provoqué l'exécution.

Les dépositions du général Lajollais étoient plus fortes encore que celles de Rolland; il affirmoit que le général Moreau avoit indiqué un rendez-vous à Pichegru sur le boulevard de la Madeleine, que Pichegru s'y étoit trouvé avec Georges, et que la conférence avoit eu lieu sur le boulevard des Capucines, où la lune donnoit moins. L'accusateur public ajoutoit à ces témoignages des dépositions moins précises, mais dont la réunion sembloit former un faisceau de preuves propres à accabler le général; c'étoit celle du major Russillon, qui, dans son interrogatoire, avoit dit qu'en Angleterre on regardoit Pichegru et Moreau comme les chefs de l'entreprise; c'étoit celle d'un autre accusé nommé *Rochelle,* qui déposoit de la même manière; c'étoient les délations de quelques gendarmes qui, placés dans les chambres de divers prévenus, avoient essayé de leur dérober leur secret, et prétendoient leur avoir entendu dire que Georges, Pichegru et Moreau passoient généralement parmi les conjurés pour les chefs de l'entreprise.

Les charges contre Georges ne venoient qu'en second ordre; on les rassembloit avec moins de soin, parce qu'on étoit plus sûr de le perdre. On lui opposoit son propre aveu, et ceux de Picot, son domestique, auquel on avoit fait dire que le poignard qu'il portoit lui venoit de son maître, et qu'il étoit destiné à assassiner le premier consul. Georges, disoit le procureur-général, n'a cessé, même après la pacification de la Vendée, de nourrir la guerre dans les provinces de l'Ouest. Il a été le premier auteur de la machine infernale; et s'il n'étoit pas à Paris à l'époque du 3 nivose, il n'en étoit pas moins le chef de cette horrible conspiration. On s'appuyoit de lettres adressées à Saint-Régent, pour l'encourager dans cette entreprise et le presser d'en finir.

Le procureur-général parcourut ensuite les chefs d'accusation contre les autres prévenus, et s'attacha surtout à Joyaut, l'aide-de-camp de Georges; à Coster de Saint-Victor, jeune homme plein d'esprit, de courage et de dévouement; à Burban, également recommandable par sa jeunesse et la fermeté de son caractère, mais tous soupçonnés d'avoir pris part au complot de la machine infernale.

Pour ne rien négliger de ce qui pouvoit fortifier l'accusation, on avoit, avant l'ouverture des débats, publié dans les papiers publics un rapport fait au premier consul, par MM. Emery, Chaptal et Champagny, contre un comité formé à Paris antérieurement à la pacification de la Vendée, par M. Hyde de Neuville et quelques autres royalistes, et dont les plans sembloient avoir une conformité frappante avec ceux de Georges; mais ces écrits, quelqu'estime qu'on pût avoir pour les rapporteurs, furent accueillis avec mépris ou lus avec défiance.

La lecture de l'acte d'accusation occupa la première séance toute entière. Les débats commencèrent le lendemain. L'auditoire n'étoit pas moins nombreux. Tous les regards étoient fixés sur Georges et sur Moreau : l'un et l'autre se distinguoient par l'assurance de leur maintien, la sérénité de leur front et la fermeté de leurs regards. Ce fut à Georges que le président adressa d'abord la parole ; cet intrépide soldat de la monarchie n'avoit rien dissimulé dans ses interrogatoires secrets ; il parla avec la même liberté devant le nombreux auditoire qui l'écoutoit.

« *D.* Votre nom ? — *R.* Georges Cadoudal, âgé de trente-cinq ans. — Depuis quel temps êtes-vous à Paris? — Depuis environ cinq à six mois. — Où avez-vous logé? — Nulle part. — Pourquoi refusez-vous de le dire? — Parce que je ne veux pas augmenter le nombre des victimes. — Au moment de votre arrestation, ne logiez-vous pas rue et montagne Sainte-Geneviève, chez la fruitière? — Au moment de mon arrestation, j'étois dans un cabriolet, je ne logeois nulle part. — Que veniez-vous faire à Paris? — Je venois pour attaquer le premier consul. — Quels étoient vos moyens? — J'en avois encore bien peu; je comptois en réunir. — De quelle nature étoient vos moyens d'attaque? — Des moyens de vive force. — Où comptiez-vous trouver cette force-là? — Dans la France toute entière. — Aviez-vous beaucoup de monde avec vous? — Non, parce que je ne devois attaquer le premier consul que lorsqu'il y auroit un prince français à Paris, et il n'y en est point encore. — Vous avez, à l'époque du 3 nivose, écrit à Saint-Régent, et vous lui avez fait des reproches de la lenteur qu'il mettoit à exécuter vos ordres contre le premier consul. — Le billet que vous me présentez n'est pas de moi; je nie l'avoir écrit à Saint-Régent. D'ailleurs ce billet est du 29 décembre; j'étois à cent trente lieues de Paris; l'affaire du 3 nivose avoit eu lieu le 24; je n'ai donc pu la décider par ce billet. — Quels étoient les quatre hommes que vous vouliez introduire au palais des Tuileries? — Je n'ai voulu introduire personne. Le premier consul étoit sur ses gardes, et mon intention n'a jamais été de le faire assassiner dans le palais des Tuileries en y introduisant quatre hommes. — Qui vous avoit chargé de venir en France? — J'y étois venu de concert avec les princes français, pour voir si l'on ne pouvoit pas réunir des élémens propres à rétablir le gouvernement d'un seul, à changer le gouvernement républicain en gouvernement d'un seul. Un prince français y auroit été, si j'avois écrit qu'il y avoit des moyens suffisans pour parvenir à ce but. — Vous êtes resté à Paris quatre ou cinq mois, et vous n'avez rien proposé pour exécuter votre projet! — J'avois à proposer, mais je n'avois encore rien absolument d'arrêté. — N'est-ce pas, au contraire, que vous n'aviez pas trouvé les moyens d'exécuter votre projet? — Si je n'avois pas trouvé des moyens, je m'en serois allé, car il est inutile de se faire tuer pour ne pas réussir. — Quels étoient les moyens que vous vous proposiez? — Je ne les avois pas encore réunis. — Mais quels étoient-ils? — Je voulois voir s'il en existoit. Je voyois à droite et à gauche pour savoir s'il en existoit. D'après le rapport de chaque individu, j'aurois vu s'il étoit possible de réunir des moyens suffisans pour opérer. Si je n'avois pas pu le faire, je n'aurois pas envoyé de propositions aux princes, et je m'en serois allé. J'étois dans cette inquiétude au moment où j'ai été arrêté. — Quelles sont les personnes que vous fréquentiez le plus habituellement à Paris? — J'ai vu quelques personnes, mais je ne les nommerai pas. — Avez-vous vu Coster Saint-Victor?—Personne; généralement je ne nommerai personne. — Qui devoit fournir les fonds et les armes?—J'avois les fonds, je n'avois pas encore les armes. — N'est-ce pas avec ce poignard que, secondé par des conjurés, vous vous proposiez d'assassiner le premier consul?— Je devois l'attaquer avec des armes pareilles à celles de son escorte. — A quelle époque avez-vous servi dans l'armée royale? — En 1793. — Lors de la pacification y avez-vous consenti? — Buonaparte ou un autre étoit venu nous dire que son intention étoit de rétablir la monarchie; c'étoit alors l'opinion publique en France; nous vînmes à Paris pour l'aider et concourir avec lui à la rétablir.... »

Telles furent constamment la fermeté et la religieuse circonspection avec lesquelles il répondit. Il déclara sans détour tout ce qui le concernoit personnellement, mais rien ne put lui arracher un mot capable de compromettre ses co-accusés, même ceux dont il avoit à se plaindre. Il protesta qu'il n'avoit jamais pensé à faire assassiner le premier consul; qu'il n'avoit vu à Paris ni Lajollais, ni Moreau, ni Pichegru. *Vous me tenez*, dit-il, *il y a déjà eu assez de victimes, je ne veux pas en augmenter le nombre.* L'auditoire et ses juges eux-mêmes admirèrent cette grandeur d'âme, son imperturbable présence d'esprit, et sa fidélité envers ses compagnons.

Son exemple ranima le courage de Picot, son domestique; et lorsque le président lui opposa les déclarations qu'il avoit faites à la préfecture de police, il dit : « Quand j'ai paru à la préfecture de police, on a commencé par m'offrir 1500 louis et ma liberté; on me les a comptés sur la table, pour partir où je voudrois aller, et dire l'adresse de mon maître. J'ai dit que je ne la savois pas. Le citoyen Bertrand a envoyé l'officier de garde, et lui a dit d'apporter un chien de fusil et un tournevis pour me serrer les doigts. Il m'a fait attacher, il m'a fait serrer les doigts autant qu'il a pu; les officiers de garde peuvent le dire. »

Le président : « Les déclarations que vous

aviez faites à la préfecture de police, vous les avez répétées devant le conseiller d'Etat Réal et devant le juge-instructeur. — *Picot :* J'ai eu crainte, d'après ce que j'avois souffert, qu'on ne recommençât. J'ai été chauffé au feu, j'ai eu les doigts écrasés avec un chien de fusil. »

Ces révélations remplirent l'auditoire d'indignation, et, à la honte du ministère public et des organes de la justice, pas une voix ne s'éleva pour demander ou ordonner des informations à ce sujet!

Quelques accusés obscurs parlèrent avec la même assurance, et, comme Picot, gardèrent sur les chefs de la conjuration un religieux silence. Bouvet de Lozier lui-même essaya de réparer la honte de ses dépositions, en déclarant que, mieux informé, il cessoit de regarder le général Moreau comme l'auteur de la conjuration et la cause de son malheur.

On attendoit avec impatience le moment où l'illustre proscrit pourroit parler. Les interrogatoires de Rolland et de Lajollais lui en fournirent bientôt l'occasion; et lorsque le président le pressa de questions au sujet de leurs déclarations, il s'exprima avec tant de calme, de dignité, de présence d'esprit et de noblesse, que l'auditoire ravi, et les gendarmes eux-mêmes firent retentir la salle d'applaudissemens; plusieurs des juges ne purent dissimuler l'impression qu'ils en ressentoient. Ce fut en sortant de cette séance que Georges dit : *Si j'étois à la place du général Moreau, j'irois coucher ce soir aux Tuileries!* En effet, s'il se fût levé et qu'il eût dit aux soldats : *Marchons! allons ensemble laver l'affront qu'on fait à votre général!* on ne sauroit dire quel eût été le résultat de cette journée. Une foule de jeunes gens s'étoient armés. On avoit remarqué que le général Lecourbe, en le saluant à l'ouverture de l'audience, avoit porté la main sur son cœur, que d'autres militaires la tenoient sur la garde de leur épée.

Jamais, depuis qu'il étoit en jugement, la troupe n'avoit manqué de lui porter les armes. Mais le jour où il parut le plus grand fut celui où il obtint la parole avant que M. Bonnet, son avocat, entreprît sa justification.

« Messieurs, dit-il, en me présentant devant vous, je demande à être entendu un instant moi-même. Ma confiance dans les défenseurs que j'ai choisis est entière (1); je leur ai

---

(1) Ses défenseurs étoient, outre M. Bonnet, MM. Bellart et Pérignon, qui venoient de rédiger et de faire

livré sans réserve le soin de défendre mon innocence ; ce n'est que par leur voix que je veux parler à la justice, mais je sens le besoin de parler moi-même et à vous et à la nation.

« Des circonstances malheureuses produites par le hasard ou préparées par la haine, peuvent obscurcir pendant quelques instans la vie du plus honnête homme; avec beaucoup d'adresse, un criminel peut éloigner de lui et les soupçons et les preuves de ses crimes. Une vie entière est toujours le plus sûr témoignage contre et en faveur d'un accusé : c'est donc ma vie entière que j'oppose aux accusateurs qui me poursuivent; elle a été assez publique pour être connue. Je n'en rappellerai que quelques époques, et les témoins que j'invoquerai seront le peuple français et les peuples que la France a vaincus.

« J'étois voué à l'étude des lois au commencement de cette révolution qui devoit fonder la liberté du peuple français ; elle changea la destination de ma vie; je la vouai aux armes. Je n'allai pas me placer parmi les soldats de la liberté par ambition; j'embrassai l'état militaire par respect pour les droits de la na-

---

imprimer pour lui un Mémoire aussi honorable pour leur talent que pour leur caractère.

tion. Je devins guerrier, parce que j'étois citoyen ; je portai ce caractère sous les drapeaux, je l'y ai toujours conservé. Plus j'aimai la liberté, plus je fus soumis à la discipline.

« J'avançai assez rapidement, mais toujours de grade en grade et sans en franchir aucun, toujours en servant la patrie, jamais en flattant les comités. Parvenu au commandement en chef, lorsque la victoire nous faisoit avancer au milieu des nations ennemies, je ne m'appliquai pas moins à leur faire respecter le caractère du peuple français qu'à leur faire redouter ses armes. La guerre, sous mes ordres, ne fut un fléau que sur le champ de bataille. Du milieu même de leurs campagnes ravagées, plus d'une fois les nations et les puissances ennemies m'ont rendu ce témoignage. Cette conduite, je la croyois aussi propre que nos victoires à faire des conquêtes à la France.

« Dans le temps même où les maximes contraires sembloient prévaloir dans les comités de gouvernement, cette conduite ne suscita contre moi ni calomnie ni persécution; aucun nuage ne s'éleva jamais autour de ce que j'avois acquis de gloire militaire, jusqu'à cette journée trop fameuse du 18 fructidor. Ceux qui firent éclater cette journée avec tant de rapidité, me reprochèrent d'avoir été trop lent à dénoncer un homme dans lequel je ne pouvois voir qu'un frère d'armes, jusqu'au moment où l'évidence des faits et des preuves me feroit voir qu'il étoit accusé par la vérité et non par d'injustes soupçons. Le Directoire, qui seul connoissoit assez bien les circonstances de ma conduite pour bien la juger, et qui, on ne l'ignore pas, ne pouvoit pas être disposé à me juger avec indulgence, déclara hautement combien il me trouvoit irréprochable; il me donna de l'emploi. Si le poste n'étoit pas brillant, il ne tarda pas à le devenir.

« J'ose croire que la nation n'a point oublié combien je m'en montrai digne; elle n'a point oublié avec quel dévouement facile on me vit combattre en Italie dans des postes subordonnés; elle n'a point oublié comment je fus reporté au commandement en chef par les revers de nos armes, et renommé général en quelque sorte par nos malheurs; elle se souvient comment deux fois je recomposai l'armée des débris de celles qui avoient été dispersées, et comment, après l'avoir remise deux fois en état de tenir tête aux Russes et à l'Autriche, je déposai deux fois le commandement pour aller en prendre un d'une plus grande confiance.

« Je n'étois pas, à cette époque de ma vie, plus républicain que dans toutes les autres; je le parus davantage. Je vis se porter sur moi d'une manière plus particulière les regards et la confiance de ceux qui étoient en possession d'imprimer de nouveaux mouvemens et de nouvelles directions à la république. On me proposa, et c'est un fait connu, de me mettre à la tête d'une journée à peu près semblable à celle du 18 brumaire. Mon ambition, si j'en avois eu beaucoup, pouvoit facilement ou se couvrir de toutes les apparences, ou s'honorer même de tous les sentimens de l'amour de la patrie.

« La proposition m'étoit faite par des hommes célèbres dans la révolution par leur patriotisme, et dans nos assemblées nationales par leurs talens. Je la refusai : je me croyois fait pour commander aux armées, et ne voulois pas commander à la république. C'étoit assez bien prouver, ce me semble, que si j'avois une ambition, ce n'étoit point celle de l'autorité et de la puissance. Bientôt après, je le prouvai mieux encore. Le 18 brumaire arriva, et j'étois à Paris. Cette révolution, provoquée par d'autres que par moi, ne pouvoit alarmer ma conscience. Dirigée par un homme environné d'une grande gloire, elle pouvoit me faire espérer d'heureux résultats. J'y entrai pour la seconder, tandis que d'autres partis me pressoient de me mettre à leur tête pour la combattre. Je reçus dans Paris les ordres du général Buonaparte : en les faisant exécuter, je concourus à l'élever à ce haut degré de puissance que les circonstances rendoient nécessaire.

« Lorsque, quelque temps après, il m'offrit le commandement en chef de l'armée du Rhin, je l'acceptai de lui avec autant de dévouement, que des mains de la république elle-même. Jamais mes succès militaires ne furent plus rapides, plus nombreux, plus dédécisifs qu'à cette époque, et leur éclat se répandoit sur le gouvernement qui m'accuse. Au retour de tant de succès, dont le plus grand de tous étoit d'avoir assuré la paix du continent, le soldat entendoit les cris éclatans de la reconnoissance nationale. Quel moment pour conspirer, si un tel dessein avoit pu jamais entrer dans mon âme! On connoît le dévouement des armées pour les chefs qu'elles aiment, et qui viennent de les faire marcher de victoire en victoire. Un ambitieux, un conspirateur auroit-il laissé échapper l'occasion à la tête d'une armée de cent mille hommes tant de fois triomphante? Je ne songeai qu'à licencier l'armée, et je rentrai dans le repos de la vie civile.

« Depuis ce repos, qui n'étoit pas sans gloire, je jouissois de mes honneurs (de ces honneurs qu'il n'est pas sans doute dans la puissance humaine de m'arracher), du souvenir de mes actions, du témoignage de ma conscience, de l'estime de mes compatriotes et des étrangers, et, s'il faut le dire, du flatteur et doux pressentiment de celle de la postérité.

« Je jouissois d'une fortune qui n'étoit grande que parce que mes désirs n'étoient pas immenses, et qui ne faisoit aucun reproche à ma conscience. Je jouissois de mon traitement de retraite. Sûrement j'étois content de mon sort, moi qui n'enviai jamais le sort de personne. Ma famille, et des amis d'autant plus précieux que, n'ayant plus rien à espérer de mon crédit et de ma fortune, ils ne pouvoient rester attachés qu'à moi seul, tous ces biens, les seuls auxquels j'aie pu jamais attacher un grand prix, remplissoient mon âme toute entière, et ne pouvoient plus y laisser entrer ni un vœu ni une ambition : se seroit-elle ouverte à des projets criminels ?

« Elle étoit si bien connue cette situation de mon âme, elle étoit si bien garantie par l'éloignement où je me tenois de toutes les routes de l'ambition, que, depuis la victoire de Hohenlinden jusqu'à mon arrestation, mes ennemis n'ont jamais pu ni me trouver ni me chercher d'autre crime que la liberté de mes discours. Mes discours !....... ils ont été souvent favorables aux opérations du gouvernement ; et si quelquefois ils ne l'ont pas été, pouvois-je donc croire que cette liberté fût un crime chez un peuple qui avoit tant de fois décrété celle de la pensée, celle de la parole, celle de la presse, et qui en avoit joui sous les rois mêmes ?

« Je le confesse : né avec une grande franchise de caractère, je n'ai pu perdre cet attribut de la contrée de France où j'ai reçu le jour, ni dans les camps, où tout lui donne un nouvel essor, ni dans la révolution, qui l'a toujours proclamée comme une vertu de l'homme et comme un devoir du citoyen. Mais ceux qui conspirent blâment-ils si hautement ce qu'ils n'approuvent pas ? Tant de franchise ne se concilie guère avec les mystères et les attentats de la politique.

« Si j'avois voulu concevoir et suivre des plans de conspiration, j'aurois dissimulé mes sentimens, et sollicité tous les emplois qui m'auroient replacé au milieu des forces de la nation. Pour me tracer cette marche, au défaut d'un génie politique que je n'eus jamais, j'avois des exemples connus de tout le monde, et rendus imposans par des succès. Je savois bien peut être que Monck ne s'étoit pas éloigné des armées lorsqu'il avoit voulu conspirer, et que Cassius et Brutus s'étoient rapprochés du cœur de César pour le percer.

« Magistrats, je n'ai plus rien à vous dire. Tel a été mon caractère, telle a été ma vie entière. Je proteste, à la face du ciel et des hommes, de mon innocence. Vous savez vos devoirs; la France vous écoute, l'Europe vous contemple, et la postérité vous attend.

« Je suis accusé d'être un brigand et un conspirateur. L'homme généreux que j'ai chargé de ma défense va, j'espère, vous convaincre que cette accusation n'est pas fondée. »

Ce discours, prononcé au milieu du silence le plus religieux, produisit un effet qui effraya Buonaparte au fond de son palais.

Depuis plusieurs jours il n'osoit se montrer en public, craignant pour lui-même, de la part du peuple, un jugement plus redoutable que celui qu'il faisoit subir au plus grand de ses généraux.

M. Bonnet ayant pris la parole après son

illustre client, discuta successivement tous les chefs d'accusation avec la dialectique la plus lumineuse et la plus noble indépendance. Au reproche que Moreau n'avoit pas, en 1799, dénoncé Pichegru, l'orateur répondit :

« Moreau ne dénonça pas Pichegru, mais il battit l'armée autrichienne sur toute la ligne du Rhin; il prit Kaiserslautern, Newstadt, Spire, défit Würmser, passa le Rhin en présence de l'ennemi, gagna les batailles de Renchen, de Rastadt, d'Ettenheim; il ne dénonça pas Pichegru, mais l'année suivante il fit cette mémorable retraite à travers cent lieues de pays, cette retraite l'admiration des plus habiles généraux. Tant et de si brillans exploits étoient un moyen de déconcerter un complot plus sûr sans doute, et plus glorieux peut-être qu'une dénonciation. Au surplus, si Pichegru conspiroit, c'étoit contre le Directoire, contre un gouvernement dont l'expérience nous a montré les vices et les dangers, contre un gouvernement qui, quatre ans après, tomba sous le bras d'un héros et le cri unanime de la nation; le chef auguste qui nous gouverne a aussi conspiré contre le Directoire. »

Ce trait hardi produisit une vive sensation. L'orateur attaqua avec non moins de courage les dépositions de Rolland, et montra combien ce témoin étoit suspect. « Seul, dit-il, il ne fut point enfermé au Temple; prisonnier à l'Abbaye, il eut la permission d'y recevoir ses amis, et de sortir pour aller les voir (1). »

Enfin, l'orateur fit voir qu'il n'y avoit dans notre Code moderne aucune loi contre celui qui ne dénonce pas; que Louis XI seul avoit rendu une ordonnance à ce sujet, et qu'elle n'avoit été appliquée qu'une fois, une seule fois, dans le procès de Cinq-Mars et du président de Thou.

« Mais, messieurs, vous savez comment l'histoire, de son redoutable burin, a gravé ce jugement dans ses fastes. Le nom de *Laubardemont*, la mémoire du cardinal de Richelieu, celle des juges, sont restés couverts d'une tache ineffaçable. »

Ces traits d'une généreuse hardiesse furent accueillis avec une extrême faveur, et l'on ne douta plus que le vainqueur de Hohenlinden ne remportât bientôt une victoire plus éclatante que toutes celles qu'il avoit gagnées sur le champ de bataille.

Mais n'anticipons point sur l'issue de ces

---

(1) M. Lecourbe a écrit qu'il étoit l'ami de Réal et de Thuriot.

mémorables débats; il faut auparavant jeter un coup-d'œil rapide sur la défense des autres accusés. M. Dommanget, qui défendoit Georges, et à qui le tribunal n'avoit pas même laissé le temps de préparer son plaidoyer, s'appliqua surtout à démontrer qu'il n'y avoit eu ni complot ni conjuration; il invoqua les définitions fixées par les lois elles-mêmes, et prouva que si le chef de l'entreprise et ses complices avoient nourri le dessein de renverser un jour le gouvernement, ce dessein se réduisoit à une simple pensée, sans aucun commencement d'action; il entreprit de justifier l'amour de Georges pour les princes français, rappela qu'avant la révolution cet amour étoit une sorte de religion que nos instituteurs avoient soin de graver et d'entretenir dans le cœur de leurs élèves, et que la fidélité à ces principes avoit été constamment regardée non comme un crime, mais comme une des premières vertus du citoyen. Il fut plusieurs fois interrompu par le président, tout imbu des maximes de la révolution. Il invoqua la clémence du prince, cette vertu sublime qui rapproche l'homme de la Divinité, et fit des vœux pour que le nouvel empereur, en l'exerçant à l'exemple de César, se montrât digne de porter sa couronne. Il représenta avec une égale force qu'il n'étoit pas donné à l'homme de marcher constamment dans la ligne du devoir ; il cita Turenne et Condé, et finit par cette phrase intrépide :

« Nous avons vu un fait plus récent. Au 18 brumaire, une loi déclara conspirateurs, qualifia de *brigands* un grand nombre de représentans du peuple ; mais cette loi n'a point reçu son exécution ; et parmi vous, magistrats, ne siége-t-il pas quelques-uns de ceux qui n'avoient point été pour l'instant dans le sens de la loi ? Cependant ils ont reconquis la confiance du gouvernement, cependant ils sont honorés comme ils sont honorables. Non, Buonaparte empereur ne sera pas moins grand que Buonaparte premier consul ! »

Ce dernier trait se rapportoit aux conseillers Thuriot et Desmaisons, qui avoient été amnistiés.

La défense de Coster de Saint-Victor fut remarquable par les plaintes trop fondées qu'il adressa à ses juges. Le président lui ayant demandé s'il avoit quelque chose à ajouter au discours de son défenseur :

« Oui, dit-il, je dois ajouter que les témoins à décharge dont j'avois désiré la présence n'ont pas été entendus. Je dois ajouter que l'on se plaît à égarer l'opinion publique, à déverser l'ignominie, non seulement sur les accusés, mais encore sur leurs généreux défenseurs. J'ai vu dans les journaux d'aujourd'hui que la plaidoirie de M. Gautier, mon défenseur, étoit défigurée de la manière la plus affreuse. Je manquerois à la reconnoissance que je lui dois, si je ne rendois ici un hommage public au zèle et au courage qu'il a déployés dans ma défense. Je proteste contre les inepties que les folliculaires lui mettent dans la bouche. Je le prie de me continuer jusqu'au dernier moment ses généreux secours. »

Ce jeune accusé étoit prévenu d'avoir pris part à la conspiration du 3 nivose : de graves présomptions s'élevoient en effet contre lui ; mais ces présomptions n'étoient pas des preuves, et ce n'étoit pas pour cette conspiration qu'il étoit traduit devant les juges. Il en fit plusieurs fois l'observation, mais toujours inutilement ; sa perte étoit résolue.

MM. Guichard et Billecocq, qui défendoient MM. de Polignac et de Rivière, ne s'attachèrent qu'à les excuser ; ils adoptèrent un genre d'éloquence doux, touchant et modeste, conforme à leur caractère ; ils les montrèrent comme de simples spectateurs venus pour observer la scène, sans prendre part à l'action. Ce genre de défense pénétra dans le cœur des juges, et contribua sans doute à sauver les accusés, autant que l'ingénuité de leurs aveux. Ce qu'ils ajoutèrent eux-mêmes acheva l'ouvrage de leurs défenseurs.

« Si le glaive de la loi, dit l'aîné des deux frères, si le glaive de la loi que vous tenez suspendu sur nos têtes doit menacer l'existence de plusieurs des accusés, en faveur du moins de sa jeunesse, si ce n'est en faveur de son innocence, sauvez mon frère, et faites retomber sur moi tout le poids de votre courroux. »

« J'avois huit ans à peine, dit le plus jeune, quand je quittai la France. Ni Marat ni Roberspierre, ces deux fléaux de l'humanité, ne m'ont fait inscrire sur la liste des émigrés. Je pouvois retourner tranquillement dans le sein de ma patrie. On ne peut me reprocher d'être venu ici. J'ai toujours aimé ma patrie, et je venois ici pour un but dont le tribunal connoît toute l'innocence. Tout Français, même celui qui vit sous un ciel étranger, aime toujours sa patrie et chérit ses concitoyens. »

« On m'a trouvé, dit M. de Rivière, le portrait de M. le comte d'Artois. J'ai avoué à la préfecture mon attachement pour lui. Il n'est point démontré que j'eusse pour but d'armer les citoyens les uns contre les autres. Je suis

Français avant tout, et Français loyal. Je suis susceptible de tout projet honorable, mais jamais d'une action ni même d'une pensée coupable. Vous connoissez mon âme toute entière; j'attends avec calme ce qui sera décidé sur mon sort. »

Les dernières paroles de Georges répondirent au courage et à la fermeté d'âme qu'il avoit déployés dans ce grand procès.

« M. le procureur-général, dit-il, m'a reproché de n'avoir pas tenu à la paix signée avec le général Brune. J'ai dit la vérité; je la répète : le gouvernement ne voulut pas ratifier les conventions passées entre ce général et moi. Le général Clarke et le premier consul se le rappellent sûrement (1). Alors croyant avec raison que le gouvernement, qui ne vouloit pas ratifier le tout, pourroit très-bien ne tenir à rien, il a bien fallu que je prisse mes sûretés. Mais la preuve que je tenois à la paix, c'est que depuis je n'ai pas fait la guerre, et

---

(1) Il s'agissoit d'une promesse de rétablir l'ancienne dynastie. C'étoit la seconde fois que les chefs de la Vendée étoient trompés : on leur avoit promis, en 1795, de leur remettre le jeune roi Louis XVII : il n'existoit plus quand leurs délégués se présentèrent pour le recevoir.

je pouvois la faire....... Toujours attaché à la France et à la famille des Bourbons, près de deux années passées paisiblement dans les campagnes de l'Angleterre ne m'avoient pas refroidi pour elles. Toutes les nouvelles que je recevois de la France m'annonçoient que l'opinion publique étoit extrêmement prononcée, que le vœu le plus ardent des Français étoit de voir renaître le gouvernement d'un seul. Au moment du traité d'Amiens, je n'ignorois pas qu'il étoit question de proclamer Buonaparte empereur. D'après ces nouvelles, je me déterminai à passer en France, et à voir par moi-même si l'esprit public étoit réellement tel qu'on l'avoit annoncé être. Mon dessein étoit d'examiner s'il n'étoit pas possible de faire tourner cette opinion fortement prononcée en faveur de la famille des Bourbons. Si j'avois trouvé cette opinion favorable à cette famille, j'aurois sollicité l'arrivée d'un prince, et j'eusse calculé avec lui les moyens propres à obtenir le résultat désiré. Trompé dans mes espérances, je me suis abstenu de cette demande, et je n'avois pas réuni six hommes. Voilà la vérité toute entière. Je ne sais si cette conduite porte le caractère d'une conspiration. Je ne connois pas les lois : vous les connoissez, messieurs, je laisse à vos consciences d'en décider. »

Après douze jours de débats, les juges entrèrent dans leur chambre du conseil.

Il seroit difficile de dire quelle immense multitude entouroit le Palais, de combien de personnages illustres s'étoit remplie la salle des audiences, quelle étoit l'attente de la capitale toute entière.

M. Lecourbe, un des juges, indignement proscrit par Buonaparte pour sa conduite noble et généreuse dans ce mémorable procès, indignement trahi par quelques uns de ses collègues, qui eurent la bassesse de révéler son vote, nous a révélé à son tour le secret de cette délibération. On l'en a blâmé; l'histoire l'en félicitera, car il nous a conservé des traits de grandeur d'âme et de générosité qu'elle s'empressera de recueillir.

Le rapporteur Thuriot ayant ouvert l'avis de condamner le général Moreau à la peine capitale, en assurant que le premier consul lui feroit grâce : *Et qui nous la fera à nous?* répondit M. Clavier; mot sublime digne des temps héroïques de la magistrature. Hémart, Selves et Granger opinèrent comme Thuriot. M. Bourguignon proposa l'excuse qui éloignoit la peine capitale. MM. Dameuve, Clavier, Laguillaumie, Rigaud, Desmaisons, Martineau, votèrent l'absolution. M. Lecourbe déclara qu'il ne voyoit pas même de conspiration dans les pièces de ce procès.

Ainsi, sur douze juges, sept se déclarèrent pour le général Moreau; un le tint excusable, quatre seulement prononcèrent sa condamnation.

Dans toute autre cause, le procès eût été fini et le jugement irrévocable; mais le dépit de Buonaparte ne le permit pas. Les courriers se succédoient à Saint-Cloud sans interruption; son influence et l'effroi qu'il inspiroit prévalurent.

Hémart refusa de fermer la discussion; Thuriot menaça ses collègues. « Vous voulez, dit-il, mettre Moreau en liberté, eh bien! il n'y sera pas mis. Vous forcerez le gouvernement à faire un coup d'Etat, car ceci est une affaire politique plutôt qu'une affaire judiciaire. »

« L'acquittement, dit Hémart, sera un signal de guerre civile. Les puissances étrangères attendent l'issue de ce jugement pour reconnoître Buonaparté empereur. Il est des sacrifices que la sûreté de l'Etat a droit d'exiger. »

L'inflexible Lecourbe s'arme alors de toutes les forces de la conscience. « Le premier président, dit-il, viole ouvertement le principe humain et conservateur qui déclare l'accusé acquitté quand la majorité des voix est pour lui : c'est un crime de lèse-humanité, de lèse-justice qu'aucune considération humaine ne peut excuser. »

Hémart réplique que tant que l'arrêt n'est point prononcé, les juges ont la faculté de modifier ou même de rétracter leur opinion. La majorité flotte entre sa conscience, la crainte qu'elle éprouve pour le général Moreau; un de ceux qui avoient voté pour la peine capitale revient à l'avis de M. de Bourguignon; Selves et Thuriot suivent son exemple; MM. Laguillaumie et Clavier craignent de perdre le général en voulant le sauver, et cèdent à la majorité de leurs collègues; MM. Lecourbe et Rigaud persévèrent seuls dans leur première opinion, et protestent contre le jugement qui va condamner un accusé reconnu innocent. La délibération dura vingt-quatre heures. Le public et l'auditoire attendoient avec la plus vive impatience; les esprits fermentoient; de cette foule immense qui assiégeoit le Palais, qui que ce soit ne s'étoit retiré. Personne ne doutoit que Georges et tous les Vendéens qui l'avoient suivi à Paris ne fussent condamnés; personne ne doutoit que Rolland, Bouvet de Lozier, le major

Russillon, Lajollais, Léridant (1) et quelques autres n'eussent acheté par leurs révélations leur absolution ou leur grâce. Mais quel sera le sort du général Moreau? c'étoit sur ce point que toutes les attentions, tous les intérêts étoient concentrés. Enfin les juges vinrent s'asseoir sur leurs siéges, et le président prononça l'arrêt suivant :

« La Cour, attendu que, d'après l'instruction et les débats, il est constant qu'il a existé une conspiration tendante à troubler la république par une guerre civile, en armant les citoyens les uns contre les autres et contre l'exercice de l'autorité légitime; que Georges Cadoudal, Athanase-Hyacinthe Bouvet de Lozier, François Russillon, Etienne-François Rochelle, Armand-François-Héraclius Polignac, Abraham-Augustin-Charles d'Hosier, Charles-François de Rivière, Louis Ducorps,

---

(1) Si l'histoire doit être véridique, elle doit être scrupuleuse dans les accusations. L'auteur de ces Mémoires tient de plusieurs personnes impliquées dans ce grand procès, que ce ne fut point Léridant qui livra Georges, mais un de ses amis, nommé G....n, auquel il eut la foiblesse de confier son secret en lui prêtant son cabriolet pour aller à Versailles, le jour même où Georges fut arrêté. Les 100,000 francs promis par la police tentèrent le malheureux G....n.

Louis Picot, Frédéric Lajollais, Michel Roger, Jean-Baptiste Coster, Victor Deville, Armand Gaillard, Aimé-Augustin-Alexis Joyaut, Louis-Gabriel-Marie Burban, Guillaume Lemercier, Pierre-Jean Cadoudal, Jean Lélan, Jean Mérille, sont convaincus d'avoir pris part à cette conspiration, qu'ils l'ont fait dans le dessein du crime,

« Les condamne à la peine de mort, et déclare leurs biens acquis à la république. »

Pendant la lecture de l'arrêt, l'auditoire ne respiroit pas. Quand il fut prononcé, chacun se sentit soulagé comme d'un poids accablant. Un jeune homme que son costume faisoit reconnoître pour militaire, s'écria : *Brave Moreau, tu vivras donc !* Il portoit sous ses vêtemens une ceinture de pistolets, la montra, et disparut. Une foule d'autres personnes étoient venues avec des armes. Nul doute que si le général eût été condamné à mort, il n'eût été enlevé, et ses gardes ne s'y fussent pas opposés.

Cependant on attendoit encore avec impatience la suite du jugement. Le président continua :

« Attendu que Jules-Armand de Polignac, Louis Léridant, Jean-Victor Moreau, Henri-Odille-Pierre-Jean Rolland, Marie-Michel

Hyzay sont coupables d'avoir pris part à la conspiration ; mais qu'il résulte de l'instruction et des débats des circonstances qui les excusent.

« La Cour réduit la peine qu'ils ont encourue à deux années d'emprisonnement.

« Acquitte les autres accusés. »

On avoit tellement tremblé pour la vie du général Moreau, que ce jugement, tout inique qu'il étoit, calma l'agitation. *Il est sauvé!* fut le cri qui retentit dans le peuple ; *il est sauvé!* fut le cri qui, dans un instant, fut reporté jusqu'aux extrémités de la ville.

Le général Moreau avoit été tenu pendant trois mois au secret le plus rigoureux ; son frère, sa jeune épouse avoient en vain sollicité de Thuriot la permission de le voir. Tout ce qui entroit dans la prison pour lui étoit soigneusement visité ; cependant on parvint, au poids de l'or, à lui faire passer quelques lettres. Un jeune perruquier eut le courage de se charger de cette mission périlleuse. Lorsque l'illustre proscrit fut transféré à la Conciergerie, on ne permit à sa famille de lui rendre visite que le soir, encore faisoit-on passer son épouse désolée par une porte secrète, dans la crainte du peuple.

Mme Moreau et son beau-frère le tribun visitèrent les juges, et n'en obtinrent jamais qu'une froide et glaciale politesse, ce qui n'empêcha pas Buonaparte d'accuser la première, en plein conseil, d'avoir voulu les corrompre. Dans le cours du procès, elle avoit adressé plusieurs lettres touchantes au persécuteur de son époux; elles furent toutes dédaignées.

On poussa même l'indignité jusqu'à composer et répandre dans le public un écrit contre les moyens de défense du général. Mais tandis que le chef du gouvernement s'abaissoit à ces vils moyens, de simples particuliers s'illustroient par un rare attachement à l'accusé et à sa famille. M. Tourton, banquier, s'attira, par sa courageuse fidélité, un honorable exil; M. Gourlay, député, se sacrifia à cette noble cause. D'autres avoient tout préparé pour le sauver. M. Le Tissier, ami généreux du proscrit, tenoit une voiture, et M. Emmanuel d'Harcourt, des chevaux tout prêts. Son frère étoit retenu aux arrêts depuis deux jours.

Le général, après son jugement, conserva le calme et la dignité qu'il n'avoit cessé de montrer.

La police, pour éviter tout mouvement, le fit monter, sans escorte, dans une voiture qu'elle tenoit toute prête, et fit répandre le bruit qu'il retournoit chez lui, et que l'empereur lui avoit fait remise entière de la peine portée contre lui. Il se rendit au Temple, où il se fit écrouer lui-même.

Fouché, qui avoit suivi avec soin ce grand procès, s'étoit, avant le jugement, rendu auprès du moderne Charlemagne, pour lui représenter le danger de faire condamner un homme si puissant dans l'opinion publique. Tout ce qu'il put obtenir, ce fut que Napoléon feroit grâce, et commueroit en exil la sentence de mort, tant il se croyoit sûr de l'issue du procès. Mais déconcerté par le jugement, il sentit le besoin de recourir à son ancien ministre de la police, et le chargea d'arranger cette affaire. Fouché persuada facilement au général que l'exil étoit préférable à un emprisonnement qui le mettoit à la disposition de son ennemi. Moreau se disposa donc à partir pour les Etats-Unis, en passant par l'Espagne.

Le général Savary fut chargé de lui remettre la lettre du grand-juge, qui renfermoit le consentement de Napoléon, avec l'ordre de partir dans la nuit même. Il n'avoit point de voiture prête, le général Savary lui donna la sienne. Il falloit prévenir Mme Moreau; le général se chargea encore de ce soin, et l'amena au Temple. A la pointe du jour, il fit conduire l'illustre proscrit avec ses propres chevaux jusqu'à la première poste. Il est inutile de dire que l'entrevue des deux époux fut déchirante.

Tout fut inique dans ce procès, jusqu'aux moindres particularités. On lui en fit payer tous les frais, quoique l'on eût trouvé des sommes considérables sur plusieurs des accusés. La terre de Gros-Bois et le bel hôtel du général, dans la rue d'Anjou, tombèrent entre les mains du gouvernement; et l'on ne manqua pas d'hommes tout prêts à se couvrir de ces riches mais honteuses dépouilles.

Les autres condamnés se pourvurent, les uns en grâce, les autres en cassation. L'aîné des Polignac, le marquis de Rivière, Bouvet de Lozier, Lajollais, Rochelle, Armand Guillard, le major Russillon et Charles d'Hozier, furent graciés, les uns à la sollicitation de l'impératrice Joséphine, les autres aux instances de Mme Murat, quelques-uns aux supplications de leur propre famille.

Mme Coster-Walayer, si célèbre par son talent à peindre les fleurs, voulut essayer de fléchir le tyran en faveur de son beau-frère; elle se fit précéder chez l'impératrice par quelques-unes de ses plus belles productions;

l'impératrice n'obtint rien, et les tableaux restèrent.

Mme Rochelle (1), plus heureuse, sortit de l'audience de l'empereur si effrayée de la dureté de ses traits et de la violence de ses paroles, qu'elle ne put s'empêcher de dire, en rentrant chez elle, qu'elle avoit reconnu dans ses yeux l'âme d'un tigre.

Les autres condamnés, au nombre de douze, allèrent, le 26 juin, sceller de leur sang ce qu'on nomme aujourd'hui *leur vertueux dévouement*, et ce qu'on appeloit alors *leur forfait*. Tous moururent avec une fermeté héroïque. Cadoudal parut, dans ce moment terrible, tel qu'il s'étoit montré dans les débats; le cri de *vive le roi!* fut sa dernière parole. Il avoit, avant de mourir, demandé qu'on prît sur les sommes qu'on lui avoit enlevées une récompense honorable pour son défenseur, mais le défenseur ne toucha rien. Le gouvernement impérial trouva plus noble de distribuer cet argent aux misérables qui avoient contribué à l'arrestation de la victime, et de

---

(1) Le jeune Rochelle, compris dans le procès de Georges, étoit frère de l'avocat du même nom, qui jouit d'une réputation si méritée à la Cour de cassation.

les décorer de l'étoile de la Légion-d'Honneur. On accorda la même distinction à quelques autres malheureux de la même fange qui avoient, aux environs de Pontoise, aidé la gendarmerie à se saisir de Raoul et Armand Gaillard.

Par une juste compensation, le général Lecourbe et le général Magdonald, qui avoient développé un si glorieux caractère, furent frappés d'exil; et lorsque, quelque temps après, le conseiller qui s'étoit montré si incorruptible dans ses fonctions se présenta à la cour, Buonaparte courut à lui d'un air furieux, en lui criant : « Oses-tu bien, juge prévaricateur, te présenter devant moi! Sors d'ici, malheureux, ou je *te jette* par les fenêtres ! » (Il se servit d'un mot plus expressif.) M. Lecourbe n'attendit pas qu'on le destituât; il donna sa démission. M. Rigaut, son digne collègue, eut ordre de se retirer, tandis que les décorations, comme autant de signes accusateurs, brilloient sur des poitrines flétries par le plus lâche et le plus coupable oubli de leur devoir.

Ainsi finit ce grand procès, qui tint pendant plusieurs mois toute l'Europe en suspens. La France monarchique y perdit des hommes du plus haut caractère. Jamais les princes n'avoient eu de sujet plus fidèle, plus dévoué, plus capable de grandes entreprises que Georges Cadoudal ; du dernier rang de l'armée il s'étoit élevé au grade de général ; avoit obtenu la croix de Saint-Louis et le cordon rouge ; il avoit fait de la fidélité à Dieu et au roi les deux premiers points de sa morale religieuse et politique, et jamais il ne s'en écarta ; détenu au Temple pendant le carême, il en observa constamment les privations, mourut en chrétien, et avec la consolation de n'avoir compromis aucun de ses co-accusés. La plupart de ceux qui périrent avec lui sont restés dans l'oubli, parce qu'ils étoient d'une condition obscure ; nul honneur n'a encore été rendu à leurs cendres ; leurs noms n'ont été inscrits sur aucun monument, comme si l'obscurité de la condition diminuoit le mérite et la gloire du sacrifice. Ainsi le soldat meurt sur le champ de bataille, et le général se pare du laurier de la victoire.

Ajoutons que la plupart des accusés qui avoient obtenu leur grâce, ou que l'arrêt de la Cour ne condamnoit qu'à une détention de quelque temps, restèrent en prison jusqu'à la restauration, et terminons en rapportant quelques traits que le burin de l'histoire doit graver sur ses tables. Lorsque le plus jeune de MM. de Polignac eut entendu l'arrêt qui condamnoit son frère à mort, il jeta un cri de désespoir, et tournant ses mains suppliantes et ses yeux inondés de larmes vers les juges : « Faites grâce, leur dit-il, à mon frère ; ordonnez que je meure pour lui. Il est époux, il est père ; je répandrai mon sang avec joie pour épargner le sien. » Les sanglots de l'auditoire attestèrent combien il étoit touché de cette scène héroïque.

Un de ceux qui avoient obtenu leur grâce ayant engagé le général Moreau à solliciter la sienne : « Je savois bien, lui dit le général, que vous étiez un sot, mais je ne vous croyois pas un lâche. Allez ! j'aurois cinq cents vies à perdre, que je n'en voudrois pas conserver une seule à ce prix. »

Ce procès fut le dernier dont on permit aux sténographes de publier les débats. Buonaparte, maître absolu de la France, aima mieux s'élever au-dessus des lois que de les appeler à son secours, et des prisons d'Etat lui parurent plus discrètes et plus sûres que les débats des tribunaux.

Depuis la restauration, tous les avocats qui plaidèrent dans cette cause ont été décorés de l'ordre de la Légion-d'Honneur, excepté MM. Blacque et Moynat, qui pourtant avoient déployé autant de courage et d'éloquence que leurs collègues.

CHAPITRE III.

Etablissement de la maison impériale. Nomination des grands-officiers du palais. Récompenses accordées. Réponse de Buonaparte à la protestation de Louis XVIII. Rappel du ministre Fouché. Etablissement public des jeux. Rétablissement des missions étrangères. Améliorations de plusieurs parties de l'administration. Départ de Buonaparte pour les frontières du Nord et de l'Est.

L'issue de ce grand procès fut un triomphe pour Buonaparte; jamais les batailles d'Arcole et de Marengo ne l'avoient exposé à un plus grand danger. Délivré désormais de toute rivalité et de toute crainte, il ne songea plus qu'à régner avec toute la plénitude du pouvoir qu'on venoit de lui abandonner, qu'à reculer les limites de son empire, et s'entourer de toutes les pompes de la royauté.

Ce dernier point n'étoit pas le plus facile : il falloit régler les levers et les couchers, les présentations, les cercles, fixer tout ce qui regardoit l'étiquette; il falloit donner les formes de la cour à des femmes accoutumées à des habitudes bourgeoises. Buonaparte n'ignoroit pas qu'on rioit dans le public de la gaucherie de ses sœurs et de leurs prétentions maladroites à la dignité. L'impératrice Joséphine, née à la Martinique, mariée en France pendant la révolution, ne tenoit que d'elle-même les grâces qu'on lui reconnoissoit. Buonaparte avoit attaché à sa personne Mme de la Rochefoucault, épouse d'Alexandre de la Rochefoucault, fils du duc de Liancourt; mais cette dame n'avoit jamais été présentée, et se trouvoit tout à fait étrangère aux usages de la cour. On s'adressa d'abord à la princesse de Chimay, dernière dame d'honneur de l'infortunée Marie-Antoinette, rentrée à la suite de l'émigration, pauvre et malheureuse; mais elle se refusa à toutes les instances, et répondit : *Je ne sais rien; j'ai tout oublié, tout, excepté les bontés et les infortunes de mes anciens maîtres.* Il fallut avoir recours à Mme de Genlis et à Mme Campan, qui n'avoient rien oublié, excepté peut-être les infortunes et les bontés de l'ancienne cour.

Buonaparte lui-même sentoit le besoin de prendre des leçons. Talma, qui jouoit les rois de théâtre, l'avoit admis autrefois dans sa familiarité, et Buonaparte le recevoit maintenant dans la sienne; il le choisit pour maître, et s'exerça, sous sa direction, à porter la couronne, le sceptre, le manteau impérial, et à se donner des airs de majesté; mais Talma ne put jamais en faire un bon élève : ni sa taille ni ses habitudes ne se prêtoient à la dignité royale; on retrouvoit toujours en lui l'homme des camps, et les soldats continuèrent de l'appeler *le petit caporal*.

Ce n'étoit pas tout que de régler l'étiquette, il fallut former la maison de l'empereur et celles des princes ses frères et des princesses ses sœurs, et, suivant l'expression de Fouché, *les équiper* en altesses et en majestés. Le maréchal Berthier fut nommé grand-veneur, Duroc grand-maréchal, M. de Caulaincourt grand-écuyer, M. de Talleyrand grand-chambellan, M. de Ségur grand-maître des cérémonies. Le cardinal Fesch eut la grande-aumônerie. M. de Fleurieu devint surintendant de la maison impériale, M. de Remusat premier chambellan, MM. de Cramayel et Salmatoris introducteurs des ambassadeurs.

Les sénateurs de Viry et d'Harville furent promus à l'office d'écuyers de l'impératrice; Mmes de Luçai et de Lavalotte furent élevées au rang de dames d'honneur. Chaque prince et chaque princesse eut aussi sa maison : ces maisons coûtoient des sommes énormes, mais Buonaparte puisoit à pleines mains dans le trésor public, et trouvoit des ressources dans les fonds énormes qu'il avoit amassés dans la guerre et dans les négociations. Bientôt le palais se remplit de noms honorés dans l'ancienne monarchie, des Turenne, des Croï, des Bouillé, des Beausset, des Osmond, etc. Buonaparte se plaisoit à les voir ambitionner ses faveurs, et se plaisoit à répéter : « Je leur ai ouvert mes camps, pas un n'y est entré; je leur ai ouvert mes antichambres, ils s'y sont précipités. »

On fixa les formes du sceau : un aigle sur un champ d'azur, surmonté de la couronne impériale, autour le grand cordon de la Légion-d'Honneur; sur la draperie, le sceptre, la main de justice, etc.; de l'autre côté, Napoléon assis sur son trône.

La décoration de la Légion-d'Honneur subit aussi des changemens, et porta l'effigie du nouvel empereur. Les grands-officiers, les grands'croix, les commandans de cet ordre civil et militaire s'accrurent par de nombreuses promotions. Tous ceux qui, dans les derniers temps, s'étoient signalés par leur dévouement au chef de l'Etat, furent élevés d'autant plus haut qu'ils s'étoient montrés plus bas. Réal reçut en espèces sonnantes la récompense de ses services ; il aspiroit au ministère de la police, que remplissoit très-imparfaitement le grand-juge Regnier. Mais Fouché s'étoit rapproché de son maître; et les derniers conseils qu'il lui avoit donnés lui avoient reconquis toute sa faveur. Il fut rappelé avec un pouvoir plus grand que celui dont il avoit joui jusqu'alors. On lui adjoignit quatre conseillers chargés de correspondre avec les départemens, savoir : le préfet de police pour Paris ; Réal, Pelet de la Lozère et Miot, pour les autres parties de l'empire. Pelet de la Lozère s'étoit distingué à la Convention par la douceur de son caractère et la modération de ses principes ; il s'étoit surtout rendu recommandable, après le régime de la terreur, par son zèle pour les détenus ; sa nomination fut vue avec plaisir. Celle de Fouché n'inspira aucune alarme : depuis quelque temps il s'étoit appliqué à tempérer la fougue de Buonaparte, à écarter les mesures violentes, à rapprocher du gouvernement tous ceux que leurs opinions ou leurs intérêts en tenoient éloignés. Pour éviter les exils et les déportations, il institua les surveillances, mesure sévère en apparence, mais dont il régla l'usage ou adoucit les rigueurs suivant les personnes. Il eut l'adresse de faire mettre à sa disposition des sommes considérables, et s'en servit autant pour multiplier ses appuis à la cour que pour veiller au maintien de la tranquillité; ses largesses attirèrent dans ses bureaux jusqu'à des personnages titrés de *princes* dans l'ancienne monarchie; on en nommoit trois (les princes de L., de C. et de M.) qui ne rougirent pas de remplir pour lui le rôle d'espions dans les premiers cercles de la capitale, jusqu'à ce que la publicité les forçât de renoncer à cet infâme métier. Il avoit aussi quelques dames de haut parage, les unes à 1000 francs, les autres à 2000 francs de gages par mois; elles faisoient leurs rapports sous des noms empruntés, et Fouché en communiquoit tous les trois mois l'analyse à l'empereur. Il établit des commissaires généraux dans toutes les villes de quelque importance, se réserva la surveillance des étrangers, des émigrés, des prisons d'Etat, la délivrance de passe-ports, la disposition de la gendarmerie, et par l'étendue immense de ses attributions, se constitua, sans le paroître, le maître des destinées de Napoléon et l'arbitre suprême de l'empire; ses intelligences s'étendoient jusque dans la police du château; et lorsque Buonaparte l'interrogeoit sur des faits qu'il croyoit n'être connus que de lui, il étoit tout étonné de voir que Fouché savoit tout.

Pour augmenter ses revenus et salarier un plus grand nombre de créatures, le ministre érigea en administration la ferme des jeux, la soumit à une rétribution qu'il porta par la suite à 14 millions, se réservant 3000 francs par jour pour lui. Les maisons de prostitution, les passe-ports devinrent autant de ressources qui n'entroient pas dans le budget, et servoient à garnir les cassettes des membres de la famille impériale. La morale en rougissoit, mais Buonaparte savoit se mettre au-dessus des scrupules et des préjugés; et pour comble de honte, des personnages dont le public honoroit la profession extérieure et simulée qu'ils faisoient de la vertu, descendirent de leur dignité jusqu'à recevoir des mains de Buonaparte ou de son ministre, des intérêts dans les jeux, ou des pensions sur les bénéfices qui en provenoient.

Mais pour racheter le blâme de ces honteux établissemens, en même temps que Napoléon érigeoit les jeux en administration publique, il rétablissoit par un décret l'institution des missions étrangères, institution admirable, dont la charité chrétienne a pu seule inspirer la pensée. Ainsi l'on vit se réunir de nouveau dans le séminaire consacré au plus courageux et au plus saint dévouement, ces ecclésiastiques étrangers à toute ambition, à tout intérêt, uniquement occupés de faire briller dans des contrées sauvages ou païennes les sublimes clartés de l'Evangile.

Dans le cours de la révolution, l'oubli des mœurs avoit été porté à un tel point, qu'il s'étoit formé des pensionnats où les jeunes filles étoient réunies à de jeunes garçons, et partageoient leur éducation et leurs jeux; un arrêté du préfet de Paris les proscrivit, et les écoles reçurent un régime conforme aux principes de la religion et de la morale.

Depuis l'établissement du concordat, il s'étoit formé une Eglise particulière et secrète qu'on appeloit *la petite Eglise*, et qui continuoit de ne reconnoître pour évêques que ceux qui avoient été canoniquement institués avant la constitution civile du clergé et le concordat. Buonaparte obtint du cardinal légat une circulaire qui déclaroit désobéissans à la sainte Eglise romaine tous ceux qui, au mépris du jugement rendu par le Saint-Siége apostolique, adhéreroient à l'évêque d'un diocèse supprimé.

On surveilla également les ecclésiastiques qui refusoient de communiquer avec les prêtres constitutionnels, quoique réconciliés avec l'Eglise de Rome. Un curé de Valogne n'ayant pas voulu enterrer une de ses paroissiennes parce que plusieurs de ces prêtres se présentoient pour honorer le convoi, fut sévèrement réprimandé par son évêque. C'étoit le ministre de la police qui régloit ces sortes d'affaires ; car tel étoit le degré d'humiliation où Buonaparte tenoit le clergé, que la discipline ecclésiastique étoit en quelque sorte tombée dans le domaine de la police.

Mais en même temps, pour paroître rendre un hommage à la religion sans abandonner le soin des libertés publiques, l'anniversaire du 14 juillet fut transféré au dimanche suivant, et célébré dans la chapelle des Invalides avec toutes les pompes de l'Eglise. Le cardinal Caprara fut prié d'y officier ; l'impératrice s'y rendit dans un carrosse à huit chevaux, accompagnée de ses écuyers, suivie de toute sa cour. L'empereur y vint à cheval, au milieu de sa garde et de tous les grands-officiers de la couronne. On lui avoit élevé un trône magnifique, où il s'assit après la lecture de l'Evangile, reçut le serment de tous les membres de la Légion-d'Honneur, et leur distribua la nouvelle décoration. Il se la fit attacher à lui-même des mains de son frère Louis Buonaparte, connétable de France. Dix-neuf cents chevaliers furent admis à cet honneur. On comptoit dans ce nombre le Tribunat tout entier, les membres des douze municipalités de Paris, les évêques et les prêtres qui s'étoient signalés par leur dévouement à la nouvelle dynastie. La décoration portoit, d'un côté, la tête de Napoléon couronnée de laurier, de l'autre un aigle armé de la foudre, car Buonaparte se plaisoit aux images terribles. Le grand-chancelier ne s'oublia point dans cette occasion; il entassa de nouveau figures sur figures pour louer dignement son héros, et s'efforça surtout de prouver que toutes les conquêtes faites par le peuple au 14 juillet 1789, n'avoient pas de plus solide garantie que le trône impérial de Napoléon. On s'affligea de voir un homme de bien estimé pour ses connoissances, chéri dans la société par sa politesse et la douceur de ses mœurs, s'abaisser ainsi aux derniers degrés de la servitude.

Un mois après, une nouvelle solennité appela une nouvelle attention. On a vu au commencement de ces Mémoires que Napoléon étoit né le 5 février 1768 (1), et qu'il jugea à propos de se rajeunir d'environ dix-huit mois

---

(1) *Voyez* tome 1er, page 64.

pour se faire considérer comme Français. Il jugea aussi à propos de transférer l'anniversaire de sa naissance au 15 août, et de le consacrer par une fête solennelle, afin peut-être de faire oublier le vœu de Louis XIII, et de substituer à la Vierge, patrone de la France, le saint dont il portoit le nom. Le clergé se montra docile et empressé, et le 15 août 1804 toutes les églises de France célébrèrent la fête d'un saint qui n'avoit jamais été inscrit sur leur calendrier.

On eût dit alors que la France toute entière ne respiroit que religion. Le 17 du même mois, la chapelle de l'hôtel royal des Invalides retentit de nouveau des chants sacrés de l'Eglise pour la conservation, la gloire et le bonheur du héros que le Ciel avoit donné à la France, et que la nation venoit de couronner : c'étoit au nom des états-major et de tous les corps de la 1re division militaire que cette fête étoit célébrée. Tous les corps constitués de l'Etat y assistèrent, et la solennité fut terminée par une invocation à Dieu, en vers français, qui furent chantés par les premières voix de la capitale.

Buonaparte se flattoit de réveiller par ces fêtes et ces marques extérieures de religion, l'enthousiasme qu'avoient excité précédemment l'éclat de ses victoires et les prospérités de son gouvernement. On anima d'une nouvelle activité les travaux publics; on fit de nombreuses et abondantes distributions dans toutes les municipalités; on multiplia les spectacles; pour donner des distractions au peuple, on entretint les querelles de théâtre et les querelles littéraires; les satyres de Geoffroy, les jambes agiles et légères de Duport, la musique des Bardes, devinrent autant d'objets sur lesquels on s'efforça de détourner les regards des Parisiens. L'empereur et son auguste compagne vinrent chercher des hommages à l'Opéra et au Théâtre-Français, et la police ne manqua pas de les rendre très-nombreux et très-bruyans. L'époque du couronnement fut annoncée pour le 18 brumaire prochain. On promit au peuple des réjouissances extraordinaires, et l'on y invita d'avance toutes les gardes nationales de l'empire et tous les corps de l'armée de terre et de mer.

La protestation de Louis XVIII avoit produit un si grand effet dans l'Europe, que Buonaparte crut ne pouvoir se dispenser de l'insérer dans ses propres journaux; mais peu de temps après il y joignit une réponse. Il opposa au roi le silence de tous les cabinets, présage trop certain de l'abandon où ils étoient décidés à le laisser ; il fit valoir le vœu de la nation, qui lui avoit, disoit-il, déféré spontanément la couronne; il lui reprocha d'avoir lui-même abandonné ses droits en abandonnant la France ; il affecta de lui rappeler l'exemple d'Henri IV, qui avoit combattu en soldat pour reconquérir sa couronne, et n'avoit posé les armes qu'après l'avoir placée sur sa tête (1); il répéta ce qu'il avoit dit précédem-

---

(1) Ce reproche est d'autant plus injuste, que le roi n'avoit jamais été le maître de se montrer à la tête des armées qui combattoient pour lui. Il écrivoit en 1795, au duc d'Harcourt, son ambassadeur à Londres :

« Mon inactivité forcée donne à mes ennemis l'occa-
« sion de me calomnier; elle m'expose même à des
« jugemens défavorables de la part de ceux qui me
« sont restés fidèles....... Je le répète : si je n'acquiers
« pas une gloire personnelle, si mon trône n'est pas
« entouré de considération, mon règne sera peut-être
« tranquille par l'effet de la lassitude générale, mais je
« n'aurai pas construit un édifice solide. On craint
« pour ma vie : mais de quel poids peut-être cette
« crainte auprès de mon honneur et de ma gloire ? Il
« faudroit de bien grands malheurs pour que la suc-
« cession courût des risques: Il n'y a rien à craindre
« pour le roi, qui ne meurt jamais en France. Si l'on
« pouvoit croire que ce fût de mon plein gré que je
« n'ai pas joint mes fidèles sujets, mon règne serait
« plus malheureux que celui de Henri-III. »

Ce n'est pas là assurément le langage d'un roi pu-

ment, qu'il faudroit verser des torrens de sang avant que les Français retournassent sous le joug qu'ils avoient brisé; et pour repousser le reproche d'usurpation, il finit par un trait d'une insultante vanité : *qu'il étoit plus glorieux de fonder une dynastie que de la finir.* Il étoit loin de soupçonner que sa dynastie ne s'établiroit jamais, que ce Sénat, aujourd'hui prosterné à ses pieds, lui arracheroit la couronne, et que le prince qu'il outrageoit viendroit, de son vivant même, continuer glorieusement la dynastie de ses pères.

Mais ni cette feinte assurance, ni ses bravades, ni ses spectacles, ni ses fêtes ne purent vaincre les impressions funestes qu'avoient laissées dans le cœur des Parisiens la catastrophe du duc d'Enghien, celle de Pichegru et le procès de Moreau. On observa même que, depuis cette époque, la recette des spectacles avoit baissé de plus d'un tiers. Les épigrammes et les calembourgs continuèrent d'assaillir le nouveau trône; et comme on les attribuoit à Brunet, espèce de turlupin qui s'étoit rendu célèbre par ses lazzis, cet ac-

---

sillanime. Buonaparte le savait bien, mais il se plaisoit à enfoncer le poignard dans le cœur d'un prince malheureux.

teur crut devoir les désavouer dans une lettre qu'il adressa à tous les journaux. On peut prendre une idée de ces calembourgs par le suivant (le seul que l'on veuille se permettre de rapporter) : on supposoit que, dans une pièce où il étoit question de Buonaparte, on présentoit à Brunet le buste du héros en plâtre, et qu'après l'avoir examiné il disoit : *Je l'aimerois mieux en terre.*

Fatigué de cette petite guerre d'épigrammes, désespérant d'en sortir avec avantage, Napoléon prit le parti de quitter Paris, et d'aller à ses camps de Boulogne, de Saint-Omer et de Hollande, et dans ses villes frontières, chercher des hommages que sa capitale lui refusoit. Les généraux et les préfets ne manquèrent ni à leurs instructions ni à leur devoir; les arcs de triomphe, les concerts, les spectacles, les bals, les illuminations, toutes les marques d'un enthousiasme de commande se multiplioient partout où il portoit ses pas. Il visita de cette manière Boulogne, Calais, Dunkerque, Ostende, Bruxelles, Coblentz, Aix-la-Chapelle, Mayence, et trouva dans ces dernières villes des souverains d'Allemagne plus empressés à lui faire la cour que ses propres sujets. Il alloit partout distribuant des croix d'honneur, et recevant en échange les félicitations des préfets et des maires, des évêques même, qui épuisoient pour le louer toutes les ressources de l'emphase et de l'hyperbole. L'impératrice l'avoit précédé à Aix-la-Chapelle, et s'y étoit montrée avec toute la magnificence des souverains, traînant à sa suite les pompes de son palais et celles de l'ancienne monarchie, des la Rochefoucauld, des Colbert, des Rohan, des la Feuillade, etc. Picard et sa troupe charmoient par leurs jeux cette brillante réunion.

Mais Napoléon proclamé en France empereur héréditaire, ne l'étoit point encore dans les autres Etats; il leur avoit notifié à tous son avènement au trône. On ne doutoit pas de l'accession de la cour de Rome; elle avoit suffisamment expliqué ses intentions en refusant de reconnoître le cardinal Maury, que Louis XVIII avoit accrédité auprès d'elle. On n'étoit pas moins sûr des cabinets de Madrid et de Lisbonne, courbés depuis long-temps sous le joug de la France. Les petites puissances d'Allemagne étoient hors d'état d'opposer la moindre résistance; mais il n'en étoit pas de même de la Russie, de l'Autriche et de la Prusse; plus de deux mois s'étoient écoulés depuis l'inauguration de l'empire français, et Napoléon n'étoit encore désigné dans ces

Etats que sous la simple dénomination de *Buonaparte*. Il est vrai qu'il faisoit dire dans ses journaux que ce nom valoit tous les titres; mais il ne laissoit pas moins percer l'ardent désir d'être reconnu. Ces puissances ne pouvoient-elles pas faire un retour honorable en faveur de la maison de Bourbon? Ces pensées tourmentoient Napoléon. La Prusse fut la première à se déclarer pour lui. L'Autriche consulta la Russie, et cette puissance tardant à s'expliquer, François II, après un conseil extraordinaire de ses ministres et des personnages les plus marquans de sa cour, se détermina à reconnoître Napoléon pour empereur des François, en prenant pour lui-même le titre d'empereur d'Autriche.

Ce fut à cette époque que l'Europe retentit du bruit d'un horrible attentat médité contre les jours de Louis XVIII. Parmi les employés du ministère des relations extérieures, il en était un qui, après s'être signalé autrefois par une zèle enthousiaste pour la république, se signaloit alors par une sorte de fanatisme pour le nouvel empereur. Il se nommoit *G... B...* On le crut capable de tout entreprendre; on lui proposa donc d'aller à Varsovie affranchir Napoléon des importunités que lui causoient les prétentions de Louis XVIII; mais cet homme, tout fanatique qu'il parût, n'étoit pas assez pervers pour commettre un crime de sang-froid. Effrayé de la mission qu'on lui proposoit, il en fit confidence au jeune Descorches de Sainte-Croix, employé comme lui au même ministère, mais dans un ordre plus élevé. Ce jeune homme, plein d'esprit, de talens et de résolution, quoiqu'il parût dévoué au nouvel ordre de choses, étoit dans le cœur plus attaché à l'ancienne dynastie qu'à la nouvelle. Il conseilla à G... B... d'accepter la mission, d'entrer en apparence dans les vues criminelles de ses commettans, et de sauver le prince en le prévenant avec assez d'adresse pour ne pas se compromettre lui-même.

L'envoyé suivit cet avis, et partit pour Varsovie avec un compagnon d'assassinat. On lui avoit indiqué dans cette ville les gens avec lesquels il pourroit se concerter : c'étoit surtout un nommé *Caulon*, qui tenoit un petit café, et communiquoit fréquemment avec quelques domestiques de Louis XVIII. On arrêta un plan ; on convint de creuser des carottes, de les remplir d'arsenic, de s'introduire dans les cuisines du prince, et d'empoisonner son potage. Tout étoit prêt pour le succès de cet horrible complot, lorsque le roi reçut des avis qui le sauvèrent.

G... B... ne perdit pas de temps; il se sauva de Varsovie avec son compagnon, après avoir prévenu ses complices que tout était découvert: ceux-ci se hâtèrent d'aller révéler la conspiration, en s'attribuant le mérite d'avoir résisté à la corruption, et refusé à tout prix de tremper dans un crime si exécrable. Le roi avoit déjà prévenu le magistrat. On saisit les légumes empoisonnés; on appela des médecins, qui constatèrent la présence de l'arsenic, et l'on se borna à ces premières formalités. Le gouvernement prussien, qui ménageoit alors Napoléon, ne voulut pas qu'on les poussât plus loin. G... B... et son complice eurent le temps de quitter les Etats de Prusse, et quelques jours après le roi de France partit pour Grodno, et de là pour Calmar, où il eut une entrevue avec M. le comte d'Artois, et fut reçu du roi de Suède avec le plus généreux empressement. Son intention étoit de revenir à Varsovie, mais Buonaparte l'avoit prévenu; on lui signifia que Sa Majesté prussienne s'étoit décidée à lui interdire tout asile dans ses Etats. Ainsi, tandis qu'un heureux aventurier se pavanoit sur le trône de saint Louis, l'héritier légitime de tant de rois trouvoit à peine, dans l'Europe entière, un lieu où il pût reposer sa tête.

Heureusement, l'empereur Alexandre venoit de rompre avec Napoléon; il offrit à Louis XVIII son ancien asile de Mittau, et ce prince l'accepta avec reconnoissance.

G... B... passa à la Guadeloupe, où il obtint de l'emploi. Par qui avoit-il été envoyé? Le temps de le dire n'est pas encore arrivé. Chaque jour, à la vérité, la mort moissonne quelques-uns de ceux qui pourroient déposer dans cette indigne affaire. Le jeune de Sainte-Croix a péri en Espagne à la tête d'une brigade qu'il commandoit, à l'âge de vingt-six ans. G... B... a probablement fini ses jours à la Guadeloupe. Cependant toutes les traces du crime ne sont pas perdues, et l'on croit qu'il en reste assez pour arriver aux vrais coupables, et vérifier si, parmi les ministres de Buonaparte, il n'en existoit pas quelques-uns dont le premier dogme politique fût l'extinction totale de la maison de Bourbon.

On prenoit en France les plus grandes précautions pour que le bruit de ces horribles machinations n'y parvînt pas. Tous les journaux étrangers, et surtout les journaux anglais et allemands, y étoient interdits. Le ministre de la police et celui des relations extérieures s'en étoient réservé exclusivement la lecture. On surveilloit avec une extrême sévérité ceux de Hollande, qui conservoient encore quelque reste de leur ancienne liberté; et tel étoit le degré de servitude où étoit tombé ce malheureux pays, qu'on poursuivit avec la dernière rigueur l'auteur d'une feuille intitulée *la Thémis,* parce qu'il s'étoit exprimé avec beaucoup de patriotisme et de liberté sur le triste état de son pays. Un acte de son propre gouvernement ordonna de le saisir partout où l'on pourroit le trouver, et de le conduire hors du territoire de la république. Tout alors inquiétoit Buonaparte. L'abbé de La Fare, évêque de Nanci, étoit à Vienne, Montjoie en Bohême : Buonaparte exigea de la cour d'Autriche qu'ils en fussent bannis. Ils étoient l'un et l'autre pleins de dévouement pour la maison de Bourbon, mais dans une situation et un ordre bien différent (1).

Cependant la tentative d'empoisonnement contre le roi de France étoit si publique, les lettres particulières de Pologne en donnoient des détails si positifs, elle inculpoit si fortement le gouvernement de Buonaparte, qu'il crut devoir en faire publier quelques détails

---

(1) Montjoie, qui avoit servi la cause du trône avec tant de dévouement, mourut presque dans la misère après la restauration.

dans les journaux français, mais en dénaturant les faits. Après les avoir exposés tels qu'ils étoient consignés dans *le Correspondant de Hambourg*, on ajoutoit :

« Au départ du courrier, l'on apprend par des lettres de Varsovie, que Caulon et sa femme ont été arrêtés. Ils ont avoué que la fable de l'empoisonnement étoit de leur invention, afin de tirer quelqu'argent du comte de Lille, qui a bien voulu ajouter foi aux assertions d'un misérable qui d'ailleurs avoit une réputation très-flétrie. »

Les écrivains qui ont rapporté ou des anecdotes, ou des manuscrits de Sainte-Hélène, font dire à Buonaparte qu'il eut le bonheur de monter sur le trône et de s'y maintenir sans avoir acheté cette haute fortune par un seul crime. Apparemment, l'assassinat, l'empoisonnement sont des actes tout à fait innocens, et qu'on ne se refuse point quand il s'agit d'usurper une couronne. Louis XVIII n'eut pas même l'avantage de rester tranquille dans sa retraite de Mittau. A défaut de poison, l'on employa le feu, et son château fut plus d'une fois sur le point d'être consumé par les flammes.

Cette année devoit être féconde en événemens extraordinaires. Tandis que le ministre des cultes Portalis faisoit un rapport à Napoléon sur l'entrée en France de quelques membres de la Compagnie de Jésus qui venoient de s'établir sous le nom de *Pères de la foi*, et que Buonaparte ordonnoit la clôture de leurs maisons à Saint-Acheul et à Belley (1), la cour de Rome les rétablissoit, sur la demande du roi de Naples et de l'empereur de Russie. Cet ordre célèbre ne s'étoit jamais éteint. Lorsqu'il avoit été supprimé par Clément XIV, l'empereur Paul Ier lui avoit ouvert un asile dans ses Etats. Plusieurs souverains regardoient les jésuites comme les meilleurs instituteurs de la jeunesse, comme les plus fermes appuis des trônes et de l'autel. Ils comptoient, en 1804, deux cent soixante-deux sujets en Russie, parmi lesquels se trouvoient cent dix-huit prêtres, quatre-vingt-trois novices et soixante-un assistans; ils avoient des colléges dans cinq villes de cet empire, à Saint-Pétersbourg, à Riga, à Moscou, à Odessa, à Astracan. Leur général étoit entré dans l'ordre en 1755.

Le bref du pape fut publié à Naples avec une grande solennité; le roi et la reine communièrent dans la chapelle du grand collége,

---
(1) Tome v, page 35.

qui fut remis au supérieur de la Compagnie de **Jésus**. La reine voulut payer de ses propres deniers les meubles les plus nécessaires, et le roi dota le collége d'un revenu annuel de 40,000 ducats.

Au milieu de ces prospérités, la Compagnie perdoit un de ses membres les plus illustres, ce célèbre Père Beauregard, dont l'éloquence mâle et impétueuse avoit produit en France tant d'heureux effets, dont la voix prophétique avoit annoncé les fléaux et les scandales de la révolution, et qui, dans un moment d'inspiration, s'étoit écrié : « Je vois les autels du Dieu tout-puissant profanés, les tabernacles brisés, et de viles prostituées assises sur le trône du Saint des saints, et recevoir l'encens coupable de leurs nouveaux adorateurs. »

Chassé de France par la tourmente révolutionnaire, il s'étoit d'abord réfugié en Angleterre, puis en Allemagne, où il continua de prêcher avec un étonnant succès. Il se disposoit à rentrer en France, pour offrir à son pays et à la religion les derniers efforts de son zèle et de son éloquence, lorsque la mort vint le surprendre à Hohenloë, à l'âge de soixante-treize ans.

Buonaparte ne témoigna aucun mécontenttement du bref du pape; il avoit alors besoin de Sa Sainteté, et déjà on négocioit en secret avec elle pour l'engager à venir, à l'exemple du pape Etienne, déposer l'huile sainte sur le front du nouveau Charlemagne. Jusqu'alors la cause de Louis XVIII n'avoit point paru entièrement perdue auprès du Saint-Siége; ce prince y entretenoit, comme ambassadeur, le célèbre cardinal Maury, et ce prélat déployoit un grand zèle pour ses intérêts. Mais quand on vit toutes les puissances renoncer au dessein de soutenir, sur ses anciens fondemens, le trône d'Henri IV, quand on vit l'usurpation reconnue, et l'usurpateur traîner à sa suite les ambassadeurs des premiers cabinets de l'Europe, alors les nobles sentimens s'effacèrent, on renonça à l'honneur d'être fidèle et généreux; et comme le légitime souverain n'avoit plus de dignités et de récompenses à distribuer, le cardinal Maury lui-même, ce défenseur si zélé de la couronne des Bourbons, renonça tout à coup à leur service, et, le 22 août, il adressa à Buonaparte une lettre remplie d'expressions de soumission et de respect.

« C'est par sentiment autant que par devoir, disoit-il, que je me réunis loyalement à tous les membres du sacré collége, pour supplier Votre Majesté Impériale d'agréer avec bonté et confiance mes sincères félicitations sur son avènement au trône. Le salut public doit être, dans tous les temps, la suprême loi des esprits raisonnables. Je suis Français, sire, je veux l'être toujours. J'ai constamment et hautement professé que le gouvernement de la France étoit essentiellement monarchique : c'est une opinion à laquelle je n'ai cessé de me rallier, avant que la nécessité de ce régime nous fût généralement démontrée par tant de désastres, et que les conquêtes de Votre Majesté, qui ont si glorieusement reculé nos frontières, eussent encore augmenté, dans un si vaste empire, le besoin manifeste de cette unité de pouvoir. Nul Français n'a donc plus droit que moi d'applaudir au rétablissement d'un trône héréditaire dans ma patrie......... Je sens vivement, sire, dans ce moment surtout, le bonheur de n'être que conséquent et fidèle à mon invariable doctrine, en déposant aux pieds de Votre Majesté Impériale l'hommage de mon adhésion pleine et entière au vœu national qui vient de l'appeler à la suprême puissance impériale, et d'assurer solidement la tranquillité de l'avenir, en assignant à son auguste famille un si magnifique héritage. Un diadême d'empereur orne justement et dignement à mes yeux la tête d'un héros qui, après avoir été si souvent couronné par la victoire, a su se soutenir par son rare génie dans la législation, dans l'administration et dans la politique, à la hauteur de sa renommée toujours croissante, en rétablissant la religion dans son empire, en illustrant le nom français dans tous les genres de gloire, et en terrassant cet esprit de faction et de trouble qui perpétuoit les fléaux de la révolution, en la recommençant toujours. »

Cette lettre, d'un style terne et servile, ne rappeloit guère cette haute éloquence dont le cardinal Maury avoit donné, dans l'Assemblée constituante, de si brillans modèles; mais telle qu'elle étoit, Buonaparte l'accueillit avec empressement; c'étoit un nouveau trophée dont il ne manqua pas de se parer. Tous les journaux la répétèrent; et bientôt le cardinal Maury vint éteindre dans une lâche défection, ce flambeau de gloire qu'il avoit allumé aux pieds des autels et du trône de Louis XVI.

Dans le même temps, un homme non moins célèbre, non moins éloquent, non moins dévoué que lui, Cazalès, mécontent de n'avoir pas trouvé auprès des princes la faveur et le crédit qu'il méritoit, venoit aussi de renoncer à l'exil pour rentrer dans sa patrie. Buonaparte, qui épioit toutes les occasions de faire des conquêtes sur la maison de Bourbon, s'étoit empressé de lui ouvrir toutes les portes de la France, et de l'attirer par les plus flatteuses promesses : c'étoit une croyance assez généralement répandue, qu'il lui avoit promis les honneurs d'une sénatorerie, s'il vouloit consacrer à ses intérêts quelques pages animées de cette éloquence qu'il avoit déployée avec tant d'éclat à l'Assemblée constituante. On vit alors paroître une brochure dont le style décéloit un écrivain supérieur ; elle avoit pour titre : *Naturel et légitime*. Le but de l'auteur étoit de justifier l'élévation de Buonaparte, et d'en démontrer la légitimité. L'auteur, en parlant de la chute de la dynastie carlovingienne, disoit :

« Charles de Lorraine avoit consommé son avilissement en sollicitant l'appui de l'étranger, en prêtant foi et hommage à l'empereur Othon. Il s'abaissa aux yeux de ce souverain, qui ne changea point sa destinée; il se dégrada aux yeux de son pays et de l'Europe entière; la France ne le regarda plus que comme un transfuge déserteur de son pays et vassal d'un roi de Germanie. Les grands de l'Etat, assemblés à Noyon, interprètes de la volonté nationale, déférèrent la couronne à Hugues, qui fut sacré, peu de temps après, par l'archevêque de Reims.

« Charles appela de cet arrêt à quelques Français mécontens, à quelques princes étrangers; il troubla les premières années du règne de Hugues. Hugues le réduisit, et le fit enfermer dans la prison d'Orléans. Les factions étoient comprimées par une autorité vigoureuse; personne n'osa tenter d'arracher Charles de sa prison; il y mourut paisiblement. »

Quelqu'offensant que fût cet écrit pour Louis XVIII, nombre de personnes crurent y reconnoître la plume de Cazalès, et les royalistes fidèles gémirent de voir tomber successivement tant de hautes vertus qui avoient fait la gloire de l'ancienne monarchie. Mais cet ouvrage n'a jamais été avoué par celui à qui on l'attribuoit; et comme M. de Cazalès n'est entré dans aucune des dignités du nouvel empire, qu'on ne sauroit citer aucune marque de la faveur de Buonaparte pour lui, qu'il est mort sans bruit dans une retraite qu'il s'étoit choisie près de Bordeaux, on peut présumer qu'on ne lui imputa cet écrit que pour lui donner plus de considération et de poids. L'auteur de ces Mémoires tient d'ailleurs de la famille de M. de Cazalès qu'il n'en fut point l'auteur (1).

De tous les ennemis que Buonaparte avoit eus à redouter, il n'en restoit plus qu'un seul dont la persévérance et l'activité l'irritassent; c'étoit le roi de Suède Gustave. Jamais cet intrépide monarque ne voulut consentir à aucune paix, à aucune alliance avec l'empereur des Français. Si les puissances du continent eussent été animées du même esprit que lui, elles se seroient toutes armées pour venger l'assassinat du duc d'Enghien. Il avoit à cette époque fait remettre à la diète générale d'empire une note où il réclamoit l'intervention de tous les cabinets pour obtenir une satisfaction éclatante de la violation du territoire de l'électorat de Bade :

« Le roi juge à propos, disoit le ministre de Suède, de fixer de nouveau l'attention de

---

(1) Il seroit néanmoins difficile de justifier Cazalès de toute espèce de relation avec Buonaparte. Il est certain qu'il eut avec lui des entretiens particuliers; et M. Lemontey, auteur d'un écrit très-spirituel publié à cette époque, sous le titre de *la Famille du Jura*, n'hésite point à citer Cazalès parmi les hommes de l'ancienne monarchie qui manifestèrent publiquement leur adhésion à l'élévation de Buonaparte sur le trône des Bourbons. (Quatrième édition, page 96.)

l'Empire sur les suites de prises de possession militaire illégales, et de rappeler ce qu'elle a déjà fait connoître à ce sujet. Sa Majesté invite, en conséquence, les Etats à faire cesser ces voies de fait, et à considérer que leur propre sûreté, leur indépendance particulière et celle de l'Empire en général, en dépendent; qu'un Etat n'est puissant que sous l'égide de la Constitution et des lois, et qu'il ne peut jamais le devenir par des empiétemens violens; car alors la force tiendroit lieu de droit, et l'Empire deviendroit bientôt la proie d'une puissance étrangère. Pour prévenir à temps des entreprises aussi funestes, il est nécessaire que tous les Etats et tous les membres de l'Empire resserrent les liens qui les unissent, et forment comme un faisceau pour faire face à l'ennemi commun. »

Le roi terminoit en disant qu'il se réunissoit à Sa Majesté l'empereur de Russie, comme garant, ainsi que lui, de l'intégrité de l'empire germanique.

Buonaparte ne put lire cette note sans dépit; il y répondit par des sarcasmes pleins de colère, d'amertume; et traitant ce prince avec une insultante hauteur : « De quel droit, lui dit-il, et dans quelle vue excitez-vous le corps germanique contre la France? Lorsque l'Allemagne se trouvoit engagée dans une guerre désastreuse, par les instigations de la Suède, vous avez été le premier à faire votre paix, et vous avez envoyé des ambassadeurs à Paris. Durant toute cette crise, on n'a point entendu parler de vous : mais à peine a-t-elle été conclue, que vous avez voulu vous montrer, et vous avez demandé une statue pour le prince Charles.

« Ce prince a acquis de la gloire, et la France est la première à le reconnoître : est-ce donc avec vos troupes qu'il l'a acquise? Si vous êtes membre de l'Empire, pourquoi n'avez-vous pas secouru l'Empire avec vos armées? Si vous êtes un des garans du traité de Westphalie, pourquoi avez-vous fait votre paix avant que l'Empire eût fait la sienne?

« Comment se fait-il que vous soyez le seul à ne pas sentir à quel point vos démarches à Ratisbonne sont importunes pour le corps germanique même? Pendant que vous recevez l'hospitalité à Bade, vous outragez votre beau-père. Il n'est pas une époque de votre séjour à Carlsruhe qui n'ait été marquée par un juste motif de plainte pour ce prince...... Vous êtes jeune encore : mais lorsque vous aurez atteint l'âge de la maturité, si vous lisez les notes que vous improvisez en courant la poste, vous vous repentirez de n'avoir pas suivi les conseils de vos ministres expérimentés et fidèles; vous ferez alors ce que vous auriez toujours dû faire, vous songerez au bonheur de vos sujets, et vous ne sacrifierez pas leurs intérêts à de vaines et fantasques passions.

« Nous pensons bien que si vous lisez ces conseils, ils seront perdus pour vous : mais vous ne recevrez pas d'autre leçon de la France; elle est fort indifférente à toutes vos démarches, elle ne vous en demande pas assurément raison, parce qu'elle ne peut confondre une nation loyale et brave et des hommes qui, pendant des siècles, furent ses appelés *fidèles* et nommés *les Français du Nord,* avec un jeune homme que de fausses idées égarent et que la réflexion ne vient pas éclairer.

« Vos sujets seront donc toujours bien traités, vos bâtimens de commerce seront bien accueillis; vos escadres même, si elles en ont besoin, seront ravitaillées. La France ne verra sur vos pavillons que les enseignes des Gustaves qui ont régné avant vous ; et lorsque la fougue de vos passions sera calmée et que vous aurez appris à connoître la véritable situation de l'Europe et à apprécier la vôtre, la France sera toujours prête à porter ses regards sur les véritables intérêts de votre nation, et à fermer les yeux sur tout ce que vous aurez été et sur ce que vous aurez fait. »

Jamais les proconsuls romains n'avoient parlé à un souverain avec plus d'arrogance, et c'étoit le fils d'un citoyen obscur d'Ajaccio qui traitoit de cette manière le descendant de Gustave-Adolphe ! Mais cet enfant d'Ajaccio étoit alors dans l'enivrement de la grandeur et de la puissance, sa tête se étoit égarée depuis qu'il l'avoit chargée d'une couronne. A la suite de ces débats, le ministre de France à Stockholm, M. Caillard, eut ordre d'en sortir, et Buonaparte rappela, de son côté, tous les sujets français résidant dans les Etats du roi de Suède. Dans le même temps, il commençoit avec la Russie une guerre de plume qui devoit allumer bientôt les brandons d'une guerre plus sérieuse.

« Des nuages, disoit-il dans un journal anglais à sa solde, des nuages s'élèvent dans le Nord, et semblent se prolonger vers le Midi. La crainte, l'espérance et l'irréflexion les prennent pour des orages ; la raison les apprécie ce qu'ils sont, et rien de plus : ce sont les bâtons flottans de la fable.

« Des deux puissances qui soufflent ces vapeurs sur l'horizon politique, l'une est foible, l'autre paroît forte; mais, dans le fait, elle n'est pas plus redoutable que la première pour le midi de l'Europe. La Suède, avec moins de trois millions d'hommes et ses petites finances, peut bien donner à la France quelques signes de malveillance, mais elle manque de forces réelles. Son climat la paralyse une partie de l'année, sa position lui défend de se mouvoir hors du cadre étroit dans lequel elle est enfermée.

« La Russie est un colosse, mais le colosse aux pieds d'argile. Combien renferme-t-elle de parties disponibles, voilà tout ce qui importe au continent. Qu'elle occupe la septième partie du globe, qu'importe? Cette étendue fait sa foiblesse; ses forces sont errantes sur son immense surface. La Russie est encore plus disgraciée de la nature que la Suède; son climat est encore plus âpre; elle n'est pas plus pécunieuse que la Suède. Son armée est nombreuse; mais combien de points n'a-t-elle pas à garder? Ce n'est qu'à grand'-peine qu'elle peut en entretenir plusieurs, mais jamais très-fortes, parce qu'elle ne peut réparer leurs pertes et leur rendre de l'action une fois qu'elles ont été battues...... On sait comment Frédéric se débarrassoit des armées russes. Perte ou gain, il lui suffisoit de les combattre pour les affoiblir, pour les renvoyer chez elles. La Russie est un voisin dangereux : pour qui ? pour ses voisins.

« Mais où la France et la Russie peuvent-elles se rencontrer et se combattre ? où sont le point de contact et le champ de bataille ? à quelle voix tomberoit ce grand mur de séparation qui les empêchera toujours de se trouver en présence ? Une fraction quelconque de l'armée russe peut arriver aux frontières de France, mais ce ne sera jamais qu'un corps militaire isolé de son pays, et dans une espèce d'état d'émigration. Dépourvu d'appui, de connoissances locales, à la merci de ses amis comme de ses ennemis, destiné à se faire décimer, au bout de quelques mois, il pourra rapporter quelques branches de laurier, mais en jonchant de ses débris l'espace qui le sépare de ses foyers. Un combat réel entre la France et la Russie est donc une chimère. Souvent le combat cesse faute de combattans ; ici il ne commencera pas par la même raison. »

A l'époque où Buonaparte se livroit à ces dissertations, tout espoir de rapprochement n'étoit pas perdu entre l'empereur Alexandre et lui. M. de Rayneval, secrétaire de la légation, étoit encore à Saint-Pétersbourg ; quinze jours après il prit ses passe-ports. Combien dix ans peuvent donner d'expérience !

Buonaparte demandoit *où la France et la Russie pouvoient se rencontrer :* il l'a appris depuis. Elles se sont rencontrées à Moscou et à Paris. Ce qu'il a dit, ce qu'il prédisoit aux armées russes si jamais elles entreprenoient d'aller guerroyer loin de leur pays, s'est accompli pour lui-même ; il a jonché des débris de son empire l'espace immense qui le séparoit de ses foyers, et n'a pas même rapporté la branche de laurier qu'il accordoit à son ennemi ; son armée seule a eu cet honneur.

Mais alors il ne voyoit que le présent, et dans le délire de ses prospérités, il eût défié le monde entier. Les anciens Gaulois disoient qu'ils n'avoient qu'une seule crainte, la chute du ciel. Buonaparte auroit trouvé le mot trop timide ; son orgueil et sa présomption ne connoissoient plus de bornes ; il parloit de l'Angleterre comme il parloit de la Russie, et se croyait déjà maître de Londres. Le jour même où il publioit ces notes offensantes pour la Suède et pour la Russie, il remplissoit ses journaux d'éloges pour lui et de mépris pour la Grande-Bretagne.

« On dit qu'à Londres il ne s'agit de rien moins que d'attaquer la France sur quatre points. Il faut que cette quadruple expédition n'inspire pas ici beaucoup de crainte, car tandis que le général Moore se prépare à guerroyer, l'empereur quitte les côtes de la mer pour visiter ses conquêtes du Nord. Au camp de Boulogne, à peine songe-t-on à ces préparatifs. Dans les villes nouvellement réunies à la France, on n'est occupé que du plaisir de voir l'empereur. C'est dans la ville où Charlemagne avoit établi le siége de l'empire des Gaules, que son successeur va recevoir les félicitations de l'empereur d'Allemagne et de plusieurs autres potentats. Ces formalités ne sont que des gages de paix, de sécurité et d'estime; elles ne sauroient rien ajouter à ses droits; son courage, ses services, son génie, voilà ses véritables titres. »

Telle étoit la modestie avec laquelle Napoléon faisoit parler de lui-même, et souvent ces éloges étoient tracés de sa propre main. Idole et prêtre tout à la fois, il se plaisoit à encenser ses propres autels. Le Salon d'exposition des tableaux, alors ouvert, étoit resplendissant de sujets consacrés à sa gloire. On y admiroit surtout une magnifique composition du célèbre peintre Gros, où Buonaparte, au milieu de l'hôpital de Jaffa, touchoit les bubons pestilentiels pour rassurer ses soldats.

Il ne manquoit rien à ce trait d'héroïsme que la vérité (1). Mais on ne pouvoit lui refuser ce témoignage, qu'à l'exemple d'Auguste, il prodiguoit des encouragemens aux sciences, aux lettres et aux arts, qu'il honoroit ceux qui les cultivoient, et qu'il les traitoit souvent avec une munificence vraiment royale : les savans et les artistes lui payoient en reconnoissance ce qu'ils en recevoient en protection ; et s'il fût resté sur le trône, son histoire ne seroit peut-être qu'un long panégyrique.

---

(1) Nous avons déjà eu occasion de remarquer que cet acte de courage et de dévouement appartenoit au docteur Desgenettes.

CHAPITRE IV.

Continuation des préparatifs pour la descente en Angleterre. Vaste plan de Napoléon. Etat des forces maritimes de la Grande-Bretagne. Attaques inutiles des Anglais contre la flotille et les ports français. Enlèvement nocturne de sir Georges Rumboldt, ministre d'Angleterre à Hambourg. Vives remontrances du roi de Prusse.

JAMAIS expédition maritime n'avoit été conçue sur un plus vaste plan, avec des forces plus considérables que la descente projetée contre l'Angleterre. Tandis que les yeux n'étoient frappés que du spectacle de petites embarcations, de prames, de péniches et de bateaux plats, des vaisseaux de haut bord se construisoient, se radouboient, s'équipoient dans tous les chantiers et dans tous les ports; des escadres nombreuses, rivales de celles d'Angleterre, se disposoient à mettre à la voile pour se jeter en apparence dans des expéditions lointaines, mais en réalité pour se réunir tout à coup par des mouvemens habilement concertés, tomber sur les flottes anglaises, les combattre, les dissiper, et mener, comme en triomphe, les flotilles sur les côtes de la Grande-Bretagne.

Lorsque, sous le règne de l'infortuné Louis XVI, on avoit médité une expédition semblable, les conseils de Versailles avoient jugé que la première et peut-être la seule condition de succès devoit être une grande victoire navale. On avoit, à cet effet, réuni soixante mille hommes de toutes armes au Havre et à Saint-Malo, et soixante-six vaisseaux de guerre dans le port de Brest. On se croyoit sûr, avec des forces si imposantes, de chasser la flotte anglaise, de la détruire, et de porter sans obstacle les soixante mille hommes sur les côtes de la Grande-Bretagne. Les évènemens, comme on sait, ne démentirent que trop ces brillantes espérances.

Le Directoire exécutif avoit adopté un plan différent, et se flattoit d'exécuter ses desseins sans vaisseaux de haut bord. Il avoit ordonné la construction de mille chaloupes de soixante pieds de long sur seize de large, tirant environ deux pieds d'eau; chaque chaloupe devoit porter un canon de 24 ou de 36, une pièce de campagne et cent hommes; vingt ou vingt-cinq rames suffisoient pour les manœuvrer. Comme l'expédition pouvoit avoir lieu au jour et à l'heure qu'on choisiroit, on calculoit que la flotte pouvoit arriver en trente-six heures, soit lorsqu'une tempête auroit dispersé la flotte anglaise, soit lorsque la Manche se couvriroit d'une brume épaisse, et qu'elle n'auroit à craindre ni l'approche des vaisseaux de ligne ni celle des frégates, à cause des bas-fonds, le long des côtes; alors la flotte auroit présenté, sur une seule ligne, une batterie flottante de mille pièces de grosse artillerie que rien n'auroit pu entamer. Buonaparte devoit commander l'entreprise, et Thomas Payne devoit l'accompagner pour faire les proclamations. Déjà l'on avoit construit plus de deux cent cinquante chaloupes, lorsque Napoléon trouva l'expédition trop aventureuse, et préféra celle d'Egypte; mais quand les circonstances l'eurent placé dans la même position que Louis XVI et le Directoire exécutif, et qu'il eut, comme eux, conçu le projet d'une descente en Angleterre, il songea à réunir les deux plans dans un cadre plus vaste; il appela auprès de lui, non ses courtisans et ses favoris, comme il n'arrive que trop souvent à la cour des autres rois, mais les hommes les plus habiles dans toutes les parties de la guerre. Il visita les lieux en personne, reconnut les points les plus propres à établir ses forces, résolut d'y rassembler cent cinquante mille hommes, les distribua en six camps, et en donna le commandement aux généraux les plus expérimentés et les plus braves, Davoust, Soult, Ney, Victor, etc.. Il s'enferma en même temps dans son cabinet avec son ministre de la marine, pour méditer dans le plus grand secret les moyens d'organiser, équiper et réunir les escadres d'Espagne, de France et de Hollande, pour assurer le succès de l'expédition. On ne peut s'empêcher d'admirer son infatigable activité, l'étendue extraordinaire de ses connoissances, quand on lit la correspondance qu'il eut à ce sujet, soit avec son ministre, soit avec les amiraux ou chefs de ses armées; il indique le nombre de vaisseaux qui peuvent être construits dans chaque port, et les moyens de les construire; il sait d'où l'on peut tirer les bois, les chanvres, les toiles; il veut connoître jusqu'aux hommes que le ministre emploiera à ces travaux; il met des fonds à la disposition de ses officiers de mer, pour récompenser les soldats qui apprendront à monter aux vergues; il n'ignore pas même la coupe géométrique des vaisseaux. Il annonce lui-même à l'amiral Latouche-Tréville qu'il l'a nommé grand-officier de l'empire et inspecteur-général des côtes de la Méditerranée; il lui promet, si ses opérations ont quelque succès, de l'élever à un tel point d'honneur, qu'il n'ait plus rien à désirer. Il descend dans les moindres détails, et jusqu'aux fausses nouvelles qui doivent être insérées dans les journaux; son génie, rapide comme la flamme, se porte partout (1).

---

(1) « Je désire, écrit-il au ministre de la marine, que vous fassiez mettre dans les journaux que de grandes nouvelles sont arrivées des Indes, que les dépêches ont été expédiées à l'empereur, que le contenu n'en transpire pas, mais que l'on sait seulement que les affaires des Anglais vont fort mal. Ces petits moyens sont d'un effet incalculable sur les hommes dont les jugemens ne sont pas le résultat de têtes froides; chacun y porte les alarmes et les préjugés de sa coterie. »

Dans une autre circonstance, mécontent de l'inactivité d'un de ses amiraux, il écrivoit encore au ministre : « Faites mettre dans les journaux que les Anglais ayant appris que l'escadre de Rochefort étoit arrivée, ont envoyé huit vaisseaux devant ce port, et dégarni d'autant leur croisière devant Brest, qu'on ne conçoit pas que l'escadre française de Brest ne profite pas de cette circonstance. Le lendemain un autre journal dira qu'il est fort extraordinaire que les journalistes se permettent de pareilles réflexions; qu'auparavant d'ap-

Pendant un an entier, il s'efforce de persuader à l'Angleterre qu'il renonce à mesurer ses forces maritimes avec celles de sa trop puissante rivale; mais en même temps il conclut un traité secret avec l'Espagne, qui s'engage à lui fournir des galions et des hommes, à faire armer immédiatement à Cadix douze vaisseaux de ligne, à Carthagène six, au Ferrol sept, et quatre frégates destinées à combiner leurs opérations avec les deux frégates et les cinq vaisseaux de ligne français qui sont dans ce port.

Il dispose tout pour quatre expéditions secrètes : une contre Surinam, Démérari, Esséquébo; une sur Sainte-Lucie et la Dominique; une sur l'Irlande; enfin, une sur cette île de Sainte-Hélène, qui, dans son immense éloignement, n'échappe pas à sa vue perçante, mais que l'avenir couvre pour lui d'un

---

prouver ou de blâmer la conduite d'un amiral, il faudroit connoître ses instructions, et que, comme probablement l'empereur n'en a pas fait confidence aux journalistes, tout ce qu'ils disent là-dessus est fort inutile; que la flotte de Rochefort se prépare à partir au premier signal. »

On voit par ces exemples quelle foi il faut ajouter à ceux qui écrivent l'histoire avec des journaux.

voile épais. Il fixe le nombre d'hommes qui doivent être employés dans ces diverses entreprises, en destine quarante mille pour celle d'Irlande, désigne les points où il lui paroît plus utile de descendre, calcule les mouvemens des escadres anglaises, règle ses plans sur ces mouvemens présumés, et ne doute pas du succès si ses instructions sont suivies fidèlement et exécutées avec intelligence.

Il étoit impossible que les préparatifs d'une entreprise conçue sur un si vaste plan, soumise à tant de détails, exposée à tant de hasards, n'exigeassent pas un temps considérable : aussi la fin de l'année 1803 et l'année 1804 toute entière s'écoulèrent-elles en démonstrations, en tentatives, en actions brillantes des deux parts, où l'amiral Werhuel et plusieurs officiers français s'acquirent beaucoup de gloire. Le Havre fut inutilement bombardé trois fois; les ports de Dieppe, de Fécamp, de Calais, de Boulogne essuyèrent successivement l'insulte de l'ennemi. Des combats très-vifs s'engagèrent sous le cap Grinés, dans la rade de Calais; mais ces engagemens n'avoient rien de décisif. Ils n'étoient cependant pas sans avantage; ils familiarisoient le soldat avec la mer; et comme ces essais avoient été constamment à l'avantage de l'armée française, il commença à croire que les tempêtes et les flots n'étoient pas des ennemis au-dessus de son courage. Les capitaines Pévrieux et Saint-Ouen donnèrent les premiers l'exemple d'affronter des frégates. Les tempêtes et des accidens imprévus firent plus de mal aux flotilles que l'ennemi. Un ponton, à Ostende, coula bas avec deux cents hommes; la division d'avant-garde de Boulogne perdit, dans une nuit orageuse, plusieurs de ses bateaux; mais ces dommages furent promptement réparés.

Au milieu des affaires intérieures qui sembloient devoir absorber tous les soins de Napoléon, ses regards ne se détournoient pas entièrement de sa flotte de Boulogne; il venoit fréquemment inspecter les troupes de terre et de mer, faisoit exécuter sous ses yeux des essais d'embarquement et de débarquement, des mouvemens nautiques et tous les essais qu'il avoit proposés; son esprit et son activité sembloient se répandre dans toutes les parties de cette immense entreprise; chaque fois qu'il paroissoit, c'étoient de nouvelles acclamations, de nouveaux encouragemens, de nouvelles récompenses.

Mais lorsqu'il y vint comme empereur, les fêtes qu'on lui donna surpassèrent toutes les autres : ce n'étoit plus un général républicain armé pour le soutien de la liberté et de l'égalité, qui venoit fraterniser en quelque sorte avec ses compagnons d'armes, c'étoit le successeur de Charlemagne, c'étoit un grand et puissant empereur qui venoit, le sceptre en main et la couronne en tête, recevoir des hommages, demander des sermens. Les couleurs du drapeau républicain n'étoient pas changées ; mais le bonnet de la liberté ne le surmontoit plus, c'étoit l'aigle impériale. L'armée n'étoit plus à la patrie, elle étoit à l'empereur.

En arrivant, Napoléon n'étoit pas sans inquiétude. Plusieurs officiers généraux avoient publiquement manifesté leur attachement, les uns à la république, les autres au général Moreau. On ne se dissimuloit pas que la défiance et la crainte siégeoient presque toujours auprès d'un trône nouvellement érigé. Il falloit capituler avec ces dispositions, racheter par des caresses, des récompenses et des honneurs, couvrir par le faste de la grandeur et l'éclat des solennités, ce qu'elles avoient de défavorable. Napoléon ne manqua à rien : tout fut généreux et magnifique.

Le général Soult rassembla environ quatre-vingt mille hommes de toutes armes. Le terrain formoit un vaste amphithéâtre qui s'ouvroit du côté de la mer. Sur un socle orné de trophées s'élevoit l'antique trône de Dagobert; au-dessus un trophée d'armes, composé des drapeaux, guidons et étendards pris à Montenotte, Arcole, Rivoli, Castiglione, les Pyramides, Aboukir, Marengo, etc., et au milieu l'armure en pied des électeurs d'Hanovre, à défaut de celle du roi d'Angleterre. Les troupes étoient disposées de manière que chaque colonne formât un rayon qui venoit aboutir au trône comme à son centre; les hauteurs étoient couronnées par une foule innombrable de spectateurs. Au point du jour, des salves d'artillerie parties de tous les points de l'armée avoient annoncé la fête. A midi, l'empereur parut, le sceptre en main et la couronne en tête, au bruit des tambours, des instrumens et des acclamations, et monta sur son trône. Il avoit à sa droite et à sa gauche ses frères; autour de lui, sur les marches et au pied de son trône, les ministres, les maréchaux d'empire, les sénateurs, les conseillers d'Etat qu'il avoit mandés à Boulogne. Le silence s'étant fait, le grand-chancelier de la Légion-d'Honneur se présenta, armé de toutes les figures de l'éloquence, pour prononcer un discours. Les légionnaires s'étoient portés en pelotons avec leurs drapeaux au milieu de l'arène. Les hérauts d'armes les ayant appelés successivement, Buonaparte prononça lui-même la formule du serment, et distribua, comme à Paris, les nouvelles décorations aux grands-officiers, aux officiers et aux légionnaires; elles étoient déposées dans les casques et les boucliers de Duguesclin et de Bayard. Cette fête fut marquée par une circonstance qui en augmenta l'intérêt; la flotille du Havre entra dans le port au moment du serment, et fut saluée par les cris de joie de toute l'armée. Des distributions abondantes aux soldats, des courses à pied, à cheval, des jeux nombreux et variés, des banquets somptueux chez l'empereur, ses frères et ses ministres, des danses, des feux d'artifice, des chants guerriers composés par des poëtes de Paris que Napoléon traînoit à sa suite, terminèrent cette brillante journée, et ramenèrent la sérénité dans tous les cœurs. On ne songea plus à servir une république souvent ingrate, mais un empereur dont la main ne s'ouvroit que pour distribuer des largesses. On estima Carnot, qui avoit plaidé la cause de la liberté; on servit Napoléon, qui associoit ses généraux et ses soldats à sa puissance, et partageoit avec eux les honneurs et les profits du trône.

Cette visite ne fut pas la dernière qu'il rendit à son armée. Il étoit présent à Boulogne, il venoit même de monter une des embarcations, lorsque la croisière anglaise, soutenue de plusieurs bâtimens de l'amiral Keith, vint attaquer l'avant-garde de la première division française, composée de plus de cent navires de diverses espèces. La canonnade s'engagea vivement, et d'aussi près que l'artillerie de nos côtes le permettoit aux Anglais; mais quelques efforts qu'ils fissent, ils ne purent rompre la ligne, et cet engagement n'eut aucune suite sérieuse.

C'étoit le second combat où l'amiral Keith venoit essayer les forces et le courage des Français. Peu de temps auparavant, il avoit entrepris de détruire l'immense armement qui menaçoit son pays, en lançant contre nos frêles embarcations douze formidables brûlots qui devoient y porter l'incendie, et les dévorer. La fortune de Buonaparte triompha encore dans cette tentative, les vents se déclarèrent pour lui; mais il déclama avec emportement, dans ses journaux officiels, contre ce genre de guerre; il transforma ces brûlots en machines infernales, et protesta auprès de tous les cabinets de l'Europe contre cette violation inouïe des droits de la guerre. Ces sortes de brûlots avoient dix-sept pieds de long sur trois pieds et demi de large, et portoient, sur un grillage, à leurs deux extrémités, un baril de matières incendiaires auquel on devoit mettre le feu au moyen de la poudre à canon. Ils étoient manœuvrés par deux hommes placés au milieu, et qui pouvoient facilement se jeter à la nage au moment de l'explosion.

En Angleterre comme en France, les opinions se partageoient sur l'issue de ce grand procès, dont Neptune et Mars devoient être les arbitres. Tous les regards de l'Europe étoient fixés sur le formidable spectacle qu'offroient les côtes de Douvres et de Calais. Les destinées du monde sembloient dépendre de cette querelle, plus digne mille fois des chants d'un Homère que celle de Priam et des Grecs. Si l'Angleterre succomboit, la puissance de Buonaparte étoit sans contrepoids, et le monde appartenoit à la France. Si la fortune trahissoit Napoléon, s'il périssoit en se mettant lui-même à la tête de son audacieuse entreprise, la paix du continent s'ensevelissoit avec lui dans les flots, la France et l'Europe retomboient dans le chaos des révolutions.

Frappée de cette redoutable alternative, l'Angleterre développoit de son côté d'immenses moyens de défense, et ne ménageoit pas même ces ostentations de puissance qui frappent les yeux, et dont Buonaparte savoit user avec tant d'avantage. Peu de temps avant la fameuse conspiration de Géorges, soixante corps de volontaires armés, habillés, équipés à leurs frais, à l'instar de nos gardes nationales, furent rassemblés dans Hyde-Park. Le roi, accompagné de toute sa famille, vint lui-même les passer en revue. Quarante-six mille hommes s'étoient fait inscrire dans la seule ville de Londres ; vingt-sept mille se trouvèrent au rendez-vous, dans la tenue la plus complète et la plus brillante. On remarquoit dans les rangs de cette milice patriotique, les personnages les plus riches et les plus distingués du royaume. Les princes français, décorés de leurs ordres, étoient présens à cette revue, et l'on distinguoit parmi les spectateurs, le général Pichegru et le général Dumouriez. C'étoit, à la vérité, contre leur pays que ces soldats étoient armés ; mais ces illustres exilés n'y voyoient que des alliés qui devoient leur en rouvrir les portes.

Les Anglais se présentoient dans ce vaste champ de bataille avec cent quatre-vingt-quatorze vaisseaux de ligne, vingt-cinq vaisseaux de cinquante canons, deux cent dix-huit frégates, et deux cent quatre-vingt-dix-sept cutters, bricks et autres petits bâtimens. Ils tenoient bloqués tous les ports, tous les passages, depuis le Sund jusqu'aux Dardanelles; ils avoient repris aux Antilles les colonies rétrocédées dans le traité d'Amiens; les deux Indes étoient sous leurs lois. Ces immenses avantages enfloient leur orgueil; ils affectoient de jeter un sourire de dédain sur cet amas de frêles nacelles, de canots et de pirogues, unique marine de leur ennemi; leurs dessinateurs en faisoient le sujet de leurs caricatures, et représentoient les charpentiers français occupés à scier des noisettes pour en faire des bâtimens de guerre. Mais ces épigrammes dissimuloient mal l'inquiétude publique. L'entrée de la Tamise étoit fermée par une chaîne de frégates amarrées les unes aux autres, et contenues par des barres de fer; les côtes étoient abandonnées par les familles qui les habitoient, et souvent, au premier cri d'alarme, tout se précipitoit dans l'intérieur.

Les forces maritimes de la France étoient loin d'offrir le même spectacle que celles de l'Angleterre; ses armées de terre étoient innombrables, mais ses ports étoient bloqués, ses escadres n'en sortoient que furtivement, son pavillon sembloit banni des mers;

et tandis que le continent trembloit à l'aspect de ses enseignes, toute sa puissance venoit expirer aux bords de l'Océan et de la Méditerranée. Il sembloit que le Ciel lui eût dit, comme à la mer, *hic usque venies*.

Buonaparte s'en indignoit, et peut-être eût-il triomphé de tous les obstacles, peut-être eût-il donné au monde le plus étonnant spectacle dont il pût être témoin, si ses instructions eussent été plus habilement suivies, s'il eût trouvé, pour conduire une si vaste entreprise, un homme d'une capacité égale à la sienne; si l'Angleterre, malgré la confiance qu'elle affectoit dans ses propres forces, n'eût pas cherché encore son salut dans de nouvelles alliances et les troubles du continent.

Buonaparte, par ses violences, par son mépris pour les droits des gens, la servoit mieux que tous les négociateurs. Sir Georges Rumboldt étoit ministre de la Grande-Bretagne à Hambourg. Napoléon se figure tout à coup qu'il entretient des intelligences avec les émigrés, qu'il conspire contre lui, qu'il renouvelle le rôle de sir Spencer Smith et de M. Drake. Maître du nord de l'Allemagne, dominateur impatient et superbe des villes anséatiques, il donne ordre de l'enlever. Il étoit à sa maison de campagne, lorsqu'au milieu de la nuit, vers une heure et demie, on frappe à sa porte, en lui annonçant un courrier. Sur le refus qu'il fait d'ouvrir, l'aide-de-camp du général français qui cernoit la maison avec trente grenadiers, monte sur les épaules de l'un d'eux, atteint une fenêtre, et l'enfonce. Au même instant, les soldats enfoncent la porte, et sir Georges se trouve au milieu d'eux. On le somme de livrer ses papiers. « Puisque vous avez forcé ma maison, dit-il, vous pouvez bien crocheter mon secrétaire. » On l'ouvre en effet, on s'empare de tous les papiers de la légation, on le jette dans une chaise de poste, pour être conduit à Paris. Arrivé à sa destination, il est déposé au Temple, et Napoléon s'apprête à le faire fusiller, lorsque ses ministres, et Fouché surtout, effrayés des conséquences d'une pareille frénésie, se hâtent de faire intervenir la légation prussienne. Elle oublia cette fois sa foiblesse, parla avec énergie, et fit partir sur le champ un courrier pour Berlin. Le roi, indigné de cette violation de tous les droits publics, écrivit aussitôt, de sa propre main, à Napoléon, pour lui demander la délivrance de sir Georges Rumboldt, et fit immédiatement expédier un courrier au général Knobelsdorft, qui venoit de partir pour féliciter Napoléon de son avènement au trône, avec ordre de revenir à Berlin s'il n'avoit pas encore touché le territoire français, et défense de paroître à la cour de Napoléon s'il étoit arrivé à Paris. De son côté, le gouvernement anglais adressa à toutes les cours une protestation officielle contre ce mépris inouï du droit des gens, et réclama surtout l'intervention du roi de Prusse, comme garant de la Constitution germanique. Cette résistance, à laquelle Buonaparte n'étoit pas accoutumé, tempéra la fougue de ses passions. Il avoit annoncé dans ses journaux que l'examen des papiers de sir Georges contenoit la preuve évidente de ses complots contre la France. La vérité étoit qu'on n'y trouva pas une seule ligne dont Buonaparte pût s'offenser. Sir Georges se conduisit avec beaucoup de résolution; il demanda à être entendu; et n'ayant pu obtenir cette justice, il laissa, avant de partir, une protestation pleine d'énergie. Il fut conduit à Boulogne, de là à Cherbourg, d'où il arriva à Portsmouth le 18 octobre, après s'être engagé à ne point retourner à Hambourg, et à se tenir désormais à cinquante lieues des frontières de France. Cet évènement excita une indignation générale dans toutes les cours, et prépara contre la France la nouvelle coalition qui éclata l'année suivante; son ministre des affaires étrangères s'efforça de le justifier dans une circulaire à tous les cabinets de l'Europe, où l'on imputoit à l'ambassadeur anglais des machinations évidemment démenties par les faits.

A peine cette affaire étoit-elle terminée, que Buonaparte en suscita une nouvelle. On arrêta sur les bords du Rhin un particulier nommé *Thum*, accusé d'avoir, plus d'un an auparavant, entretenu avec M. Taylor, ambassadeur anglais auprès de l'électeur de Hesse-Cassel, une correspondance de la nature de celle de M. Drake et de sir Spencer Smith. On employa, pour obtenir des aveux, un moyen digne de la police de ce temps; on corrompit le frère de ce Thum, on l'engagea à se mêler lui-même dans cette correspondance; et quand on eut des lettres de l'ambassadeur anglais, le frère livra son frère. Les journaux de Paris se firent un jeu cruel de révéler cette perfidie, et de livrer le traître à l'opprobre qu'il méritoit. Cette affaire fut moins sérieuse que la précédente : M. Taylor ne fut point enlevé, mais le cabinet françois exigea de l'électeur de Hesse qu'il le renvoyât.

M. Elliot, ambassadeur de Saxe, fut de même expulsé de Dresde, et Buonaparte se flatta de chasser bientôt de toute l'Allemagne, excepté de Berlin et de Vienne, les agens diplomatiques de l'Angleterre.

Cependant l'"époque fixée pour le couronnement approchoit ; et comme il ne vouloit point se brouiller avec les souverains, qu'il se flattoit d'attirer à cette cérémonie, il renonça pour le moment à violer leur territoire.

CHAPITRE V.

Préparatifs du couronnement de Buonaparte. Allocution du Saint-Père dans un consistoire secret; son départ de Rome, son arrivée à Paris. Cérémonie du sacre. Distribution des aigles au Champ-de-Mars. Départ de Pie VII.

NAPOLÉON venoit de rentrer à son palais, enivré des honneurs qu'il avoit reçus dans ses voyages, et convaincu qu'on pouvoit tout sur les hommes par la crainte et l'espérance. Il avoit vu avec une orgueilleuse satisfaction l'électeur de Bade, le duc de Bavière, le prince archi-chancelier du corps germanique, s'empresser de le prévenir à Mayence; il avoit vu les landgraves régnantes de Hesse-Darmstadt, de Hesse-Hombourg, la princesse de Nassau-Usingen, la burgrave comtesse de Bassenheim, venir déposer l'orgueil de leur naissance et de leur rang à la cour de Joséphine Tascher, et briguer l'honneur de lui être présentées. Il avoit jeté les premiers fondemens de la confédération du Rhin, en engageant plusieurs princes d'Allemagne à former une association sous le nom d'*union de Francfort*. La promesse d'une couronne retenoit l'électeur de Bavière dans ses intérêts. Il avoit semé sur sa route les faveurs et les bienfaits. Les villes d'Aix-la-Chapelle, de Coblentz, de Cologne, de Mayence, s'étoient enrichies d'utiles et nombreuses concessions. Il avoit fondé des écoles, des hôpitaux, accordé des fonds pour les réparations des églises, décrété à Cambrai un monument à la mémoire de Fénélon, décerné le titre de conseiller d'Etat à M. de Loë, président du collége électoral d'Aix-la-Chapelle. Vingt-une religieuses que n'avoient pas encore atteintes les décrets sur la suppression des ordres monastiques, habitoient une petite île du Rhin; non seulement il ordonna qu'on respectât leur domicile, mais il leur accorda la jouissance de soixante ou quatre-vingts arpens de terrain dont l'île se composoit. Les habitations voisines de l'embouchure de l'Aar ayant été détruites par les inondations, il accorda aux riverains un secours de 200,000 francs, et ordonna la reconstruction de leurs maisons. L'accueil que recevoient tous ceux qui venoient lui demander des grâces lui gagnoit tous les cœurs; on venoit d'au-delà du Rhin assister au spectacle qu'il avoit établi à sa cour, en y appelant les premiers sujets du Théâtre-Français. Cette cour avoit toute la grandeur d'un souverain; on y voyoit les ambassadeurs de la plupart des puissances du continent; il avoit à sa suite les maréchaux Mortier, Moncey, Duroc, les généraux Caulaincourt, Eugène de Beauharnais, Cafarelli, Lauriston, Rapp, son ministre des affaires étrangères Talleyrand de Périgord, et plusieurs conseillers d'Etat.

Il sembloit, au milieu des vastes intérêts qui occupoient les cabinets de l'Europe, se faire un jeu des soins du gouvernement. Il rendit à Aix-la-Chapelle un décret pour l'établissement des prix décennaux, qu'il s'engageoit à décerner de sa propre main, tous les dix ans, le jour anniversaire du 18 brumaire. Ces prix étoient de 10,000 et 5000 francs, et devoient être accordés aux savans, aux artistes, aux poëtes, aux hommes de lettres, qui auroient ou fait des découvertes importantes ou composé les meilleurs ouvrages, au jugement des présidens et secrétaires des quatre classes de l'Institut.

A Mayence, il régla par un autre décret l'organisation de douze écoles de droit, à Paris, Dijon, Turin, Grenoble, Aix, Toulouse,

Poitiers, Rennes, Caen, Bruxelles, Coblentz et Strasbourg, en nomma les professeurs et les inspecteurs, et fixa jusqu'à leurs divers traitemens. Cette affectation de ne négliger aucune partie de l'administration en imposoit aux esprits vulgaires, qui s'extasioient de l'incroyable capacité de leur empereur, et de l'étonnante facilité avec laquelle il mettoit les moindres soins aux plus hautes conceptions du gouvernement et de la politique. Une société savante s'étant formée à New-York, il se fit gloire d'en être membre, et la remercia de la bonne opinion qu'elle s'étoit formée de son savoir. Il se faisoit honneur d'appartenir à l'Institut, et recevoit toujours cette compagnie avec distinction.

Un second accouchement de l'épouse de son frère Louis devint l'occasion de nouvelles largesses; on distribua d'abondans secours aux pauvres; on en promit de bien plus abondans pour la fête du sacre. On fit les fonds pour marier autant de filles pauvres que les départemens de l'empire contenoient d'arrondissemens. Ces libéralités attachoient au chef de l'Etat cette portion du peuple qui ne juge que par sentiment, règle sa haine ou son amour sur le bien ou le mal qu'elle ressent.

Mais rien n'étoit plus propre à exercer une

grande influence sur l'imagination de la multitude, que l'arrivée du Saint-Père à Paris, pour proclamer le nouvel empereur, et sanctionner, au nom du Ciel, son élévation au trône.

Les longues tourmentes de la révolution, le règne de l'impiété, soutenu si long-temps par les chefs mêmes du gouvernement, loin d'éteindre dans le cœur des Français les sentimens religieux, n'avoient fait que les ranimer en les irritant. Le nom du souverain pontife étoit encore d'une grande autorité, et les vertus particulières de Pie VII ajoutoient à la vénération qu'il inspiroit par son rang. Quand le successeur de saint Pierre, l'arbitre sacré des consciences, venoit déposer, de ses propres mains, l'onction sainte sur le front de Napoléon, pouvoit-il être permis de douter de la légitimité de son élection?

Dans les siècles antérieurs, on avoit vu les dynasties se succéder, et s'établir lors même qu'il restoit encore des héritiers de la dynastie précédente. Celle de Charlemagne n'avoit pas de titres plus légitimes que celle dont Napoléon se disposoit à poser les fondemens, et Rome n'avoit pas hésité à la reconnoître et à la consacrer.

Hugues Capet s'étoit emparé du sceptre avant que la postérité de Charlemagne fût entièrement éteinte. Le foible et infortuné Charles de Lorraine, devenu son prisonnier, avoit terminé ses jours dans les horreurs de la captivité.

Ces faits, consignés sur les tables de notre histoire, étoient publics, et les écrivains affidés de Buonaparte avoient soin d'en rappeler le souvenir, et de les commenter. Cependant les droits de Louis XVIII et les démarches de ce prince pour les faire reconnoître troubloient encore le repos de Napoléon. Il ne put apprendre sans une vive inquiétude les détails de la conférence de Calmar. Si le roi de Suède, l'implacable Gustave, reconnoissoit le légitime héritier de la couronne, s'il pouvoit engager l'Angleterre et la Russie dans les mêmes intérêts, les titres de Napoléon devenoient encore problématiques, la maison de Bourbon pouvoit ne pas perdre tout espoir.

Avec plus de prudence et moins d'impétuosité, Buonaparte auroit dissimulé; mais les moindres contrariétés irritoient cette âme altière et impatiente; il ne put contenir son dépit, et l'exhala dans des articles pleins d'emportement et de fiel.

« Savez-vous, faisoit-il dire dans une lettre qu'il supposoit venue de Suède, savez-vous que Louis XVIII ou Louis XIX (car on se perd dans cette succession chimérique) vient d'abdiquer, et que, par avis de sa famille, la couronne a été déférée à l'un des fils du comte d'Artois? Savez-vous que ce roitelet va être couronné à peu près à la même époque que votre empereur? La chose est sérieuse, plaisamment sérieuse. Si nous ne pouvons pas assister à votre solennité, nous en aurons au moins la parodie. Quant à moi, je verrois couronner Louis XIX ou Charles X avec autant d'indifférence que le roi d'Yvetot ou le roi de la bazoche, si ce doyen des clercs de procureurs venoit se faire couronner en Suède. »

Ces ignobles plaisanteries, ces traits d'une colère puérile s'allioient mal avec la dignité de son rang et la haute opinion qu'il prétendoit donner de la grandeur et de la force de son caractère; mais on n'apercevoit que trop souvent l'homme à travers les lauriers dont le héros s'efforçoit de se couvrir. D'ailleurs, le jour approchoit où ses soucis devoient se perdre dans l'éclat d'un triomphe qui attiroit tous les regards de l'Europe. Déjà la France entière étoit en mouvement; les députations arrivoient de tous les points de l'empire, la capitale suffisoit à peine à les recevoir. L'Italie, l'Espagne, le Portugal, la Suisse, la Hollande, une partie de l'Allemagne, envoyoient leurs représentans pour la cérémonie du sacre.

Le pape lui-même s'étoit mis en route, après avoir essayé de justifier, dans un consistoire secret, les motifs qui l'avoient déterminé à descendre de son trône pour déposer l'onction sainte sur le front de Napoléon ; sa suite étoit nombreuse, et se composoit de plus de quatre-vingts personnes : cinq cardinaux, quatre archevêques, plusieurs évêques et prélats, trois aumôniers, deux maîtres des cérémonies, deux princes romains, formoient son cortége. Il emportoit de riches présens pour la famille impériale.

Napoléon n'avoit rien oublié pour lui adoucir les fatigues du voyage ; les routes avoient été aplanies, des barrières posées partout où l'on pouvoit éprouver le moindre sentiment de crainte ; des voitures aussi riches que commodes étoient préparées à la descente des Alpes pour le Saint-Père et sa suite, mais Sa Sainteté les traversa en chaise à porteurs, et prit seulement quelque repos au célèbre monastère appelé si justement *le Temple de l'hospitalité*. La population entière des villes et des campagnes voisines s'empressoit sur son passage, et se retiroit heureuse d'avoir reçu sa bénédiction, tant la religion et la vertu ont d'empire sur le cœur des hommes. La ville de Lyon, qui avoit pour archevêque le cardinal Fesch, se distingua surtout par les honneurs qu'elle lui rendit. Après avoir célébré les saints mystères sur les autels où avoient autrefois sacrifié les Irénées et les Pothin, le Saint-Père, cédant aux instances des habitans, se rendit sur la place de Bellecourt, où l'on avoit élevé un trône pontifical; à sa vue, une foule innombrable de fidèles fit retentir l'air de ses acclamations, et se précipita à ses genoux pour recevoir sa bénédiction. Tous les évêques avoient ordonné des prières dans les églises de leurs diocèses, pour attirer les bénédictions du Ciel sur ce voyage.

On avoit réglé d'avance les honneurs que le Saint-Père devoit recevoir à l'entrée de tous les départemens et de toutes les villes. Une députation composée du cardinal Cambacérès, du sénateur d'Aboville, et de M. Salmatoris, maître des cérémonies, s'étoit rendue au-devant de lui jusqu'à la frontière. Les fonctionnaires publics rivalisèrent de zèle. Des préfets, des fonctionnaires publics qui, dans le cours de la révolution, s'étoient signalés par leur éloignement pour les actes religieux, qui peut-être avoient persécuté les ministres de l'autel, disputèrent à leurs collègues l'avantage de lui donner les plus hautes marques de respect et d'empressement.

Pie VII arriva à Fontainebleau le 25 novembre. Il put dès lors s'apercevoir que le fils astucieux et ingrat qu'il alloit adopter pour le fils aîné de l'Eglise, avoit tout préparé pour affoiblir l'impression que sa présence et l'autorité de son caractère pouvoient produire sur les esprits. Soit hasard, soit combinaison, il étoit à la chasse lorsque le Saint-Père arriva; il s'en détourna pour aller, à cheval, au-devant de lui. Les deux souverains mirent en même temps pied à terre, s'embrassèrent, et se rendirent au château dans la même voiture. Ils y étoient attendus par le cardinal Caprara, le grand-chambellan, le grand-maréchal du palais, le grand-maître des cérémonies. Buonaparte, après avoir accompagné le pape jusqu'au degré le plus élevé de l'escalier, le fit conduire par ses grands-officiers aux appartemens qui lui étoient destinés. Qui le croiroit? rien n'y étoit encore préparé; ce qui fournit à la gaîté des jeunes gens un calembourg qui, tout mauvais qu'il étoit, n'en fut pas moins répété (1).

---

(1) Le pape *Pie sans lit.*

Le prince archi-chancelier de l'empire germanique et le cardinal Fesch arrivèrent presque en même temps, et partagèrent avec le Saint-Père une partie du château. Pie VII, après s'y être reposé quelques jours, se rendit à Paris avec Napoléon.

Dès le 6 novembre, le Sénat s'étoit réuni pour faire le relevé des registres publics, et constater les suffrages en faveur de l'élection de Buonaparte au trône impérial. On reconnut que le nombre des votans étoit de trois millions cinq cent soixante-quatorze mille huit cent quatre-vingt-dix-huit, et que, sur cette masse immense de suffrages, il n'existoit que deux mille cinq cent soixante-neuf votes négatifs, d'où l'on conclut que Napoléon se trouvoit appelé au trône par le vœu de trois millions cinq cent soixante-douze mille trois cent vingt-neuf Français, sans y comprendre quatre cent mille votes de l'armée de terre et cinquante mille de l'armée navale, compte que personne n'entreprit de vérifier ou de contester, et dans lequel on avoit compris tous ceux qui s'étoient abstenus de voter.

La veille du sacre, le Sénat, ayant à sa tête son vice-président, François de Neufchâteau, se présenta au palais des Tuileries, pour donner à l'empereur communication de cet heureux résultat. L'orateur répéta une partie des formules d'admiration et de flatterie dont il avoit relevé l'éclat de ses autres discours, et finit par se féliciter de voir *enfin le vaisseau de la république désormais à l'abri de tous les orages.*

A quoi Buonaparte répondit qu'*il montoit volontiers sur le trône où l'appeloient les besoins et les vœux de la nation, et que ses descendans le conserveroient long-temps.*

On n'avoit point encore le compte des votes des colonies, mais on avoit leurs adresses. On lisoit dans celle de la Guadeloupe, envoyée par le général Ernouf : « Les lâches rejetons de la dernière dynastie sont justement proscrits; le peuple les réprouve. »

Depuis l'avènement de Pépin au trône, jamais plus grand évènement n'avoit occupé la muse de notre histoire. Quand la race dégénérée de Clovis eut abandonné le pouvoir aux mains de ses ministres; quand les rois, contens des plaisirs de la chasse, des pieux exercices de la religion et de la mollesse des palais, eurent renoncé aux soins glorieux du gouvernement; quand une tonsure parut plus convenable à leur front qu'une couronne; enfin, quand les maires du palais furent tout, et le monarque rien, un de ces maires conçut sans peine le projet de monter sur un trône délaissé, et la France, indignée de l'indolence de ses maîtres, applaudit à son audace.

Cependant la justice étoit blessée, le dogme de la légitimité réclamoit pour le monarque, et déjà il étoit si profondément gravé dans le cœur des Français, que Pépin lui-même crut ne pouvoir ceindre le diadême sans être absous du serment de fidélité. On sait ce que le Saint-Siége fit pour lui, et l'origine du sacre est connue.

Buonaparte étoit né dans un autre siècle. Proclamé empereur, il pouvoit monter sur le trône sans autre inauguration que celle de la victoire, sans autre consécration que le vœu du peuple. Mais la voix de la conscience n'étoit pas étouffée dans toutes les parties de son empire; il falloit vaincre les scrupules, rassurer les âmes timorées. Plusieurs provinces gardoient un respect religieux au chef de l'Eglise; ses décisions passoient pour les oracles du Ciel. Buonaparte le savoit, et conçut tout ce que la sanction du pape donneroit de crédit à sa nouvelle dignité. On négocia, et les négociations furent faciles et promptes. Cependant, la circonstance étoit délicate; il s'agissoit de déposer l'onction sacrée sur un front qui s'étoit décoré autrefois du turban de

Mahomet ; il falloit résoudre la grande question de la légitimité, et consacrer au nom du Ciel un ouvrage purement humain. Mais Rome étoit entourée des armées de Buonaparte. Si le trône impérial avoit besoin de la main du souverain pontife, Buonaparte pouvoit briser de la sienne la chaire de saint Pierre ; il pouvoit, à son gré, en étendre, en resserrer ou en détruire le patrimoine ; le culte catholique, récemment rétabli dans les Gaules, n'y jetoit encore que de foibles lueurs ; un refus pouvoit provoquer une nouvelle proscription : ces considérations décidèrent le Saint-Père, il se résigna au sacrifice que l'intérêt de l'Eglise sembloit lui prescrire.

Cependant cette pieuse condescendance n'obtint pas tous les suffrages. Quand on apprit en France que le souverain pontife quittoit la cité sainte pour venir dans la cité profane proclamer comme l'oint du Seigneur ce Napoléon qui s'étoit vanté d'avoir renversé le trône de saint Pierre, qui avoit pillé les églises de Malte, et s'étoit proclamé lui-même le disciple de Mahomet, on s'affligea de la foiblesse du Saint-Père, on blâma hautement sa démarche, et les jeunes gens, qui rédigent souvent leurs arrêts sous la forme piquante de l'épigramme ou du calembourg, s'écrièrent :

Le pape Pie se tache (1). Peut-être, en effet, ce vertueux pontife eût-il mieux servi l'intérêt de l'Eglise en résistant avec courage aux instances de Napoléon; il auroit au moins appris au peuple que jamais la religion ne transige avec l'injustice.

Pendant plusieurs jours, le jardin et les cours des Tuileries se remplirent d'une foule immense avide de voir le souverain pontife. Son portrait étoit répandu partout; ses discours, ses actions étoient le sujet de tous les entretiens; on louoit sa bonté, on admiroit l'air de douceur et de simplicité répandu dans toute sa personne, sans rien dérober à sa dignité.

---

(1) Cette petite guerre de calembourgs contre Buonaparte devenoit de jour en jour plus vive. Quelqu'enfantine qu'elle fût, il ne put la soutenir, et y fit répondre par une satire virulente, qu'on attribua alors à l'auteur de *Marius à Minturne*. En voici une strophe :

  Vous vous trouvez très-braves,
  Parce qu'à tout hasard,
  Sur des objets très-graves,
  Vous lancez maint brocard.
  Mais si vos mains impies
  Ne laissent rien d'intact,
  C'est avec les harpies
  Etre en rapport exact.

Jusqu'alors Buonaparte avoit conservé le calendrier révolutionnaire, pour ménager le parti républicain; il promit de le supprimer, par égard pour le Saint-Père, et la France reprit bientôt son calendrier. On ne manqua pas de raisons pour justifier ce changement et en faire valoir les avantages, comme on n'en avoit pas manqué pour l'abolir, et démontrer les avantages du calendrier républicain.

Buonaparte n'étoit engagé comme époux avec Joséphine que par un contrat civil; il se fit donner, dans sa chapelle des Tuileries, la bénédiction nuptiale, par le cardinal Fesch, son grand-aumônier.

Pour imiter l'exemple des rois de France, qui, à l'époque de leur sacre, faisoient de riches présens à l'église de Reims, il en fit aussi de magnifiques à l'église de Notre-Dame; on lui rendit même, pour enrichir son trésor, les reliques précieuses qui attiroient autrefois la foule à la Sainte-Chapelle, la couronne d'épines, un morceau de la vraie croix, une portion d'un des clous qui avoient percé les mains de N. S. Jésus-Christ, une discipline dont saint Louis se servoit dans ses jours de pénitence.

D'immenses préparatifs avoient été faits dans l'église cathédrale, des trônes dressés pour Napoléon et Pie VII, de vastes galeries magnifiquement décorées pour les députations des souverains, les membres du corps diplomatique, les officiers-généraux, les magistrats, les fonctionnaires publics qui avoient été invités à la cérémonie. Le nombre en étoit immense, car on y avoit appelé jusqu'aux présidens de canton; ce qui devint un sujet de plaisanterie et de gaîté pour les Parisiens, la plupart de ces honnêtes fonctionnaires étant de bons habitans de la campagne, fort étrangers aux usages de la société et aux habitudes de la capitale.

Le sceptre avoit été fabriqué par un des plus habiles orfèvres de Paris; c'étoit un bâton d'argent enlacé d'un serpent en or, symbole de la prudence, et surmonté d'un globe sur lequel étoit assis l'empereur Charlemagne. Le manteau impérial étoit en velours amaranthe parsemé d'abeilles d'or relevées en bosse; sur le fond, des branches d'olivier également en or, entrelacées d'épis de bled, au milieu desquels on remarquoit, sur des écussons en argent, la lettre N, le tout doublé d'hermine, et enrichi sur les côtés d'une magnifique broderie en or.

La ceinture de l'impératrice Joséphine, ouvrage du joaillier Foncier, étoit, par le nombre et la qualité des diamans, l'objet de l'admiration du peuple, aux regards duquel on l'avoit exposée.

On alloit voir avec une extrême curiosité le carosse du sacre; le fond étoit en or, et décoré d'aigles. La voiture étoit surmontée d'une couronne impériale, ornement que le peuple eût foulé aux pieds quelques années auparavant, et dont Buonaparte lui-même avoit déclaré qu'il n'avoit pas besoin pour sa gloire.

Jusqu'alors il n'avoit point eu de pages; il falloit, pour l'honneur de l'empire, en entourer son palais et ses voitures; des familles honorables s'empressèrent de lui offrir leurs enfans, et de les revêtir de ses livrées; ils se soumirent même à payer une pension pour leur procurer cet honneur. On acheva de composer la maison impériale et celles des princes. Cette dépense, avec celle du sacre, monta à près de 100 millions, en attendant 2 ou 300 millions pour procurer des trônes à ces altesses improvisées. L'abbé de Pradt, déjà aumônier ordinaire de Sa Majesté, fut nommé maître des cérémonies du clergé, pour le jour du sacre.

Enfin, ce jour arriva; ce ne fut point le 18 brumaire, comme Buonaparte l'avoit annoncé. Les conférences de Calmar, le mécontentement de la Russie, les mouvemens du roi de Suède l'agitoient alors trop vivement. La cérémonie fut remise au dimanche 2 décembre.

Le cortége du Saint-Père partit des Tuileries à neuf heures du matin, celui de Napoléon à dix heures. La foule étoit immense sur leur passage, mais les acclamations rares. Ce qui frappa particulièrement l'attention de la multitude dans le cortége du pape, ce fut l'ecclésiastique qui portoit la croix devant lui, monté sur une mule de si petite encolure, qu'on la prit pour un âne. Ce spectacle nouveau pour un peuple gai et moqueur, excita de grands éclats de rire, et nuisit un peu à la majesté de la cérémonie. Tout fut d'un froid glacial sur la route de Buonaparte ; et quelque soin que l'on eût pris pour rendre le spectacle imposant et magnifique, le silence ne fut interrompu que par la voix de quelques-uns de ces hommes que la police a coutume de payer dans ces sortes d'occasion, et dont les cris ne servent trop souvent qu'à faire ressortir davantage l'indifférence publique. Le ciel étoit brumeux ; mais il s'éclaircit au moment où l'empereur arrivoit à Notre-Dame. Le peuple, qui manque rarement de tirer des augures des moindres circonstances, observa que la même chose avoit eu lieu le jour de la solennité du concordat. La marche étoit ouverte par huit escadrons de cuirassiers, huit de carabiniers, et par les escadrons de chasseurs de la garde, entremêlés de pelotons de mamelucks. A la tête de ces troupes marchoit le gouverneur de Paris avec son état-major ; à la suite venoient le roi et les hérauts d'armes à cheval, puis les maîtres et aides de cérémonie dans une voiture; douze voitures conduisoient les grands-officiers militaires de l'empire, les ministres, le grand-chambellan, le grand-écuyer et le grand-maître des cérémonies, l'archi-chancelier et l'archi-trésorier, et les sœurs de Napoléon, décorées du titre de *princesses,* mais dans lesquelles le public ne voyoit encore que Mariane, Caroline et Paulette Buonaparte. Dans la voiture du sacre, Napoléon, Joséphine, Joseph et Louis Buonaparte. A la suite venoient les carosses du grand-aumônier, du grand-maréchal du palais, du grand-veneur, de la dame d'honneur, de la dame d'atours, du premier écuyer, du premier chambellan, des dames du palais, des officiers civils de l'empereur et de l'impératrice, des dames et officiers des nouvelles princesses. Le carosse de l'empereur étoit attelé de huit chevaux isabelles, tous les autres de six chevaux. Aux portières du char étoient, à cheval, les maréchaux colonels-généraux de la garde, derrière le maréchal commandant de la gendarmerie, les aides-de-camp à la hauteur des chevaux, les écuyers aux roues de derrière ; les grenadiers à cheval de la garde, des pelotons de canonniers à cheval, un escadron de la gendarmerie d'élite fermoient le cortége.

L'empereur descendit d'abord à l'archevêché, où l'on avoit préparé les habits impériaux. Après s'en être revêtu, ainsi que l'impératrice, il se rendit à la cathédrale par une galerie richement décorée, et que gardoit une double haie de soldats de la garde nationale et de la garde impériale. Le cortége de l'impératrice étoit précédé des huissiers, des hérauts d'armes, des pages, des aides et maîtres des cérémonies. Le maréchal Serrurier portoit, sur un coussin, l'anneau de l'impératrice; le maréchal Moncey, la corbeille destinée à recevoir le manteau de l'impératrice; le maréchal Murat, sur un coussin, la couronne de l'impératrice. Ils avoient chacun, à leur côté, un chambellan et un écuyer.

L'impératrice étoit sans couronne et sans anneau, mais vêtue du manteau impérial, dont les extrémités étoient soutenues par les princesses; celui de ces dames, par un officier de leur maison. L'impératrice étoit accompagnée de son premier chambellan et de son premier écuyer; à sa suite étoient sa dame d'honneur, Mme de Larochefoucauld, et sa dame d'atours, Mme de Lavalette, née Beauharnais.

A quelque distance marchoit le cortége de Napoléon. Le maréchal Kellermann portoit la couronne de Charlemagne, le maréchal Pérignon le sceptre de Charlemagne, le maréchal Lefebvre l'épée de Charlemagne, presque aussi grande que Buonaparte ; le maréchal Bernadotte étoit chargé du collier de l'empereur, le colonel-général Beauharnais de l'anneau de Sa Majesté, le maréchal Berthier du globe impérial, le grand-chambellan de la corbeille destinée à recevoir le manteau impérial. Chacun d'eux étoit accompagné d'un chambellan et d'un aide-de-camp de l'empereur.

L'empereur paroissoit ensuite, revêtu du manteau impérial, la couronne sur la tête, tenant dans ses mains le sceptre et la main de justice; les princes et les grands dignitaires soutenoient son manteau. Le grand-écuyer, le colonel-général de la garde de service, le grand-maréchal, les ministres et les grands-officiers militaires fermoient ce cortége.

On cherchoit en vain la mère de l'empereur,

ses frères Lucien et Jérôme, ainsi que les maréchaux Masséna, Ney, Davoust, Augereau, Brune, les généraux Lecourbe et Magdonald. Madame mère (c'étoit le titre que Buonaparte lui avoit donné) étoit à Rome auprès de Lucien, son fils chéri, persuadée, comme lui, de la fragilité de ces nouvelles grandeurs, et que tôt ou tard Napoléon se perdroit par l'excès de son ambition; elle n'avoit point envié le plaisir de le voir couronner. Jérôme montoit une frégate, et s'obstinoit à garder la femme qu'il avoit épousée en Amérique. Augereau, Ney, Davoust et Masséna étoient à l'armée, Brune à Constantinople; les généraux Lecourbe et Magdonald soutenoient fidèlement leur honorable disgrâce.

On n'avoit rien épargné pour que l'intérieur de la cathédrale présentât un spectacle imposant. Au milieu de la nef, sous un arc de triomphe d'une énorme proportion, s'élevoit un trône auquel on n'arrivoit que par une longue suite de degrés. C'étoit là que Napoléon, après son sacre, devoit être proclamé empereur, et prêter son serment. Trois autres trônes étoient érigés pour le pape, l'empereur et l'impératrice : celui du pape, près de l'autel; celui de Napoléon et de Joséphine, en face. Au-dessous étoit un prie-Dieu pour l'un et l'autre.

Lorsque le cortége impérial eut pris place, le pape descendit de son trône pour aller à l'autel commencer le *Veni Creator;* l'empereur et Joséphine s'agenouillèrent pour faire ou paroître faire leur prière. Ils se relevèrent ensuite, déposèrent leur manteau, et Buonaparte remit à ses grands-officiers sa couronne, son sceptre, la main de justice et son épée. Après le *Veni Creator,* le pape s'approchant de Napoléon, et lui faisant présenter le livre de l'Evangile, lui demanda sa profession de foi : *Profiteris ne,* etc. Et Buonaparte répondit, en mettant la main sur l'Evangile : *Profiteor.* Le clergé récita alors les prières du sacre, et lorsqu'elles furent achevées, le grand-aumônier, les cardinaux, les évêques et les archevêques conduisirent l'empereur et l'impératrice au pied de l'autel, pour y recevoir l'onction sainte au front et dans les deux mains ; ils les reconduisirent ensuite à leurs petits trônes, et le Saint-Père commença la messe. Au *Graduel,* le pape ayant béni les ornemens impériaux, l'empereur reçut des mains des grands dignitaires l'anneau, l'épée, le manteau, la main de justice et le sceptre. Il ne restoit plus que la couronne. Buonaparte, sans attendre que le pape s'avançât pour la lui présenter, la saisit lui-même sur l'autel, se la plaça sur la tête, et couronna ensuite l'impératrice, prosternée à ses genoux.

Nous sommes aujourd'hui loin des temps où les papes, se regardant comme les pasteurs des peuples, croyoient ne voir dans les rois que des fidèles d'un ordre élevé à la vérité, mais soumis comme les autres à leur juridiction ; où ils prétendoient, pour l'intérêt de l'Eglise, disposer des couronnes, les donner ou les retirer à leur gré. Jamais, d'ailleurs, la France n'avoit reconnu ces prétentions, et Buonaparte pouvoit peut-être sans inconvénient se laisser couronner par le pape ; mais, jaloux à l'excès d'un pouvoir naissant, il ne voulut pas même lui donner cette marque de déférence, et fournir le moindre prétexte aux plus légères inductions.

Il avoit auparavant préparé les esprits, en faisant publier dans les journaux des notes historiques sur le sacre des rois, et l'on n'avoit point oublié ce trait remarquable de l'histoire de Charlemagne, lequel, ayant proclamé, à Aix-la-Chapelle, Louis, son fils, roi d'Aquitaine, en présence des grands de la nation, des archevêques et des évêques, lui ordonna d'aller lui-même prendre la couronne sur l'autel, et de se la mettre sur la tête.

Revêtu des marques de sa dignité, Napoléon monta au grand trône, accompagné de l'impératrice, de ses frères et des grands dignitaires; et lorsqu'il fut assis, le pape, accompagné de ses cardinaux, s'approcha de lui pour le baiser sur la joue, et ayant récité une prière, il prononça à haute voix : *Vivat imperator in œternum!* Les assistans répondirent : *Vive l'empereur!*

Après la messe, Napoléon étant toujours sur son trône, le grand-aumônier lui présenta le livre des Evangiles, et le président du Sénat, accompagné des présidens du Corps législatif et du Tribunat, lui ayant apporté la formule du serment, il mit la main sur l'Evangile, et jura d'observer les Constitutions de l'Etat. Le chef des hérauts d'armes s'écria alors : *Le très-glorieux et très-auguste empereur des Français est couronné et intronisé. Vive l'empereur!*

Ainsi finit cette journée, où l'on vit assis sur le trône des Bourbons un de leurs sujets, qui devoit son éducation à leurs bienfaits, et dont la mère, dans sa détresse, avoit souvent invoqué le secours. Moins de dix ans auparavant, destitué de son grade, dénué de toute fortune et de toute protection, il assiégeoit l'antichambre du député Aubry, pour obtenir ou de l'emploi à l'armée, ou la permission d'aller servir à Constantinople. Dans son extrême abandon, il avoit songé à débuter comme acteur au Théâtre-Français, et n'avoit renoncé à ce projet que parce que Talma, Michaud et Dugazon, ses amis, ne l'avoient pas même trouvé de taille à être un roi de théâtre.

Il chargea le peintre David de consacrer à la postérité le souvenir de son élévation, en retraçant dans un immense tableau la cérémonie du sacre. David y employa un an, et ce magnifique ouvrage a long-temps été exposé à l'admiration publique dans la grande salle du Muséum. C'est en effet une des plus belles productions qui soient sorties de la palette de ce grand peintre. Buonaparte, qui l'avoit auparavant chargé de faire son portrait, voulut aussi qu'il fît celui du pape; et soit que David lui-même ait été frappé malgré lui d'une profonde vénération à la vue du saint vieillard, soit qu'il n'eût d'autre dessein que de plaire à Buonaparte, il prit tant de soin de ce portrait, qu'il devint pour lui un nouveau titre de gloire; la ressemblance étoit si parfaite, qu'une dame, en le voyant, s'écria : *On diroit qu'il lui a coupé la tête!* allusion sanglante aux excès révolutionnaires dont David s'étoit rendu coupable. Une autre, cependant, dit qu'elle aimoit mieux celui de Marat, que ce célèbre artiste avoit peint en 1793.

Buonaparte rentra aux Tuileries, peu satisfait du peuple de sa capitale, convaincu qu'on n'improvisoit point la grandeur, et qu'elle avoit besoin d'être consacrée par le temps. Deux jours après, il se rendit en grande pompe au Champ-de-Mars, pour y distribuer des aigles aux détachemens des troupes invitées à la cérémonie du sacre : tout ce qu'il y avoit de grand dans l'Etat s'y trouvoit réuni, les princes étrangers, ceux de la famille de Buonaparte, le corps diplomatique, les premiers fonctionnaires de tous les ordres. La fête fut encore moins satisfaisante que celle du couronnement : la pluie, qui tomboit à torrens, les longs discours des orateurs et les lenteurs de la distribution finirent par fatiguer le soldat, qui se retira avec humeur, en disant qu'il se souviendroit long-temps du jour où l'on avoit attaché *un poulet* à ses drapeaux.

Le temps des disgrâces sembloit être arrivé. Le poëte Chénier, pour célébrer son avènement à l'empire, avoit composé, sous le titre de *Cyrus*, une tragédie chargée de flatteuses allusions ; cette pièce eut le même sort que le *Pierre-le-Grand* de M. Carion de Nisas ; ce ne fut qu'un concert de sifflets depuis le premier acte jusqu'au dernier. On avoit d'avance prôné cette tragédie comme une des plus belles conceptions du génie de l'auteur de *Charles IX*. Quand elle fut tombée, les mêmes journaux la décrièrent comme un chef-d'œuvre de maladresse : ce fut tout ce que Chénier retira du sacrifice de ses affections républicaines. Il n'en fut pas de même des orateurs du Sénat et du Tribunat, qui avoient abjuré toute pudeur dans les soins qu'ils s'étoient donnés pour élever Napoléon au trône, et dans les harangues qu'ils lui avoient adressées à ce sujet. Le tribun Siméon fut nommé conseiller d'Etat, M. François de Neufchâteau eut la sénatorerie de Dijon, M. de Lacépède celle de Paris. Une foule de poëtes, aujourd'hui passionnés pour la légitimité, avoient fatigué leur minerve à chanter les louanges du héros. On les paya en argent, à raison de 3000, 2000 et 1200 francs, suivant la valeur présumée de leurs vers (1). Un seul auteur en prose fut traité comme les meilleurs poëtes ; mais son opuscule, intitulé *la Famille du Jura*, étoit écrit avec autant d'adresse que d'esprit.

Tandis que Buonaparte célébroit à Paris les

---

(1) Ces vers furent réunis dans un recueil intitulé *la Couronne poétique*.

fêtes de son couronnement, la ville de Toulouse, le département de l'Aveyron et le camp de Boulogne lui décernoient des monumens. Le maréchal Soult en posa la première pierre à Boulogne. Sur un terrain d'où l'œil embrassoit un immense horizon, la ville de Boulogne, les camps, les trois ports, les îles britanniques et une vaste étendue de continent, devoit s'élever une colonne dont les inscriptions reppelleroient à jamais l'admiration, la reconnoissance et le dévouement de l'armée expéditionnaire. La cérémonie se fit avec un appareil magnifique.

La petite république du Valais ne voulut point le céder aux Français en témoignages de soumission ; elle décréta qu'il seroit élevé un monument sur le Simplon, et un autre sur le Saint-Bernard, à Napoléon-le-Grand, fondateur de sa liberté. Elle avoit eu d'abord pour ministre de France M. de Chateaubriand ; mais après l'assassinat du duc d'Enghien, il avoit donné sa démission, et se trouvoit alors remplacé par le tribun Echasseriaux, ancien membre de la Convention, où il avoit voté la mort de Louis XVI, et professé l'athéisme.

La distribution des aigles à Paris avoit été suivie d'un banquet somptueux donné dans la galerie d'Apollon, par Napoléon ; sa table étoit dressée sur une estrade, et surmontée d'un dais de velours chargé de broderies en or ; il n'y admit que l'impératrice, le pape et le prince archi-chancelier du corps germanique ; les princes et princesses de sa famille, les ambassadeurs, les grands dignitaires, les maréchaux d'empire dînèrent à des tables séparées. Les largesses du nouvel Auguste s'étendirent jusqu'aux présidens de canton, quoiqu'ils fussent au nombre de trois mille six cent quatre-vingt-dix ; on les réunit dans les salles du théâtre Olympique, où ils ne manquèrent pas de porter des toasts nombreux aux divinités du jour.

Le pape, quoique déjà fatigué de sa mission, resta à Paris jusqu'au mois d'avril ; ses jours y furent fort tristes. Abandonné de la cour, qui n'avoit plus besoin de lui, il eut à essuyer tous les discours des députations du Sénat et des autres autorités, qui venoient lui dire que, chez les Hébreux, le sacre des rois étoit d'institution divine, mais que, chez les Français, ce n'étoit qu'un acte de déférence pour la religion ; bientôt il ne reçut plus d'hommages que du clergé ; ses occupations consistoient à visiter les églises, quelquefois à y célébrer les saints mystères (1) ; mais

---

(1) Lorsqu'il se rendit à Saint-Thomas d'Aquin pour

plus il paroissoit négligé de Napoléon, plus les fidèles redoubloient d'attention pour lui; il étoit rare qu'on ne s'agenouillât pas sur son passage pour recevoir sa bénédiction. Un jour, cependant, un jeune homme s'étant fait remarquer par le peu de respect qu'il affectoit pour lui : *Jeune homme*, lui dit le Saint-Père avec une douceur admirable, *la bénédiction d'un vieillard n'a jamais fait de mal à personne.*

Bientôt on lui envia jusqu'aux égards dont il étoit l'objet. La police remplit le jardin des Tuileries d'indignes agens qui crioient au-dessous des fenêtres de son appartement : *Le pape! le pape!* et le saluoient de leurs risées lorsqu'il se montroit pour les bénir.

Pie VII sentit que le soin de sa dignité ne lui permettoit pas de prolonger plus longtemps son séjour à Paris. Après avoir donné au clergé de cette ville de nouveaux témoignages de sa bienfaisance et de sa piété, il reprit le chemin de Rome, mais en laissant dans

---

les y célébrer, le pain béni fut présenté par Mlles de Montmorency, de Luxembourg, de Sainte-Aldégonde, de Séran, tant on étoit alors soigneux de plaire au nouvel empereur, et peu difficile sur les principes de la légitimité.

le cœur des Français le souvenir précieux de ses vertus. Sa vie, aux Tuileries, avoit été toute patriarcale; il se levoit habituellement avant le jour, employoit les premières heures de la matinée en prières et en soins religieux, et n'admettoit dans ses appartemens les officiers de service qu'à dix heures. Buonaparte lui avoit attaché M. de Viri comme chambellan, M. de Luçay comme préfet du palais, et M. Durosnel comme écuyer. Son costume étoit aussi simple que sa vie : une soutane de laine blanche, une calotte de la même couleur, un rochet de lin presque sans garniture, un camail entre le violet et le cramoisi, telle étoit toute la pompe, toute la magnificence de sa personne. La vénération qu'il inspiroit étoit si grande, que M. Marron, président du consistoire de l'Eglise réformée de Paris, n'hésita pas à lui adresser en vers latins les vœux qu'il formoit pour la conservation de ses jours.

L'évêque archi-chancelier de l'empire germanique lui faisoit une cour assidue, mais ce n'étoit pas sans quelque motif d'intérêt particulier; il s'agissoit pour lui d'obtenir le titre de *primat de Germanie*, en étendant sa juridiction sur ce qui restoit des anciennes provinces ecclésiastiques de Mayence, Trèves et Cologne. Buonaparte, auquel il s'étoit dévoué, l'appuya de tout son crédit, et il obtint ce qu'il désiroit.

La révolution, en proscrivant les ordres monastiques, avoit frappé de ses arrêts jusqu'aux frères de la doctrine chrétienne, connus sous le nom d'*ignorantins*. Buonaparte permit leur rétablissement, mais à condition qu'ils auroient un supérieur-général en France, dont ils dépendroient exclusivement.

La présence du pape ne fut point sans avantage; elle accrut les sentimens religieux du peuple, et par le rétablissement du calendrier grégorien, réconcilia la France républicaine avec l'Europe chrétienne; le mois de janvier cessa de se nommer *nivose*, et Buonaparte voulut que le 1er de ce mois ramenât, comme autrefois, les visites et les étrennes (1); mais ce fut tout ce qu'obtint la cour de Rome, qui s'étoit flattée de recouvrer les légations de Bologne, de Ferrare et de la Romagne, cédées par le traité de Tolentino.

_____

(1) En 1793, les anciens noms des mois paroissoient aux membres des comités révolutionnaires si indignes de la république, que les demoiselles de Saint-Janvier furent appelées à leur section pour y recevoir l'injonction de s'appeler Mlles *Nivose*.

CHAPITRE VI.

Convocation du Corps législatif. Changemens survenus dans le ministère anglais. Hostilités commises envers l'Espagne par la marine anglaise. Violent dépit qu'en ressent Buonaparte. Déclaration de guerre de l'Espagne contre l'Angleterre; manifeste de la première de ces deux puissances.

A PEINE toutes les fêtes de Paris étoient-elles terminées, que Buonaparte s'empressa d'ouvrir la session du Corps législatif. Les membres qui le composoient se glorifioient de voir encore à leur tête M. de Fontanes, l'un des courtisans les plus déliés du nouvel empereur, et des orateurs les plus brillans de la Chambre. On y avoit déjà inauguré le buste du héros avec une pompe extraordinaire, mais il étoit lui-même impatient de s'y montrer dans tout l'éclat de sa nouvelle dignité. Il s'y rendit le 27 décembre, dans la voiture du couronnement, avec un grand appareil militaire, toute sa cour et ses grands-officiers. Jamais la salle des délibérations n'avoit présenté un spectacle pareil. Le trône impérial, élevé sur une estrade magnifiquement décorée, étaloit un luxe oriental; on y montoit par un double escalier à balustre d'or. Le trône, éclatant de richesse, étoit surmonté d'un palmier à branches d'or, portant un écusson sur lequel on avoit représenté le Nil et ses rivages. Du haut de la voûte descendoit un dais d'une magnifique étoffe de soie à crépines d'or, et parsemé d'abeilles également d'or. Une aigle, les ailes déployées, planoit sur l'ensemble de cette décoration. Le trône de l'impératrice, placé en regard, n'étoit guère moins riche; elle s'y assit, entourée de ses dames d'honneur et de ses officiers du palais (1).

Une simple chaise et deux huissiers placés en arrière formoient toute la pompe et tout le cortége du président. Buonaparte entra au milieu des applaudissemens. Lorsqu'il eut pris

---

(1) Sa maison se composoit de l'ancien archevêque de Cambrai Rohan-Guéméné, comme premier aumônier; de Mme de Larochefoucauld, comme dame d'honneur; de Mme de Lavalette, née Beauharnais, comme dame d'atours; les maréchales Lannes et Ney, Mmes de Vandé, d'Arberg, Savary, née Faudoas, d'Alberg, Duchâtel, de Colbert, étoient dames du palais.

place sur son trône, il dit qu'en paroissant dans cette assemblée, il avoit voulu lui imprimer un nouveau caractère de grandeur et de majesté; qu'il n'avoit accepté la couronne que pour le bonheur du peuple français; que s'il avoit connu un gouvernement meilleur, il le lui auroit donné.

« Princes, ajouta-t-il, magistrats, soldats, citoyens, nous n'avons qu'un seul but, le triomphe et l'intérêt de la patrie. Si le trône est cher à mes yeux, c'est parce qu'il peut seul conserver l'existence et la gloire de l'Etat. Sans un gouvernement fort et paternel, il n'y a point de bonheur ni de stabilité à espérer. La foiblesse dans ceux qui exercent le pouvoir est la pire de toutes les calamités. J'ai été assez heureux pour rendre la France puissante par la victoire et de sages traités. J'ai eu à cœur la confection des lois, la renaissance des mœurs et le rétablissement de la religion. Si la mort ne me surprend pas au milieu de mes travaux, j'espère laisser à la postérité des souvenirs qui serviront à mes successeurs ou d'exemple ou de reproche.... J'aurois voulu voir la paix régner sur le monde; mais les principes de nos ennemis, et la conduite récente de l'un d'eux envers l'Espagne, ne démontrent que trop bien la difficulté des négociations pacifiques.

Toutefois, je saurai maintenir l'intégrité du territoire de l'empire. Je n'ai pas l'ambition d'exercer une plus grande influence sur les Etats de l'Europe. Mais je ne veux pas déchoir de celle dont jouissoit la France, ou que m'a acquise le succès de ses armes. En me décernant la couronne, mon peuple a pris avec moi l'engagement de m'aider de tous ses efforts pour soutenir dignement sa gloire et la mienne. Plein de confiance en son estime, je ne cesserai de veiller à ses intérêts. *Aucun Etat ne sera incorporé dans l'empire.* »

Il termina son discours en disant qu'il étoit content de son Corps législatif, de son conseil d'Etat et de ses fonctionnaires publics.

La promesse de n'incorporer aucun Etat à son empire n'étoit pas jetée sans dessein. Quelque soin que prît Napoléon de cacher ses projets, la pénétration des Français en devinoit toujours quelque chose. Depuis long-temps le bruit s'étoit répandu que les républiques italienne et ligurienne, celle de Lucques, le royaume d'Etrurie, les Etats romains, la Suisse, le Valais, la Hollande, étoient destinés à se fondre dans le vaste empire de Napoléon. Il en avoit en effet le projet; mais les dispositions de la Russie et de l'Autriche ne lui paroissoient pas assez rassurantes pour tenter alors une pareille entreprise; et ses journaux affidés avoient affirmé, au mois de juillet précédent, que ces Etats resteroient indépendans; mais quelques mois après sa politique changea.

Les circonstances où le Corps législatif ouvroit sa session étoient d'une haute importance. De grands mouvemens avoient eu lieu dans le cabinet britannique. Le célèbre Pitt, qui n'avoit quitté le ministère que momentanément, y étoit rentré lorsqu'il avoit vu la guerre sérieusement engagée entre la France et l'Angleterre; son premier dogme politique étoit le rétablissement de la maison de Bourbon sur le trône de ses aïeux. Buonaparte n'avoit pas d'ennemi plus redoutable. Le ministère de M. Addington s'étoit trouvé dans une position où il est difficile de se soutenir; il avoit à lutter à la fois contre une opposition aristocratique, à la tête de laquelle étoit lord Grenville, et une opposition démocratique conduite par le célèbre Fox; M. Pitt formoit un troisième parti, qui prenoit le titre d'*indépendant*. M. Addington, combattu de toutes parts, ne vit de salut que dans la retraite. Le roi se trouvant dans la nécessité de composer un nouveau ministère, tous les yeux se tournèrent sur M. Pitt. Placé entre le parti aristocratique et l'opposition démocratique, il pouvoit à son gré se rapprocher de l'un ou de l'autre ; on fut étonné de le voir donner la préférence à M. Fox : c'étoit assurer ou retirer un appui à Napoléon. M. Pitt se croyoit sûr de le lui enlever. Mais le roi, qui n'aimoit pas M. Fox, refusa constamment de l'admettre, et M. Pitt se rejeta du côté de lord Grenville, qui le repoussa. Il fut libre alors de composer le ministère à son gré ; et le choix qu'il fit le rendit le maître absolu des délibérations. Cependant, les deux oppositions subsistoient, et sa position n'étoit pas moins difficile que celle de M. Addington ; son génie triompha de tout. On reconnut bientôt que ce n'étoit pas pour lui, mais pour son pays qu'il désiroit le ministère.

Les affaires intérieures de l'Angleterre se trouvoient alors dans une situation qui exigeoit une haute capacité. Le roi, atteint d'une aliénation mentale qui ne lui laissait que peu de momens lucides, étoit souvent hors d'état de se livrer au soin des affaires publiques. Le parti démocratique, favorable au prince de Galles, demandoit hautement la régence, et il étoit difficile de la lui refuser. Mais le retour inopiné de la santé du monarque rendit à M. Pitt toute l'autorité dont il avoit besoin, et l'on s'aperçut bientôt de son retour aux affaires. Il fit construire un grand nombre de chaloupes canonnières, renforça toutes les stations, et multiplia les insultes contre nos côtes. Mais ces attaques partielles étoient la plupart sans résultat ; et Buonaparte ne vouloit rien hasarder que toutes les parties de son vaste plan ne fussent prêtes à se seconder mutuellement. La marine française avoit fait des efforts inouïs ; de nombreuses escadres, créées comme par enchantement, n'attendoient que le signal du départ ; tous les ports d'Espagne, de France et de Hollande étoient dans une activité inconnue depuis long-temps. Napoléon avoit habitué le soldat français à la patience ; et malgré les retards qu'avoit éprouvés l'expédition, on n'avoit encore remarqué dans les camps de l'Ouest aucun signe de mécontentement et d'ennui.

La guerre de plume, devenue moins violente, se bornoit à quelques déclamations contre M. Pitt ; et Buonaparte se flattoit d'arriver, sans évènement extraordinaire, au terme fixé pour l'accomplissement du vaste plan qu'il avoit conçu. Tout à coup une hostilité de l'Angleterre contre l'Espagne vint le rendre à tous ses emportemens. Il étoit impossible de cacher au cabinet britannique les armemens qui se faisoient dans les ports de la péninsule, et l'on peut facilement présumer qu'il avoit eu connoissance du traité secret entre Buonaparte et le roi d'Espagne. Les Anglais ont toujours été peu respectueux pour les formes qui doivent précéder les déclarations de guerre ; le soin de leur intérêt personnel est le premier dogme de leur politique. M. Pitt donna ordre à tous les officiers de la marine britannique de se saisir de tous les bâtimens espagnols, jusqu'à ce qu'il eût reçu des réponses satisfaisantes sur les préparatifs qui se faisoient dans les ports d'Espagne. Le 5 octobre, quatre frégates espagnoles, avec autant de galions, venant de Rio-de-la-Plata, et destinés pour Cadix, furent rencontrés par une escadre anglaise. Le capitaine Graham les somma de le suivre ; et sur leur refus, l'on en vint aux mains. Dans le combat, un galion sauta, et l'équipage périt tout entier, au nombre de trois cents hommes ; les trois autres furent conduits à Portsmouth avec les frégates ; ils portoient 25 millions de notre monnaie.

Il seroit difficile de peindre l'excès de colère où la nouvelle de cet évènement jeta le nouvel empereur. Pendant plusieurs jours il fut inabordable ; il ne parloit à ceux qui l'entouroient que de la prise de ces quatre frégates. Dans l'impossibilité de venger cet affront, il prit la plume, et se chargea lui-même d'invectiver le gouvernement anglais. Il déclama avec emportement contre cette violation du droit des gens, en appela à toutes les cours de l'Europe, oubliant qu'il avoit lui-même violé les droits les plus sacrés en enlevant le duc d'Enghien sur une terre amie, en faisant saisir par ses troupes, à Hambourg, sir Georges Rumboldt. Il protesta qu'il avoit consenti à la neutralité d'Espagne, quoiqu'il eût fait avec elle un traité d'alliance offensive et défensive. Il demanda si c'étoit la récompense que l'Angleterre accordoit à l'ambassadeur d'Espagne, M. d'Anduaga, qui avoit adressé auprès du gouvernement français les plus vives instances pour obtenir la liberté du capitaine Wright, et *arracher au sort qu'il méritoit* cet indigne complice des scélérats débarqués en France pour assassiner le premier consul. « Mais, ajoutoit-il, les poignards, les machines infernales, la piraterie, la violation du droit des neutres, celle des lois les plus sacrées parmi les nations, tels sont les jeux de cet exécrable cabinet. Je n'avois pas besoin du secours de l'Espagne pour rogner les griffes du léopard ; mais aujourd'hui, quarante vaisseaux de ligne qu'elle possède, une quantité innombrable de matelots feront cause commune avec moi, et, justement indignée, l'Espagne sortira du profond engourdissement où elle étoit ensevelie. »

Rien ne nuit plus à la dignité d'un État que l'excès des menaces quand elles sont impuissantes ; les ministres de Buonaparte étoient trop habiles pour ne pas le sentir, et trop foibles pour oser lui exprimer leurs pensées. Un orage prochain s'annonçoit de toutes parts. Le roi de Suède, fidèle à son amitié pour le duc d'Enghien et à sa haine pour l'empereur des Français, venoit de faire un traité avec l'Angleterre ; il s'engageoit à fournir douze mille hommes, des bâtimens et des chaloupes canonnières. La Russie se montroit disposée à se joindre à ses desseins. Déjà des escadres légères sorties de ses ports croisoient dans la Baltique. Une flotte partie de Sebastopol avoit franchi le détroit des Dardanelles, et versé sept à huit mille hommes dans les îles Ioniennes. Des officiers russes étoient parvenus à engager dans leurs intérêts les Grecs de l'Illyrie, et avoient formé des compagnies de Monténégrins. La cour de Constantinople, travaillée tout à la fois par les cabinets de Londres et de Saint-Pétersbourg, hésitoit à reconnoître

Napoléon. Le général Brune, chargé de notifier son avènement au trône, n'avoit reçu que des félicitations insignifiantes, et se vit bientôt réduit à quitter la cour du sultan.

Buonaparte, enivré de sa nouvelle grandeur et de ses succès, dominé par une confiance superstitieuse dans la fidélité de son étoile, bravoit tout. Maître de l'Espagne, parce qu'il l'étoit d'Emmanuel Godoï, prince de la Paix, il lui fit déclarer la guerre à l'Angleterre, et lui dicta un manifeste conforme à ses vues, ses intérêts, et au style habituel de ses déclamations.

L'Angleterre y répondit par de nouvelles hostilités. Nelson notifia au gouverneur-général de la Catalogne l'ordre qu'il avoit reçu de saisir ou détruire tous les bâtimens qu'il rencontreroit dans la Méditerranée. Trois vaisseaux venant de l'Inde furent brûlés à la vue de Barcelonne, que bloquoit alors une division de bâtimens anglais. Un autre navire fut incendié dans le port de Palamos. Celui de Cadix, à peine délivré du fléau de la peste, fut étroitement fermé, et la baie tellement surveillée, que la pêche même y fut interdite : rigueur excessive, et contre laquelle réclamoient toutes les lois de l'humanité. L'Espagne n'avoit à opposer à tant de violences que quelques mesures plus propres à attester sa foiblesse qu'à satisfaire sa juste vengeance. On mit un embargo sur le petit nombre de bâtimens britanniques qui se trouvoient dans les ports, on séquestra dans l'intérieur les propriétés anglaises. Mais il étoit facile de prévoir que l'alliance de son cabinet avec la France devoit achever bientôt la ruine de son commerce et de sa marine : fruit amer et déplorable d'une politique aussi peu conforme à son intérêt qu'à son honneur. Bientôt elle alloit se trouver engagée avec toutes les forces maritimes de la France contre toutes les forces maritimes de l'Angleterre. Mais avant d'entamer une lutte décisive, Buonaparte voulut essayer de nouveau quelques moyens de rapprochement avec son redoutable ennemi.

CHAPITRE VII.

Lettre de l'empereur Napoléon au roi d'Angleterre pour lui demander la paix. Réponse de lord Mulgrave à M. de Talleyrand. Départ d'une escadre française sous les ordres du contre-amiral Missiessy. Direction de cette flotte; ses succès. Brillante campagne de l'amiral Linois dans les mers de l'Inde. Funeste issue de cette expédition. Fondation d'une ville nouvelle dans la Vendée, sous le nom de Napoléon, et sur les ruines de la Roche-sur-Yon. Députation de la Consulte italienne, qui défère la couronne d'Italie à Napoléon. Levée de soixante mille conscrits. Collation de la principauté de Piombino à la sœur de Buonaparte Eliza Bacciochi. Expulsion de M. Salvatico des États d'Étrurie.

Rien n'étoit plus propre à déconcerter les grands desseins de Buonaparte, que l'agression subite de l'Angleterre contre l'Espagne. Napoléon s'étoit flatté de tenir secret le traité qu'il avoit conclu avec cette dernière puissance ; mais les armemens faits dans les ports de la péninsule avoient tout révélé. Si l'Espagne eût conservé sa neutralité, si ses ports fussent restés libres, au signal donné les escadres espagnoles pouvoient en sortir, se montrer tout à coup sur les côtes de France, dissiper les croisières anglaises, dégager les flottes françaises, et se joindre à elles pour assurer le succès de la grande expédition de Boulogne. La guerre ruinoit toutes ces espérances. Les ports d'Espagne étoient bloqués comme ceux de France, et ne pouvoient plus coopérer à l'accomplissement des projets de Napoléon. Il sentit toute la difficulté de sa position ; et désespérant de triompher par la force, il eut recours à d'autres moyens ; son âme fière et ardente savoit s'assouplir suivant les circonstances. Depuis plus d'un an il ne cessoit de prodiguer l'outrage à l'Angleterre. Dans ses emportemens, il n'avoit pas même ménagé son roi, et s'étoit fait un jeu cruel d'insulter à la triste infirmité qui le privoit, par intervalle, de l'usage de ses facultés mentales. Ses ministres venoient tout récemment, en exposant au Corps législatif la situation de l'empire, de déclarer solennellement que la guerre seroit éternelle, ou que l'Angleterre accompliroit sans aucune restriction le traité d'Amiens. Il se plaisoit à prendre l'accent prophétique, et à prédire la destruction prochaine du sol britannique. Ces considérations, qui auroient peut-être arrêté un prince plus fier et plus soigneux de sa gloire, ne l'arrêtèrent pas; et l'Europe fut frappée d'étonnement en apprenant qu'il avoit tracé, de sa propre main, une lettre au roi d'Angleterre, pour lui demander la paix. Le Corps législatif et le Sénat eux-mêmes ne purent revenir de leur surprise lorsqu'ils en reçurent la communication. Cette lettre étoit ainsi conçue :

« Monsieur mon frère, appelé au trône de France par la Providence et par les suffrages du Sénat, du peuple et de l'armée, mon premier sentiment est un vœu de paix. La France et l'Angleterre usent leur prospérité; elles peuvent lutter des siècles : mais leurs gouvernemens remplissent-ils bien le plus sacré de leurs devoirs? Tant de sang versé inutilement, et sans la perspective d'aucun but, ne les accuse-t-il pas dans leur propre conscience? Je n'attache point de déshonneur à faire le premier pas. J'ai assez, je pense, prouvé au monde que je ne redoute aucune des chances de la guerre. La paix est le vœu de mon cœur; mais la guerre n'a jamais été contraire à ma gloire. Je conjure Votre Majesté de ne pas se refuser au bonheur de donner elle-même la paix au monde. Qu'elle ne laisse pas cette douce satisfaction à ses enfans; car enfin il n'y eut jamais de plus belle circonstance ni de moment plus favorable pour faire taire toutes les passions et écouter uniquement le sentiment de l'humanité et de la raison. Ce moment une fois perdu, quel terme assigner à une guerre que tous mes efforts n'auroient pu terminer! Votre Majesté a plus gagné depuis dix ans, en territoire et en richesses, que l'Europe n'a d'étendue; sa nation est au plus haut point de prospérité : que veut-elle espérer de la guerre? coaliser quelques puissances du continent? Le continent restera tranquille. Une coalition ne feroit qu'accroître la prépondérance et la grandeur continentale de la France. Renouveler des troubles intérieurs? les temps ne sont plus les mêmes. Détruire nos finances? des finances fondées sur une bonne agriculture ne se détruisent jamais. Enlever à la France ses colonies? les colonies sont pour la France un objet secondaire, et Votre Majesté n'en possède-t-elle pas déjà plus qu'elle n'en peut garder? Si Votre Majesté veut elle-même y songer, elle verra que la guerre est sans but, sans aucun résultat présumable pour elle. Et quelle triste perspective de faire battre les peuples pour qu'ils se battent! Le monde est assez grand pour que nos deux nations puissent y vivre, et la raison a assez de puissance pour qu'on trouve les moyens de tout concilier si, de part et d'autre, on en a la volonté. J'ai toutefois rempli un devoir saint et cher à mon cœur. Que Votre Majesté croie à la sincérité des sentimens que je viens de lui exprimer, et à mon désir de lui en donner des preuves. »

Buonaparte écrivoit le 2 janvier. Le roi d'Angleterre, choqué peut-être de la familiarité avec laquelle Buonaparte, qu'il ne reconnoissoit point comme empereur, lui décernoit le titre de *monsieur mon frère*, ne crut point devoir répondre lui-même à cette lettre. Il chargea M. Mulgrave, secrétaire d'Etat pour les affaires extérieures, de faire connoître ses intentions à M. de Talleyrand. Le 14 janvier, il répondit que Sa Majesté avoit reçu la lettre que lui avoit adressée le chef du gouvernement français; qu'elle n'avoit rien de plus à cœur que de procurer à ses sujets les bienfaits de la paix, s'il étoit possible de l'établir sur des bases compatibles avec la sûreté permanente et les intérêts essentiels; que Sa Majesté étoit persuadée que ce but ne pouvoit être atteint que par des arrangemens qui assureroient en même temps le repos et la paix de l'Europe, et prévenir le retour des maux auxquels elle avoit été exposée; que Sa Majesté se trouvoit donc dans l'impossibilité de répondre d'une manière personnelle à l'ouverture qui lui a été faite, avant d'avoir communiqué les propositions de la France aux puissances du continent, et surtout à l'empereur de Russie, qui avoit donné les preuves les plus fortes de l'élévation de ses sentimens, et de l'intérêt qu'il prenoit au bonheur et à la sécurité de l'Europe.

Quoique ces ouvertures eussent été faites avec beaucoup de secret, elles avoient transpiré en Angleterre; les papiers publics avoient flatté le peuple d'une paix possible et prochaine; et M. Paget s'étant rendu en France pour traiter de l'échange des prisonniers, on ne douta pas qu'il ne fût chargé d'une mission plus importante. On étoit encore à cet égard dans l'incertitude, lorsque le roi d'Angleterre convoqua le Parlement, et vint en faire l'ouverture le 15 janvier.

Il annonça que la France continuoit avec une infatigable activité ses préparatifs contre l'Angleterre, mais que les trois royaumes pouvoient être suffisamment rassurés par les mesures qu'il avoit prises pour leur défense et contre les attaques de l'ennemi; que l'Espagne, soumise depuis long-temps à l'influence de la France, s'étoit engagée pour elle dans une guerre évidemment contraire à ses intérêts; qu'il avoit, pendant long-temps, essayé tous les moyens d'éviter une rupture, mais que cette puissance ayant refusé toute explication satisfaisante, il avoit donné ordre à son ambassadeur de quitter Madrid; que la conduite du gouvernement français, depuis la dernière session, n'avoit cessé d'être marquée par des actes de violence et des outrages inconnus parmi les nations civilisées; que, malgré ces excès, le chef de ce gouvernement venoit tout récemment de lui faire des communications d'une nature pacifique; que le désir de procurer à ses peuples les bienfaits de la paix l'avoit déterminé à les accueillir, mais sans rien préjuger; que le repos de l'Europe exigeoit qu'il consultât auparavant les puissances du continent ses alliées, et concourût avec elles à une pacification générale; que, dans les circonstances où l'Etat se trouvoit, il comptoit sur le courage de ses fidèles sujets et leur généreuse coopération à tous les moyens de salut qui leur seroient proposés; qu'il avoit chargé ses ministres d'expliquer ses vues dans un manifeste adressé à toutes les nations.

Le discours du roi ayant été répété par tous les journaux d'Angleterre et d'Allemagne, Buonaparte se vit dans la nécessité de rompre le silence qu'il avoit gardé sur sa démarche auprès du roi d'Angleterre. Il commença par commenter le discours du trône, en y ajoutant des notes : « Comment, disoit-il, le roi de la Grande-Bretagne a-t-il osé prononcer le nom de l'Espagne, et parler d'une guerre provoquée par le plus odieux des attentats ? Si l'empereur des Français est descendu des hauteurs de sa puissance pour demander la paix, ce n'est assurément pas par foiblesse, l'éclat de ses victoires répond assez pour lui; mais l'amour de ses peuples, l'amour de l'humanité lui ont fait oublier ce qu'il étoit comme roi, pour ne se souvenir que de ce qu'il se devoit comme homme. »

Après cette apologie, il se livroit de nouveau, dans ses notes, à ses outrages accoutumés contre l'Angleterre. Le 5 février, ses orateurs se présentèrent devant le Sénat et le Corps législatif, pour leur communiquer la lettre de Napoléon à Georges III, et la réponse de lord Mulgrave. Que pouvoient lui dire ces deux premiers corps de l'Etat ? l'un venoit de lui conférer la couronne, l'autre de lui décerner des honneurs presque divins, en faisant inaugurer sa statue dans la salle de ses délibérations.

Cette fête avoit eu lieu le 14 janvier. L'impératrice, les nouveaux princes et leurs maisons, toutes les dignités récemment créées y avoient assisté. Un bal magnifique, un splendide banquet dans les vastes salles du palais bâti par les Condé, avoient terminé cette fête, digne du temps où le Sénat romain décernoit des autels à Auguste et à Tibère.

Les orateurs du Corps législatif s'étoient encore surpassés en éloquence et en flatterie. Après avoir exposé les sublimes actions du grand homme et les bienfaits qu'il avoit répandus sur la terre, et surtout sur la France, M. de Vaublanc s'étoit écrié: « Quel est celui de vous, messieurs, qui, dans sa propriété, dans sa fortune, dans son existence sociale, n'ait pas un bienfait de l'empereur à reconnoître? »

Puis, se tournant vers les spectateurs de tous les ordres: « Vous, dit-il, à qui il a rendu une patrie, des parens, des amis; vous qu'il a arrachés à l'exil, vous qu'il a replacés dans vos foyers paternels, vous dont il a ouvert les temples et rétabli le culte, vous dont il éveille, excite l'émulation et encourage les travaux, voilà votre bienfaiteur; saluons son image. »

M. de Vaublanc sembloit n'avoir rien laissé à dire au président de l'assemblée; mais l'esprit fécond de M. de Fontanes trouva dans l'art de louer des traits qui n'ont point échappé à la mémoire de son siècle. « L'image de Napoléon, dit-il, ne paroît point ici décorée des attributs militaires; sa tête médite, et dans sa main est le livre de cette loi qui doit commander à la force elle-même et à la valeur. La première place de l'Etat étoit le prix légitime de tant de services : cette place étoit vacante; Napoléon n'a déplacé personne, il n'a détrôné que l'anarchie. »

Cette phrase, devenue célèbre, fit retentir la salle d'applaudissemens.

Dans cet abaissement général étoit-il quelque chose que Buonaparte ne pût oser? En communiquant ses négociations avec l'Angleterre, il étoit sûr que le Sénat et le Corps législatif lui décerneroient de nouvelles actions de grâces. Que ne devoit-on pas à un héros qui, maître de l'Europe, sûr de la victoire, consentoit à poser les armes pour épargner le sang de ses sujets et celui de son ennemi! Tel fut, en effet, le résultat de son message. Irrité plus que jamais contre l'Angleterre, désespéré de n'avoir pu endormir de nouveau sa prudence, et gagner en négociations le temps dont il avoit besoin pour attaquer son ennemi avec plus d'avantage, il ne songea plus qu'à étendre sa puissance, et qu'à montrer au monde, par quelque coup hardi, que toutes les forces maritimes de l'Angleterre ne pouvoient lutter contre l'ascendant de son génie, et fermer les mers à ses escadres.

L'Espagne avoit besoin de se reposer; depuis long-temps elle ne s'étoit trouvée dans une situation plus affligeante; le fléau de la fièvre jaune avoit désolé presque toutes ses villes maritimes; Alicante pleuroit la perte de trois mille six cents de ses habitans, Malaga de près de douze mille, Carthagène de treize mille; le commerce étoit sans activité; la terreur glaçoit tous les cœurs; rien n'étoit plus douloureux que de voir le fléau de la guerre se joindre encore à tant de calamités. Mais le prince de la Paix régloit les destinées de ce malheureux pays; et pour satisfaire l'ambition de Buonaparte et la sienne propre, il eût sacrifié les intérêts les plus chers de la couronne. Déjà Napoléon avoit des vues sur le trône de Castille. Le prince des Asturies, chéri de l'Espagne, ne dissimuloit ni sa haine ni son mépris pour Emmanuel Godoï. Il fut d'abord question de le faire arrêter, et de substituer à ses droits son frère don Carlos. Mais l'agression de l'Angleterre et des vues plus vastes de Buonaparte firent ajourner ce projet.

Il ne s'agissoit maintenant que d'user de toutes les ressources de la péninsule pour seconder les efforts de la France; elle porta d'abord ses regards sur ce rocher célèbre de Gibraltar, dont la conquête lui étoit prescrite par l'honneur, l'intérêt et l'occasion. Les maladies en avoient presqu'anéanti la garnison. L'Angleterre, dans la crainte de multiplier les victimes, l'avoit laissé sans secours. Un coup audacieux pouvoit peut-être remettre entre les mains de ses anciens possesseurs cette clé précieuse des deux mers. Mais le gouvernement espagnol, fidèle à son indécision et à ses lenteurs accoutumées, laissa le temps à la garnison de se rétablir de ses pertes; et quand ses soldats parurent au pied du rocher, tout espoir de succès étoit perdu.

Le même engourdissement rendit presque inutile la mesure de l'embargo. Les bâtimens anglais eurent le temps de sortir des ports et de voguer en pleine mer, avant que les gouverneurs des villes eussent reçu les ordres de la cour. La prise de quelques navires de peu d'importance fut l'unique compensation des pertes énormes que l'état et le commerce venoient d'essuyer.

Ce n'étoit donc pas du génie, de l'activité et des forces de l'Espagne que Buonaparte pouvoit attendre quelque entreprise audacieuse, quelques-uns de ces coups d'éclat qui étonnent les peuples et fixent les regards des gouvernemens. La marine française devoit mieux le servir. Depuis un an tout étoit en mouvement dans les chantiers, dans les ports, sur les côtes de la France et de la Hollande. Soixante vaisseaux de ligne et un nombre considérable de frégates pouvoient tout à coup montrer à l'Europe le pavillon de France flottant sur les mers étonnées. Vingt-cinq vaisseaux de ligne espagnols devoient dans quelque temps se joindre à ces forces imposantes. Tout avoit été, à ce sujet, réglé à Paris entre l'amiral Gravina et le cabinet des Tuileries. On a vu que le plan de Buonaparte, dessiné sur les idées les plus larges, étoit de détacher les flottes anglaises de la Manche et de la Méditerranée, de les attirer dans des contrées lointaines, de jeter le doute et l'incertitude dans leurs opérations, inquiéter l'Angleterre pour ses possessions coloniales, puis de réunir toutes les forces maritimes françaises, hollandaises et espagnoles à un point donné, pour revenir à toutes voiles dans la Manche dissiper les bâtimens ennemis qui pourroient encore s'y trouver, et couvrir, par la supériorité du nombre, l'expédition de Boulogne.

Ce fut à l'escadre de Rochefort, commandée par le contre-amiral Missiessy, que l'honneur fut déféré de préparer, par une expédition lointaine, l'exécution de ce plan. Cette escadre étoit composée de six vaisseaux et de trois frégates, portoit trois mille hommes de troupes de débarquement, sous les ordres du général Lagrange, et mouilloit à l'île d'Aix. Il étoit difficile de confier cette entreprise à un officier plus habile; il falloit échapper à la surveillance de la croisière anglaise, et la laisser dans l'incertitude sur le but de l'expédition. L'amiral remplit avec une admirable fortune ces deux conditions. Le 11 janvier, aidé d'un vent favorable, il mit à la voile, vogua sans être aperçu, et gagna les mers des Antilles. Il avoit pour instructions de mettre la Martinique et la Guadeloupe à l'abri d'un coup de main, de s'emparer de la Dominique et de Sainte-Lucie, et de porter l'effroi dans les possessions de l'Angleterre. Quarante jours après son départ, il vint mouiller dans les eaux de la Martinique avec une riche prise faite sur l'ennemi; il y débarqua les troupes et les munitions dont il étoit chargé pour cette colonie, et se porta rapidement sur la Dominique. Le gouverneur anglais n'avoit que six cents hommes de garnison, et se reposoit dans la plus profonde sécurité. Surpris par des forces imposantes, il évacua le fort du Roseau, se jeta, en toute hâte, dans le fort Ruppert à marches forcées, résolu de s'y défendre.

Le contre-amiral et le général Lagrange, satisfaits de leur opération, remirent à la voile, après avoir détruit le fort, enlevé l'artillerie, désarmé les milices, et détruit les défenses de la côte. Huit jours après, ils étoient à la Guadeloupe, où ils remplirent leurs instructions, et tombèrent tout à coup sur l'île de Saint-Christophe, occupèrent les forts, imposèrent des contributions, firent dans ces mers de nombreuses prises, revinrent à la Martinique, et en partirent presqu'aussitôt pour porter des secours d'hommes, d'armes et de munitions de guerre, au général Ferrand, qui défendoit avec une rare intrépidité la ville de Santo-Domingo contre tous les efforts de Dessalines et de ses noirs. C'étoit un officier aussi brave qu'habile; il s'étoit illustré dans le métier des armes, sous les ordres de Pichegru et de Moreau. Sa situation étoit difficile : ce n'étoit pas seulement la rage féroce de Dessalines qu'il avoit à redouter, mais les secours que ce chef barbare recevoit des officiers anglais qui dirigeoient ses opérations. L'assaut de la ville étoit résolu, les nègres s'y préparoient avec toute l'ardeur que leur inspiroit le fanatisme de la liberté. Malgré son habileté et sa bravoure, il étoit difficile que le général Ferrand sauvât la place, lorsque l'amiral Missiessy parut. Les nègres, saisis d'effroi, se figurant déjà la colonie entière menacée par toutes les forces de la métropole, se retirèrent précipitamment, et marquèrent leur route par les dévastations et des incendies. Mille hommes remis au général Ferrand, dix mille fusils, cent milliers de poudre, des vivres, quelque artillerie, ce fut tout ce que l'amiral put faire pour retarder le triste sort dont ce courageux officier étoit menacé, et qu'il ne put éviter. Le 20 mai, après quatre mois et demi de la plus heureuse et de la plus brillante expédition, l'amiral rentra triomphant à Rochefort. Ce fut, de toutes les entreprises de la marine française, la seule expédition qui réussit.

L'amiral Linois avoit, à la vérité, débuté d'une manière brillante dans les Indes, et glorieusement soutenu la réputation qu'il s'étoit acquise dans la baie d'Algésiras; l'issue de sa campagne fut aussi malheureuse que le commencement en avoit été brillant.

Buonaparte, par le traité d'Amiens, avoit stipulé la remise au gouvernement français de Pondichéry et de tous ses établissemens dans l'Inde. Mais le souvenir de l'ancienne puissance des Français et de leur gloire avoit laissé dans le cœur des Anglais de profondes impressions. Le voisinage d'un rival aussi entreprenant, aussi brave, aussi chéri des naturels, leur donnoit de vives alarmes; et regardant comme un objet du plus haut intérêt pour eux de l'exiler pour jamais de ces riches contrées, ils refusèrent d'exécuter cette partie du traité; ils poussèrent même l'oubli de tous les droits jusqu'à retenir la frégate *la Belle-Poule,* envoyée de France après la conclusion du traité d'Amiens. Buonaparte, irrité, chargea l'amiral Linois de venger l'honneur français. Après la plus heureuse navigation, il parut sur les côtes de Coromandel avec un vaisseau de ligne (*le Marengo*) et trois frégates; mais les forces anglaises étoient trop au-dessus des siennes pour qu'il pût hasarder de les combattre; il profita de l'obscurité de la nuit pour faire voile, et se retirer à l'île de France : de là, par des manœuvres savantes et une suite d'opérations concertées avec habileté, il porta la désolation dans le commerce anglais, lui fit essuyer une perte de 20 millions, fut sur le point de lui enlever sa flotte de la Chine, continua avec un rare succès sa brillante expédition, et se disposoit à rentrer en France, chargé des riches dépouilles des vaincus, lorsque la fortune, trahissant tout à coup son courage et sa pénétration, le fit tomber, pendant la nuit, dans l'escadre de l'amiral Warren. Le combat fut soutenu glorieusement; on se battit avec fureur des deux parts; enfin, l'amiral Linois, accablé par le nombre, fut obligé d'amener son pavillon et de se rendre prisonnier : évènement funeste qui enleva à la marine française un excellent officier et quatre bâtimens.

Cette perte ne fut pas la seule qu'elle éprouva. L'amiral Latouche-Tréville mourut à Toulon, à bord de son vaisseau, *le Bucentaure;* c'étoit un des plus habiles et des plus illustres officiers supérieurs de l'ancien corps de la marine; il s'étoit distingué dans la belle campagne de 1780, avoit, pendant la paix, dirigé avec honneur le département de la marine, et déployé des talens supérieurs partout où il avoit été employé; c'étoit à lui que Buonaparte avoit confié en chef l'exécution de son vaste plan; la mort le saisit presque subitement au jour où son escadre étoit prête à sortir du port.

Il étoit difficile de le remplacer. Buonaparte chargea son ministre Decrès de lui indiquer l'officier qu'il croiroit le plus habile. Decrès jeta les yeux sur le chef d'escadre Villeneuve, son ami, qu'il venoit de faire élever au grade de vice-amiral : c'étoit un homme de mérite, mais au-dessous de la haute entreprise qu'on lui confioit. Il s'étoit trouvé à la funeste bataille d'Aboukir, avoit pris le commandement de la flotte après la mort tragique de l'amiral Brueys, et sauvé quatre vaisseaux. Depuis il avoit commandé en chef les forces stationnées aux îles du Vent; mais aucune action d'éclat ne le recommandoit à la faveur du gouvernement.

L'amiral Latouche-Tréville jouissoit, au contraire, de toute la confiance de Napoléon. Il n'avoit pas hésité, non seulement à le mettre dans sa confidence, mais à se fortifier de ses conseils. « Méditez, lui disoit-il dans une lettre, sur cette grande entreprise; faites-moi connoître votre manière de penser sur les moyens d'exécution.... Je vous ai créé grand-officier de l'empire; je désire beaucoup que l'opération que vous allez entreprendre me mette à même de vous élever à un tel degré de considération et d'honneur que vous n'ayez plus rien à désirer. »

C'étoit par ces moyens que Buonaparte enflammoit l'ardeur de ceux qui le servoient, et qu'il inspiroit ce dévouement qui survécut à sa chute, et laissa de si vives impressions et de si profonds souvenirs.

La saison se trouvant trop avancée après la mort de cet amiral, la sortie de l'amiral Villeneuve fut remise au printemps suivant. L'escadre de Toulon étoit magnifique ; elle se composoit de douze vaisseaux de ligne, dont quatre de 80 canons, six frégates, deux corvettes et plusieurs autres bâtimens ; elle portoit six à sept mille hommes, dont le commandement avoit été déféré au général Lauriston.

Les forces anglaises étoient commandées par l'ancien vainqueur d'Aboukir, le célèbre amiral Nelson. Ainsi, deux officiers généraux qui s'étoient vus à Aboukir alloient peut-être se retrouver en présence.

Le 15 janvier, l'escadre de Nelson étant hors de vue, l'amiral français fit mettre à la voile ; mais à peine étoit-il en mer, que les vents s'élevèrent avec violence, et qu'il sentit l'impossibilité de la tenir ; son escadre fut dispersée, partie de ses bâtimens fut jetée sur la Corse, partie sur les côtes d'Italie, partie sur celles d'Espagne, et après quatre jours de tourmente, l'escadre rentra au port, sans avoir aperçu Nelson.

Ces apparitions subites, le secret de leur destination jetoient le gouvernement anglais dans d'extrêmes perplexités. Etoit-ce aux colonies des Indes occidentales, étoit-ce à l'Egypte que Buonaparte en vouloit? tout étoit inconnu. Cependant l'amiral Cochrane ayant reçu l'ordre de chercher l'escadre du comte de Missiessy, se porta successivement, avec six vaisseaux, sur Lisbonne, puis aux îles du cap Vert; mais n'y trouvant aucune trace du passage des Français, il se livra aux conjectures les plus raisonnables, et se dirigea vers les Indes occidentales. Il étoit trop tard. L'amiral français eut le temps de remplir sa mission, et lord Cochrane, parti un mois après lui, n'arriva que pour apprendre le désastre de Saint-Christophe et de la Dominique, et la rentrée de l'ennemi à Rochefort.

Nelson, de son côté, s'étoit trouvé dans la même incertitude. Quels étoient les projets des Français? vers quel point se dirigeoient leurs forces? Frappé vivement de l'idée que c'étoit l'Egypte que Napoléon menaçoit de nouveau, il alla jeter l'alarme à Naples, en

Sicile, se hâta de prévenir la Porte ottomane ; et quoiqu'il n'eût que dix bâtimens déjà fatigués, se mit à la recherche des vaisseaux français jusque dans les eaux d'Alexandrie. C'étoit la seconde fois qu'il se trompoit. On peut se rappeler qu'à la première expédition, il s'étoit porté vers Alexandrette quand les Français débarquoient à Aboukir. Cette fois, n'ayant aperçu aucune trace de vaisseau ennemi, il revint à Malte vers la fin de janvier, sans rien savoir de la destination des Français et de leur rentrée à Toulon. Ses inquiétudes ne devoient pas tarder à se renouveler. Deux mois après, l'amiral Villeneuve mit de nouveau à la voile, le 30 mars, après avoir renforcé son escadre. Les vents, moins contraires qu'à la première sortie, ne lui permirent pas néanmoins de donner la chasse à deux frégates anglaises qui eurent le temps de l'observer jusqu'à la nuit. Il se dirigea vers les côtes d'Espagne, dans le dessein de prendre à Carthagène six vaisseaux qui devoient grossir ses forces. Mais toujours constant dans ses éternels délais, le gouvernement espagnol ne leur avoit point donné les ordres convenables. Villeneuve repartit, et continuant heureusement sa route, ne tarda pas à se trouver devant Gibraltar, où il força l'escadre anglaise, commandée par l'amiral Orde, de se retirer devant lui. Sa destination ne pouvoit plus être un problême ; il étoit évident qu'il avoit l'intention ou de revenir sur les côtes de France, ou d'aller rejoindre aux Antilles les forces que la France y avoit déjà. Cependant, Nelson, qui n'avoit pu suivre ses mouvemens, revint à sa première idée, et se persuadant encore qu'il s'agissoit de l'Egypte, il s'obstina à l'attendre dans les eaux de la Sicile. Il ne put revenir de sa surprise, lorsque, trois semaines après, il acquit la certitude que les Français avoient franchi le détroit, et se portoient sur les Antilles. Le danger étoit d'autant plus pressant que Villeneuve, après avoir débloqué Cadix, y avoit pris un vaisseau de 74 et deux corvettes, et que, dans le même temps, l'amiral Gravina s'étoit joint à lui avec six vaisseaux et deux mille hommes de débarquement.

On étoit à Londres dans les plus vives alarmes ; on ne pouvoit concevoir que la flotte de Toulon, si nombreuse, eût échappé à la vigilance de l'amiral Nelson, qu'un officier si habile se fût trompé si grossièrement. Mais on se trompoit aussi à Londres. L'opinion générale étoit que Villeneuve, après avoir fait lever le blocus des ports de la péninsule, viendroit chasser la croisière anglaise devant Brest, se réunir à la flotte, qui n'attendoit que le signal du départ, et braver les forces anglaises avec cinquante voiles.

L'étonnement redoubla quand on sut que, sans perdre de temps, les amiraux français et espagnols s'étoient portés dans les mers des Antilles, où ils pouvoient se joindre à l'escadre de Rochefort, et mettre en péril toutes les possessions anglaises. Nelson, détrompé, s'étoit à la vérité mis à leur poursuite; mais il s'y étoit mis si tard qu'ils pouvoient avoir fait beaucoup de mal avant qu'il les atteignît. Cependant, cette courageuse résolution répara dans l'opinion publique le tort de ses conjectures, et l'on espéra tout de son courage, de son habileté et de son étoile.

Dans le même temps, l'amiral Gantheaume, par une manœuvre audacieuse, accrut encore les incertitudes; il quitta le port de Brest avec vingt vaisseaux, chassa la croisière anglaise, manœuvra pendant trois jours à sa vue, et après avoir fait montre de ses forces, rentra paisiblement dans le port.

Les Anglais ne pouvoient s'expliquer la hardiesse de ces entreprises, et s'élevoient avec force contre l'ignorance ou la trahison de l'amirauté. Lord Melville, que M. Pitt avoit fait chef de cette branche de l'administration, devint l'objet des plus graves dénonciations. On lui reprocha d'avoir détourné les fonds de la marine, et l'attaque devint si vive, qu'il fut obligé d'abandonner son poste.

Ces heureux commencemens inspiroient à Buonaparte les plus hautes espérances; il se figuroit déjà son plan exécuté, celui des Anglais déconcerté; les escadres espagnoles et françaises, maîtresses de Surinam, de Sainte-Hélène, et revenant à pleines voiles dans l'Océan, pour dégager la flotte de Brest, et concourir avec elle à la descente en Angleterre. Mais ce n'étoit pas tout d'avoir des vaisseaux, des amiraux pour les commander, des matelots pour les manœuvrer, des soldats pour se battre, il auroit aussi fallu des intelligences avec les flots et les vents. Nous verrons bientôt de combien de désastres un si brillant début devoit être suivi.

Déjà la flotte avoit perdu l'officier qui la commandoit. L'amiral Bruix s'étant rendu à Paris pour y conférer avec Buonaparte, fut surpris par une maladie qui l'enleva à la marine française : c'étoit un homme de mérite, et tellement sensible à l'honneur, que Buonaparte l'ayant un jour maltraité, il porta la main à la garde de son épée. Il mourut sans fortune.

Tandis que la marine de la France voguoit sur les mers, livrée aux chances du hasard, aux caprices des vents et de Neptune, Buonaparte augmentoit sa puissance au dehors et la fortifioit dans l'intérieur. On fusilloit encore les émigrés chefs de Vendéens qui tomboient entre les mains des nombreux agens de la police. Un de ces chefs, nommé *Guillemot,* pris à Auray, fut mis à mort le 16 janvier. Mais en même temps un décret impérial faisoit élever, sur les ruines de la Roche-sur-Yon, aux frais de l'Etat, une nouvelle ville qui devoit porter le nom de *Napoléon.* Ses habitans étoient affranchis de contributions pendant quinze ans, et près de ses murailles, on devoit construire une maison de plaisance, avec de vastes parcs, où l'empereur pourroit aller prendre le plaisir de la chasse.

Un autre décret, présenté au Corps législatif, tendoit à relever le cœur des pères de famille, trop souvent affligés par les rigueurs de la conscription. Il portoit que, lorsqu'un père auroit sept enfans, il pourroit en désigner un, parmi les garçons, pour être élevé aux frais de l'Etat dans un lycée, ou dans une école d'arts et métiers. La plupart de ces sortes de projets restoient à la vérité sans exécution; mais ils produisoient leur effet lorsqu'ils étoient rendus publics, et le peuple attendoit avec patience que les finances de l'Etat permissent de réaliser ces généreuses promesses.

Ainsi s'effaçoient peu à peu les impressions qu'avoient laissées les funestes évènemens de l'année précédente. La rapidité avec laquelle la puissance et la gloire de Napoléon s'accroissoient, l'éclat que jetoit toute sa vie extérieure, couvroient les torts de son caractère, entretenoient le peuple dans un continuel étonnement, et lui permettoient à peine de réfléchir.

On savoit que, depuis long-temps, Napoléon avoit des vues sur l'Italie; et quoiqu'il eût solennellement déclaré, à l'ouverture du Corps législatif, qu'aucun Etat ne perdroit son indépendance, on ne doutoit pas que les républiques ultramontaines ne fussent destinées à tomber bientôt dans son empire. Déjà son ministre plénipotentiaire à Gênes, Salicetti, avoit préparé les voies. Le 21 décembre précédent, il avoit négocié, avec la république ligurienne, une convention nouvelle, par laquelle Napoléon s'engageoit à la protéger contre les puissances barbaresques, à faire respecter son pavillon à l'égal du sien, et à permettre l'introduction de ses marchandises dans les départemens du Piémont.

Il étoit maître absolu en Etrurie, et le jeune roi ne régnoit que de nom sous la tutelle de sa mère. Un évènement imprévu put faire penser qu'il étoit pressé de mettre fin à cet empire chimérique. Le comte de Salvatico, qui occupoit à la cour les emplois les plus distingnés, reçut tout à coup l'ordre de sortir de Florence dans l'espace d'une demi-heure, avec défense d'y rentrer de sa vie; le scellé fut mis sur ses papiers. On couvrit du silence le plus absolu le motif de cette disgrâce; mais la reine ayant chassé en même temps deux de ses cuisiniers, on crut en avoir deviné le secret.

Une partie des Etats de Naples étoit occupée par les armées françaises. Le golfe de Tarente présentoit tout l'appareil d'une grande et prochaine entreprise; et l'empereur d'Autriche ayant renforcé ses troupes dans le Tyrol, sous prétexte d'un cordon sanitaire contre la contagion qui s'étoit manifestée à Livourne et sur quelques autres points de l'Italie, Buonaparte opposa à ces préparatifs des forces capables de les contrebalancer.

Telle étoit la situation de l'Italie, lorsqu'une députation de la consulte vint, au nom du peuple cisalpin, le supplier d'ajouter à la couronne de France la couronne de fer des anciens rois lombards.

Cette démarche était convenue d'avance avec la députation envoyée à la cérémonie du sacre. Les conférences s'étoient tenues chez M. de Marescalchi, et Buonaparte avoit chargé les députés de se réunir en consulte, sous la présidence de M. de Melzi. Le résultat n'étoit pas douteux : la consulte ne trouva rien de plus conforme à la gloire et au bonheur de la république italienne, que de la transformer en royaume, et d'en déférer le trône à Napoléon, empereur des Français. Napoléon ne voulut point se refuser au vœu de ses chers Cisalpins; il accepta la couronne, fit part de son élévation au Sénat et aux corps constitués, et rendit un décret impérial par lequel il se déclaroit roi d'Italie. Le conseil d'Etat et les ministres, consultés sur ce nouvel agrandissement, ne lui dissimulèrent pas qu'il pouvoit jeter la France dans une nouvelle guerre continentale, qu'une diversion des puissances d'Allemagne l'obligeroit peut-être d'abandonner son expédition contre l'Angleterre. Mais il avoit répondu que la vieille Europe ne lui donnoit aucune inquiétude; qu'il avoit besoin, après ce qui s'étoit passé l'année précédente, de s'environner de gloire et de remporter de nouvelles victoires, et que ses grands projets contre l'Angleterre seroient accomplis avant que les têtes usées des cabinets d'Allemagne eussent pris quelque résolution. Il se disposa donc à franchir les Alpes pour aller placer sur sa tête une seconde couronne. Mais avant son départ, il voulut faire entrer dans sa famille les honneurs de la souveraineté, et déféra la principauté de Piombino à sa sœur Eliza, sans associer d'abord son époux à cet honneur. Piombino avoit été cédée à la France par le traité de Toscane de 1801; elle étoit trop voisine de la république de Lucques pour ne pas donner des inquiétudes aux habitans de cette ville. Mais l'heure étoit arrivée où ces républiques, fondées avec tant d'appareil, devoient s'absorber dans le vaste empire de leur fondateur. Lucques ne tarda pas à augmenter les domaines d'Eliza.

Ces invasions devoient nécessairement éveiller les craintes et la jalousie de la maison d'Autriche. Quelqu'assurance que Napoléon donnât dans ses discours et ses journaux officiels que la paix ne seroit pas troublée sur le continent, les préparatifs de l'empereur d'Allemagne et ses relations secrètes avec l'Angleterre n'annonçoient que trop les approches de la guerre. Buonaparte n'avoit pas l'habitude de se laisser surprendre au milieu de la sécurité et du calme dont il se paroit; il ne crut pas devoir négliger les précautions, et demanda une nouvelle levée de soixante mille conscrits.

L'abus qu'il faisoit des complaisances et de la docilité du Sénat commençoit à frapper vivement cette partie du peuple destinée, plus que toute autre, à donner le sang de ses enfans pour la défense de la patrie, l'ambition ou les caprices des rois.

Rien n'étoit plus arbitraire et souvent plus cruel que le code des conscriptions; les infirmités mêmes n'en exemptoient pas; et ceux qui ne pouvoient porter les armes étoient tenus d'expier leur malheur par une somme d'argent. Le défaut de taille n'étoit plus un motif de réforme. On avoit rabaissé jusqu'à cinq pieds deux pouces celle des dragons. Quatre pieds neuf pouces suffisoient pour entrer dans les compagnies de voltigeurs. On appeloit les classes par anticipation. On ne libérait qu'arbitrairement les hommes qui avoient servi le temps prescrit par les ordonnances. Pour diminuer leurs plaintes, on leur accordoit des semestres, mais on les gardoit sous les drapeaux. Les préfets étoient tenus d'envoyer toutes les semaines des rapports sur l'état des recrues, et ceux qui déployoient le plus de zèle et de sévérité étoient sûrs de la plus haute faveur de leur maître. Si quelques-uns de ces infortunés se déroboient par la fuite à tant d'injustices, la gendarmerie les relançoit jusque dans leurs retraites les plus reculées, et les parens qui les avoient retirés étoient condamnés à de fortes amendes. On vit même des jugemens d'une atrocité révoltante. Un père plus que sexagénaire ayant produit, pour sauver un de ses enfans, l'extrait de naissance d'un autre fils mort quelque temps avant, il fut traduit devant les tribunaux comme faussaire, et il se trouva des jurés et des juges pour le condamner à la flétrissure et à la peine des fers. On étoit tous les jours affligé du spectacle de conscrits enchaînés comme des criminels, et menés au dépôt par la gendarmerie. La vie d'un conscrit étoit estimée à six mois; et telle étoit l'avarice du gouvernement, qu'on avoit soin de tenir constamment leur solde arriérée de six mois, afin de faire entrer ce reste de paye dans le trésor public. Tel étoit souvent le peu de soin qu'on prenoit de ces infortunés à l'armée, que plusieurs mouroient de leurs blessures sans être pansés. Mais on sait que Buonaparte appeloit ces malheureux *de la chair à canon*. Mais quoique cette chair lui parût iné-puisable, il ne crut pas néanmoins devoir négliger celle qu'il pouvoit tirer de l'étranger; et par une capitulation que conclut en son nom le général Ney, il engagea à son service plusieurs régimens suisses, comme l'avoient fait habituellement les rois de France. Cependant, pour ménager l'amour-propre des Français, il ne les fit point entrer dans sa garde personnelle, quoique, par son traité avec les cantons, il eût promis de le faire.

CHAPITRE VIII.

Manifeste de l'Angleterre contre l'Espagne. Signes visibles de mécontentement de la part de l'empereur d'Allemagne. Amélioration de quelques branches d'administration intérieure. Nouvelle constitution de Hollande. M. Schimmel-Penninck nommé grand-pensionnaire. Départ de Napoléon pour l'Italie. Couronnement. Réunion de Gênes, de Parme et Plaisance à l'empire français. Réunion de la république de Lucques à la principauté de Piombino.

Il étoit impossible que le gouvernement britannique laissât sans réponse le manifeste de l'Espagne contre la prise subite de ses galions. A l'ouverture du Parlement, le roi, après avoir exposé, comme on l'a vu, les motifs qui l'avoient déterminé à commettre les premières hostilités, fit déposer aux deux Chambres le manifeste dont il avoit ordonné la communication à tous les cabinets de l'Europe.

Sa Majesté britannique y disoit « que le

seul traité de Saint-Ildefonse, entre l'Espagne et la France, eût été pour elle une cause de guerre suffisante, puisque, par ce traité, l'Espagne se trouvoit comme identifiée avec l'empereur des Français, qui la tenoit courbée sous son joug; que, par des raisons de prudence et des motifs de considération particulières, Sa Majesté britannique n'avoit point usé de ses droits comme elle y étoit autorisée;

« Qu'au mois d'octobre 1803, l'Espagne, par un traité secret, s'étant engagée à payer par mois à la France une contribution dont le cabinet de Madrid et celui des Tuileries connoissoient seuls les conditions, Sa Majesté enjoignit alors à son ministre de protester contre cette convention, comme étant une violation manifeste de la neutralité, et de déclarer que, dans le cas où ce traité ne seroit pas promptement révoqué, il seroit regardé comme un acte d'hostilité, et que Sa Majesté britannique verroit du même œil toute entrée de troupes françaises sur le territoire de la péninsule.

« Ces déclarations, ajoutoit le roi d'Angleterre, amenèrent de longues négociations. L'Espagne avoit donné, au mois de juillet 1804, les assurances les plus positives qu'on n'armeroit point dans ses ports; mais dès le mois de septembre suivant, les ports avoient reçu l'ordre d'armer en toute diligence. De nouvelles remontrances ne produisirent aucun effet, et on reconnut alors que la cour de Madrid n'avoit d'autre but que de gagner du temps jusqu'à l'arrivée de ses galions; alors Sa Majesté se décida à donner au cabinet de Madrid une marque éclatante de son mécontentement; cependant, loin de vouloir rompre absolument avec lui, elle se déclare prête à renouer les liens de bonne amitié dès que Sa Majesté catholique lui en témoigneroit le désir. »

Buonaparte ne laissa pas ce manifeste sans réponse. Mais il étoit difficile de nier les faits; il se jeta dans de vagues déclamations sur le droit des gens et le droit de la guerre, et renouvela toutes les plaintes qu'il avoit déjà semées avec profusion dans ses journaux. Mais la détention arbitraire des sujets de Sa Majesté britannique qui s'étoient trouvés sur le territoire français à l'époque du renouvellement de la guerre, mais la violation des paroles sacrées qu'il leur avoit données, mais l'enlèvement de sir G. Rumboldt, mais l'indigne assassinat du duc d'Enghien répondoient suffisamment à ces déclamations; en vain s'efforça-t-il de les faire retentir dans toute l'Europe, elles ne trouvèrent aucun écho pour les répéter.

Déjà des signes visibles de mécontentement se manifestoient dans les États sur lesquels il sembloit compter davantage. L'empereur d'Autriche multiplioit les précautions pour interdire l'introduction des modes et des doctrines françaises; on proscrivoit jusqu'à la coupe des cheveux à la Titus, et tout ce qui venoit de France étoit sévèrement surveillé. M. de Larochefoucauld, nommé ambassadeur à Vienne, y paraissoit isolé au milieu du corps diplomatique; son arrivée ne fut notifiée ni au ministre de Russie, ni à celui de Suède, ni à celui d'Angleterre. Napoléon se vengeoit par des pamphlets; il en fit publier un à Paris sous le titre d'*Avis aux puissances sur les projets d'un grand souverain :* c'étoit une nouvelle satyre contre le roi de Suède; mais ces sortes d'armes commençoient à s'user. Il résolut donc de poursuivre ses projets d'agrandissement, et d'étonner l'Europe par l'immensité de ses forces. La réunion de Gênes, de Lucques, de Parme fut décidée; mais avant de partir pour l'Italie, il voulut encore régler quelques parties d'administration dans l'intérieur de la France, et fixer les formes du gouvernement hollandais. Il ordonna des réparations à l'antique et célèbre basilique de Saint-Denis, qu'il destinoit à devenir le lieu de sa sépulture et des siens, comme elle l'avoit été des trois dynasties précédentes.

Il fit évacuer les salles du Louvre occupées par les diverses classes de l'Institut, pour les établir au collége des Quatre-Nations, fondé autrefois par le cardinal Mazarin. Il donna des ordres pour le rétablissement de la colonne d'Ivry, où Henri IV avoit gagné la célèbre bataille qui lui assura la couronne. Sur la demande du gouverneur d'Odessa, il envoya une colonie de vignerons en Crimée, pour y enseigner à cultiver la vigne. Il nomma l'abbé de Pradt évêque de Poitiers, et l'abbé de Broglie son aumônier. Un des membres de la députation d'Italie, le général Trivulce, de l'ancienne maison de ce nom, étant mort, il lui fit faire de magnifiques funérailles.

M. Schimmel-Penninck remplissoit alors auprès de lui les fonctions d'ambassadeur de la république batave : c'étoit un homme distingué par son esprit, l'étendue de ses connoissances et l'amabilité de son caractère, mais plus propre à jouer le rôle d'un courtisan que celui d'un républicain attaché aux lois de son pays. Il s'étoit fait connoître par un ouvrage où l'on retrouvoit une partie des idées du temps, et des vues justes sur les moyens de concilier le gouvernement populaire avec l'autorité du prince (1). Il avoit représenté la république batave au traité d'Amiens, et peu de temps après avoit été envoyé à Londres comme ambassadeur de son gouvernement. Après la reprise des hostilités, il revint en France avec le même titre. Buonaparte ne tarda pas à se l'attacher par des prévenances, des promesses et des distinctions. Résolu d'ériger la république batave en royaume et d'y établir un de ses frères, ce fut sur lui qu'il jeta ses vues pour préparer l'accomplissement de ses desseins.

Les Hollandais, depuis la conquête de leur pays par les armées françaises, n'avoient pu recouvrer leur liberté. Le traité d'Amiens portoit expressément que les armées françaises évacueroient leur territoire; mais Buonaparte le retint, sous le prétexte que l'Angleterre refusoit d'évacuer Malte. Depuis la perte de leur indépendance, les Hollandais avoient reçu autant de Constitutions qu'il avoit plu à leurs vainqueurs de leur en envoyer. Ils gémissoient

---

(1) *Dissertatio de imperio populari ritè temperato.*

dans la misère la plus profonde; leurs villes, sans commerce, sans activité, offroient le spectacle douloureux d'une multitude de mendians couverts de lambeaux, exténués par la faim; mais la terreur des armes de Buonaparte étouffoit la plainte; et dans ces malheureuses contrées, comme dans le reste de l'Europe, on ne manquoit pas d'hommes avides d'honneurs et de fortune qui se précipitoient autour de la victoire pour obtenir quelque part dans les dépouilles de leur pays. L'établissement d'une monarchie ne devoit donc pas causer en Hollande plus d'effroi que tous les genres de gouvernement qu'on lui avoit imposés.

Les bases en furent convenues et arrêtées dans le cabinet de Buonaparte. Le territoire de la république étoit divisé en huit départemens, et le Corps législatif réduit à dix-neuf membres élus pour trois ans par les administrations de département, sur une liste triple, et soumise à l'épuration du chef de l'Etat. Ils discutoient les lois, et prenoient le titre de *hautes puissances représentant de la république batave*. Le pouvoir exécutif étoit confié à un magistrat suprême, sous le titre de *grand-pensionnaire*. Il étoit élu pour cinq ans par le Corps législatif, avoit exclusivement l'initiative des lois, la direction des flottes et des armées, étoit chargé de la haute police et de l'administration des finances, et pouvoit s'adjoindre un conseil d'État de cinq à neuf membres. Le clergé étoit exclu de toute fonction politique.

La puissance et le titre de grand-pensionnaire furent déférés à M. Schimmel-Penninck, dont le dévouement à Napoléon n'étoit pas douteux. Cette Constitution fut, pour la forme, soumise à la ratification du peuple, qui ne manqua pas de l'accepter; et la première session du Corps législatif s'ouvrit le 15 mai suivant. Le grand-pensionnaire exposa les avantages de la nouvelle charte dans un discours plus remarquable par le talent de l'orateur que par son patriotisme. Il félicita ses concitoyens d'être les fidèles alliés du héros dont le monde entier admiroit le génie. Il montra que la nouvelle Constitution associoit son pays au système politique de toute l'Europe, fit valoir la générosité de l'empereur des Français, qui se chargeoit de l'entretien de l'armée, et se glorifia lui-même de jouir de sa confiance et de son amitié, « avantages, dit-il, que je ne dois qu'à la droiture de mes sentimens, à la franchise de mes paroles, et à cet amour du vrai, que l'œil perçant du héros a découvert au fond de mon cœur. » Il finit par faire des vœux pour la prospérité de son pays, et le retour de cette antique considération dont il avoit joui avec tant de bonheur.

Il est difficile de croire que le nouveau grand-pensionnaire ne connût pas l'arrière-pensée de Buonaparte. La république française de 1793 avoit établi partout des républiques ; le Directoire, qui lui avoit succédé, avoit donné des directeurs à tous les peuples conquis ; Napoléon, devenu empereur et roi, ne devoit-il pas ériger des trônes sur les débris de toutes ces républiques éphémères ? La Hollande étoit en effet destinée à devenir un royaume pour un des frères de Buonaparte, et l'on pouvoit considérer la nouvelle Constitution comme une disposition provisoire vers un nouvel ordre de chose : aussi le grand-pensionnaire se montra-t-il tout prêt à obéir dès qu'il reçut l'ordre de résigner son pouvoir.

On se feroit une idée bien imparfaite de l'activité de Napoléon, si l'on pensoit que la Constitution d'un État fût un objet assez grave pour l'occuper tout entier : en même temps qu'il régloit le sort de la Hollande, qu'il se disposoit à se rendre en Italie pour placer sur son front la couronne des vieux rois lombards, sa vue inquiète se portoit sur le Portugal, dont il vouloit chasser les Anglais, pour réaliser plus facilement les projets qu'il avoit dès lors sur l'Espagne. Il avoit donné précédemment l'ambassade de ce royaume au général Lannes, dont la conduite avoit plus d'une fois excité les reproches des Portugais. Il la confia, après lui, au général Junot, officier non moins dévoué que l'autre, qui, comme Lannes, s'étoit élevé du rang de simple soldat au grade de général de division.

Après avoir réglé ces objets, il voulut aller enfin goûter quelque repos dans le magnifique château de Brienne. Jamais il n'avoit oublié les bontés dont le comte de Brienne l'avoit comblé dans son enfance. Ces souvenirs et ceux des lieux où il avoit fait ses premières études militaires avoient toujours paru lui être chers. Le comte de Brienne, son frère l'archevêque de Sens, trois jeunes Loménie, parmi lesquels se trouvoit le coadjuteur de Sens, Mme de Canisi, leur parente, à peine âgé de vingt-huit ans, avoient péri victimes des fureurs révolutionnaires. La fortune de Mme de Brienne étoit devenue la proie des déprédateurs publics. Buonaparte, touché de ses malheurs, mit un zèle empressé et presque filial à lui faire restituer tout ce qu'on pouvoit encore recouvrer, et, pour lui donner une preuve de sa reconnoissance, voulut aller passer quelques jours chez elle; il y vécut dans sa famille comme un simple particulier, et après avoir visité les lieux qui lui étoient chers, revint à Paris.

On raconta alors une anecdote qui prouve que cette âme fière et quelquefois si farouche, savoit pourtant céder souvent aux plus doux sentimens de la nature. Une vieille femme qui, dans sa jeunesse, lui avoit vendu des fruits, s'étant trouvée sur son passage, il la reconnut, la combla de marques de bonté, et pourvut généreusement à ses besoins.

Un an s'étoit à peine écoulé depuis la funeste tragédie de Vincennes, la mort du général Pichegru, le bannissement de Moreau, et déjà les impressions profondes que ces évènemens avoient laissées dans le cœur des Parisiens commençoient à s'effacer. Le procès d'une aventurière qui se donnoit pour *marquise de Douhault,* et les leçons du docteur Gall sur l'organisation et les formes de notre cerveau, occupoient tous les esprits, et leur fournissoit des distractions dont Buonaparte avoit soin de profiter, et qu'il entretenoit à dessein.

Les Mémoires publiés pour la prétendue

marquise présentoient des circonstances singulières et propres à exciter vivement la curiosité. On y établissoit que cette dame, née *Rogres de Lusignan*, avoit été enlevée d'Orléans par un de ces actes arbitraires dont la crédulité du peuple se plaisoit à accuser l'ancien gouvernement; que, pour couvrir cet enlèvement, on avoit annoncé sa mort, et qu'on lui avoit fait des funérailles publiques, tandis qu'elle gémissoit, dans la plus humiliante captivité, à l'hôpital de la Salpêtrière. On ajoutoit que la révolution, en brisant les fers de tant de victimes, avoit aussi brisé les siens, qu'elle s'étoit aussitôt rendue à sa terre de Champignelles, où elle avoit été accueillie avec les plus grandes démonstrations de joie, et reconnue de plus de cent cinquante habitans. C'étoit un fait assez public, que la marquise de Douhault portoit la cicatrice d'un coup que lui avoit donné son mari dans un accès d'aliénation mentale; la réclamante montroit une cicatrice pareille, et donnoit sur les lieux qu'elle avoit habités, les personnes qu'elle avoit connues, et notamment sur la maison du cardinal de Luynes, archevêque de Sens, les renseignemens les plus propres à attester ou la fidélité de ses récits, ou la fidélité de sa mémoire. Elle parloit mal, écrivoit encore plus mal, montroit de la peine à signer son nom, dont elle défiguroit l'orthographe ; mais ses défenseurs attribuoient cette impéritie aux malheurs qu'elle avoit éprouvés, à la société des misérables femmes avec lesquelles elle avoit été forcée de vivre dans son indigne prison, enfin à un léger tremblement nerveux qui égaroit souvent sa main. Sa figure portoit d'ailleurs l'expression de la modestie, de la douceur et de la résignation. Celui qui écrit ceci eut occasion de la voir et de l'entretenir plusieurs fois ; il fut frappé de la justesse de sa mémoire, mais plus encore de la trivialité de son langage et de ses manières ; il savoit que la véritable marquise de Douhault, Mlle de Lusignan, avoit reçu une éducation soignée à Montargis, et qu'elle réunissoit la noblesse des sentimens à celle de la naissance, et l'on ne retrouvoit rien de ces avantages dans la prétendue marquise de Douhault. Mais beaucoup d'esprits faciles à se prévenir se passionnèrent promptement pour cette victime intéressante de la cupidité et de l'arbitraire. On n'épargna ni les Mémoires ni les articles de journaux pour faire valoir ses prétentions ; et bientôt elle vit autour d'elle une foule de personnes d'une imagination romanesque, prêtes à l'assister de leur protection, de leurs conseils et de leur argent. Un avocat nommé *Delorme*, séduit par ses promesses, y engagea une partie de sa fortune, et poussa le zèle jusqu'à prodiguer l'injure à ceux qui ne partageoient point ses opinions. L'affaire fut portée devant les tribunaux, et la discussion éclaircit enfin tous les doutes. On reconnut que la prétendue marquise étoit la fille d'un menuisier de Sens qui travailloit chez le cardinal de Luynes, et la menoit souvent avec lui au château de Nolon, résidence des archevêques de Sens; elle y vivoit avec les domestiques; et comme elle étoit fort curieuse, elle retenoit soigneusement tout ce qu'elle y apprenoit. Des témoins donnèrent sur sa vie des détails assez piquans; et la Cour d'appel de Bourges, où ce procès avoit été porté, après une enquête scrupuleuse, mit fin, par un jugement solennel, à la fable qu'elle avoit assez adroitement tissue, et lui défendit de prendre les qualités et le nom qu'elle s'étoit attribués. On en fit ensuite l'héroïne d'une pièce de théâtre qui alimenta pendant quelque temps la frivolité des Parisiens.

Les leçons du docteur Gall n'étoient guère moins propres à entretenir la curiosité; ses idées sur les fonctions et les formes du cerveau étoient nouvelles. Il établissoit d'abord que nous naissons tous avec des dispositions particulières plus ou moins prononcées qui forment la différence de nos caractères et la diversité de nos actions.

« Après avoir étudié, disoit-il, avec une attention et des recherches particulières, l'anatomie du cerveau, j'ai reconnu que, loin de servir à l'entretien des nerfs, comme le prétend Buffon, il n'en est au contraire que l'épanouissement; qu'il est l'organe générateur de nos affections et de nos penchans; que, quoique formé d'un simple tissu qu'un habile anatomiste peut déplisser avec un peu d'adresse, les diverses inégalités sous lesquelles il se présente forment comme autant d'organes à chacun desquels le Créateur a départi des fonctions particulières; et la preuve en résulte des observations qu'on peut faire sur l'organisation cérébrale des animaux, comparée avec le cerveau de l'homme. Les mêmes formes ramènent constamment les mêmes effets: de sorte que les organes qui caractérisent la férocité dans quelques animaux, se retrouvent dans l'homme lorsque son naturel le porte à la férocité; il est au contraire doux et humain, si les protubérances de son cerveau ont de l'analogie avec celles des animaux pacifiques et benins. »

Le docteur ajoutoit que les inégalités des lobes du cerveau étoient autant d'organes doués des facultés convenables pour le développement de notre intelligence et de nos sentimens; il ajoutoit encore que l'organe cérébral étant dans un mouvement continuel, ce mouvement réagissoit sur la boîte osseuse qui le renferme, et y imprimoit, tant à l'intérieur qu'à l'extérieur, les formes de chaque organe; et il en concluoit qu'en examinant avec attention la forme de nos têtes, on pouvoit indiquer les inclinations dominantes auxquelles nous étions sujets. Cette doctrine excita beaucoup d'attention parmi les savans, beaucoup de gaîté dans les salons, et de morosité parmi les dévots. Les jeunes gens et les dames aimoient à se faire tâter la tête : et les inductions qu'on tiroit de leurs protubérances extérieures devenoient la source d'une foule de plaisanteries. Les dévots ne plaisantoient pas; ils prétendoient que les principes du docteur Gall menoient droit au fatalisme, et détruisoient entièrement la liberté de l'homme; « car, disoient-ils, si mon cerveau a le malheur de contenir l'organe du meurtre, je serai nécessairement meurtrier; et s'il contient l'organe de l'amour physique, je me verrai, malgré moi et en dépit de ma dévotion, entraîné vers les lieux peu respectables où jamais le pied d'un saint homme ne sauroit se montrer sans déshonneur. » Ils en concluoient que toute justice humaine devenoit inutile, attendu qu'un voleur et un assassin pouvoient toujours dire à leurs juges : « Messieurs, de grâce, examinez ma tête, et voyez si, d'après la protubérance que vous y remarquerez, j'ai pu m'abstenir de tuer mon prochain ou de le voler. » Les dévots anathématisoient donc la cranologie du docteur Gall. Cependant cette doctrine n'offroit pas plus d'inconvéniens que celle de la prédominance des tempéramens, adoptée par plusieurs grands médecins, sans que jamais les foudres de l'Eglise eussent tonné sur leur tête. D'ailleurs, le docteur Gall s'efforçoit de calmer les alarmes des âmes timorées, en leur disant : « Ne vous inquiétez pas ; les protubérances du cerveau ne sont point indomptables; la force morale de l'éducation et des corrections physiques qu'on a soin d'y joindre, tempèrent, adoucissent, lénifient les humeurs peccantes de nos organes, et soumettent l'orgueil des plus arrogantes; s'il est vrai que l'habitude des mêmes vices en augmente l'énergie, les obstacles qu'on leur oppose en diminuent l'intensité. D'ailleurs, avant de s'appesantir sur les conséquences, ne faut-il pas examiner le principe? Les savans l'examinèrent, et les avis de l'école furent partagés; mais tous furent d'accord que l'anatomie du cerveau n'avoit jamais été exposée par un homme plus habile que le docteur Gall : aussi étoit-il recherché dans les sociétés les plus brillantes de Paris; et l'on citoit des traits d'habileté qui augmentoient encore la bonne opinion que l'on avoit de son savoir. On lui avoit présenté, pour le tenter, une tête qu'on disoit celle du cardinal de Richelieu; mais à son inspection, il reconnut que c'étoit celle d'un jeune homme, ce qui étoit vrai. Dans quelques sociétés où se trouvoient des musiciens, on l'avoit prié de désigner ceux qui avoient le goût de la musique, et il ne s'y étoit point trompé.

Napoléon ne chercha ni à le voir ni à l'entendre, et l'on en donnoit pour raison que le docteur, interrogé sur les protubérances du vainqueur de Marengo, avoit eu l'indiscrétion d'en dire des choses peu flatteuses : aussi ordonna-t-il à la classe des sciences physiques de l'Institut de lui faire un rapport sur le système du docteur; et le rapport fut fait tel qu'il pouvoit le désirer.

On s'égaya encore quelque temps des protubérances et des bosses du docteur Gall;

mais des objets plus sérieux attirerent bientôt l'attention ailleurs.

Telle étoit la situation de la France, lorsque Buonaparte la quitta pour aller revoir le premier théâtre de ses victoires et de sa gloire. Dès le 16 février, il s'étoit fait précéder par un grand appareil militaire, les mamelouks, une grande partie de la garde impériale (cavalerie et infanterie), et la garde italienne, composée de six cents hommes. La saison étoit très-rigoureuse, et la terre chargée de neige; des bandes de loups descendoient des Alpes, et portoient la désolation dans les campagnes. Deux gendarmes ayant hasardé de faire leur tournée entre Gap et Sisteron, furent attaqués par ces animaux féroces, et après une lutte courageuse et sanglante, furent dévorés eux et leurs chevaux.

La consulte de Paris avoit annoncé à l'Italie le changement que l'empereur Napoléon venoit d'apporter à son gouvernement. Dans une proclamation pleine d'éloges fastueux, elle s'étoit appliquée à décrier le régime républicain, pour montrer les avantages de l'unité d'action et de la concentration des pouvoirs dans une seule main; elle citoit l'exemple de la France, qui, après tant d'orages, avoit enfin reconnu que la monarchie étoit la seule forme de gouvernement qui assurât le bonheur des peuples; elle félicitoit la république italienne d'avoir pour chef le plus grand homme de son siècle, celui qui lui avoit conquis son indépendance. « Napoléon, disoit-elle, a daigné se rendre à vos vœux. Peuples d'Italie, ouvrez vos cœurs à la joie et à l'espérance. »

Magnus ab integro sœclorum nascitur orbis.

Déjà les membres de la consulte portoient un nouvel uniforme. Napoléon leur avoit donné un habit vert à la française, broderie en or, manteau vert brodé, le reste de l'habillement blanc. Mais les esprits caustiques observoient que la couleur verte étoit celle de sa livrée. Il fixa par un décret l'époque de son couronnement au 23 mai. Un écrivain judicieux assure qu'il avoit d'abord voulu placer la couronne d'Italie sur la tête de son frère Joseph, mais que celui-ci lui ayant proposé des conditions plus favorables à l'indépendance de l'Italie qu'au despotisme du nouvel empereur, il se décida à tout garder pour lui. Joseph demandoit une augmentation de territoire, des ports sur la Méditerranée, et l'affranchissement des 25 millions d'impôts annuels dont Buonaparte avoit frappé l'Italie.

Mais ce fait n'est appuyé sur aucun document authentique, et s'accorde peu avec le caractère ambitieux de Napoléon.

M. de Melzi, président de la république, avoit, autant qu'il étoit possible, stipulé les intérêts de la liberté de son pays. La consulte s'étoit assemblée plusieurs fois, avoit long-temps délibéré avant d'adopter les bases de l'acte constitutionnel qu'on prétendoit lui imposer. On détermina enfin que la couronne de Napoléon seroit héréditaire de mâle en mâle, par ordre de primogéniture, dans sa descendance naturelle ou adoptive; que les femmes seroient à jamais exclues de tout droit au trône; que l'empereur des Français disposeroit de son sceptre en faveur d'un de ses fils, dès que les troupes étrangères auroient évacué Malte, la Sicile et les îles Ioniennes, et qu'à dater de cette époque les deux couronnes ne pourroient jamais être réunies sur une même tête. Le reste de la Constitution italienne étoit calqué sur la Constitution française, à l'exception des trois colléges des *possidenti*, des *dotti* et des *commercianti*, qui furent conservés : c'étoit une conception de Buonaparte à laquelle il paroissoit fortement attaché.

Buonaparte n'avoit pas attendu que la Constitution fût achevée pour être maître en Italie. Eugène Beauharnais avoit pris le commandement de Milan avec des troupes françaises; et dès le 31 mars, il fit prêter serment de fidélité et d'obéissance à tous les corps constitués.

Deux jours après, son beau-père partoit avec Joséphine, qui devoit aussi voir sa tête chargée d'une seconde couronne. Il s'arrêta un moment à Lyon, en visita les manufactures, et prodigua les encouragemens aux plus actifs fabricans. Il avoit déjà donné à cette ville des marques publiques d'intérêt et de protection. Pour en ranimer le commerce, il avoit ordonné de ne garnir désormais ses appartemens que de meubles de soie, et recommandé à ses sœurs et à toutes les personnes de sa cour l'usage des étoffes de Lyon : le désir de lui plaire en répandit bientôt la mode dans toute la France. Cette grande ville, si cruellement traitée par la Convention nationale, le regardoit comme le restaurateur de son industrie, et voyoit avec reconnoissance ses murs se repeupler, ses édifices se relever, et cependant une partie de ses bourreaux occupoit encore des emplois distingués auprès de son protecteur : Fouché étoit ministre de la police.

A peine Buonaparte eut-il quitté Lyon, que des députations de toutes les contrées voisines accoururent sur son passage pour le féliciter. Il reçut à Chambéry celle de la république helvétique, s'arrêta au château de Stupinis, conquis sur le duc de Savoie, et magnifiquement restauré. Il visita les travaux du Mont-Cenis, donna de nouveaux ordres pour les achever, partit pour Alexandrie, dont il prétendoit faire une forteresse inexpugnable, et fit célébrer le 5 mai l'anniversaire de la mémorable bataille de Marengo, et posa la première pierre d'un monument destiné à en perpétuer le souvenir. Depuis qu'il étoit empereur, le trône avoit tant d'attraits pour lui, qu'il ne put se résoudre à passer la revue de ses troupes sans se montrer à elles avec toutes les pompes du pouvoir impérial. Il avoit fait élever au milieu de la plaine un trône du haut duquel l'impératrice contemploit toutes les évolutions militaires; il vint ensuite s'y placer, recevoir à ses pieds les hommages de ses généraux, et de là distribuer des croix d'honneur à ceux qui n'avoient pu s'associer aux fêtes du couronnement. Le 8, il étoit à Milan, où l'on s'étoit empressé d'abattre l'arbre de la liberté; et le 26, trois jours après celui qu'il avoit fixé pour la cérémonie, il reçut l'onction sainte des mains du cardinal Caprara, et prenant la couronne de fer sur l'autel, il la posa sur sa tête en disant fièrement : *Dieu me la donne, gare à qui la touche!* expression de peu de dignité, mais ancienne, et qui servit de devise à l'ordre de la Couronne-de-Fer, qu'il institua à l'instar de celui de la Légion-d'Honneur, et dont il distribua bientôt de nombreuses décorations. Elles auroient été plus recherchées s'il ne les eût pas avilies dès l'origine, en y associant Crescentini, *soprano* de l'Opéra-Italien de Paris. On en plaisanta devant Buonaparte lui-même; et la cantatrice Grassini dit que c'étoit probablement le prix de ses blessures. La couronne de fer étoit une espèce de relique conservée précieusement dans le trésor du couvent de Monza, depuis l'extinction du royaume de Lombardie; elle en fut retirée avec le plus grand cérémonial. Le roi de Portugal choisit cette occasion pour lui envoyer par un ambassadeur les insignes de ses ordres; et le légat du Saint-Siége lui remit une lettre de son souverain, où Pie VII exaltoit la piété de Napoléon, les services qu'il avoit rendus à la religion catholique, et les marques d'amour et de respect qu'il en avoit reçues. Quinze jours furent employés à organiser le nouveau royaume. Jamais la fabrique des décrets n'avoit été dans une plus grande activité : administration militaire, civile, politique, religieuse, commerciale, tout fut organisé dans ce court espace de temps. Des illuminations, des concerts, des banquets, des bals, des largesses et des *Te Deum* consacrèrent la fondation du nouveau royaume.

Peu de jours après, le Corps législatif fut convoqué, et le monarque en fit l'ouverture avec autant de magnificence qu'il en avoit déployée pour le couronnement. Il apportoit le complément de la Constitution, c'est-à-dire des articles additionnels qui concentroient tous les pouvoirs entre ses mains. Il instituoit Eugène Beauharnais son représentant, sous le titre de *vice-roi*. Il supprimoit les administrations départementales, sous prétexte d'économie, et pour imprimer en même temps un mouvement plus rapide à l'action des lois. Son discours fut composé, comme tous ceux qu'il prononçoit dans ces occasions, de phrases vagues et détachées, où il parloit beaucoup de son cœur et des hautes destinées qu'il réservoit aux peuples de son empire, mais sans jamais parler de leurs libertés, pour s'épargner l'obligation de les respecter. Les jeunes gens des premières familles d'Italie ne durent pas entendre sans inquiétude ce qu'il dit de leur éloignement pour la guerre. « Je remplirai envers mes peuples d'Italie tout ce qu'ils attendent de moi. J'espère qu'à leur tour ils voudront occuper la place que je leur réserve dans ma pensée ; ils n'y parviendront qu'en se persuadant bien que la force des armes est le principal soutien des Etats. Il est temps enfin que cette jeunesse qui vit dans l'oisiveté des grandes villes, cesse de craindre les fatigues et les dangers de la guerre. »

Ces paroles étoient un avertissement pour la cour de Vienne ; elle le comprit facilement, et sentit dès lors tout ce que lui promettoit le voisinage de Napoléon.

Mais il étoit loin de s'alarmer des inquiétudes qu'il pouvoit lui donner ; il avoit résolu de soumettre l'Italie entière, il poursuivit ses desseins sans s'arrêter.

A peine avoit-il posé la couronne d'Italie sur son front, qu'une députation de Gênes, composée du doge, de l'archevêque de cette ville et de vingt-deux membres du Sénat, vint déposer au pied de son trône le vœu formé par le peuple génois, pour être réuni aux vastes domaines que ses victoires et sa sagesse environnoient de tant de gloire. La députation ajoutoit que ce vœu, loin d'être commandé, n'étoit que le résultat nécessaire de la position politique de ses concitoyens.

Cette démarche avoit été préparée par Salicetti, ministre de Buonaparte auprès de la république ligurienne. Depuis long-temps il y commandoit en maître. Par ses ordres, le port et les chantiers avoient été mis dans une activité extraordinaire; on y avoit construit un vaisseau de 74, *le Génois,* et une frégate, *la Pomone.* On y construisoit en ce moment un autre bâtiment de 74, *le Superbe,* et l'on avoit réparé à grands frais le palais du prince André Doria, où les Génois avoient reçu, deux siècles auparavant, Charles-Quint et Philippe II.

Buonaparte répondit à la députation, qu'il avoit toujours porté les Génois dans son cœur; que leurs intérêts l'avoient appelé plusieurs fois à intervenir dans leurs affaires; qu'il y avoit constamment apporté des pensées pacifiques, et travaillé à y établir les idées libérales, mais qu'il s'étoit bientôt convaincu que seuls ils ne pouvoient rien faire qui rappelât la gloire de leurs ancêtres; que tout étoit changé depuis que l'Angleterre s'étoit arrogée la domination des mers; que la France étoit l'unique puissance capable de protéger les nations maritimes, et de les affranchir du joug qu'on leur avoit imposé. Ici il s'arrêta pour se livrer à de violentes déclamations contre cet arrogant ennemi, dont il se promettoit bien de châtier l'insolence. Il invita ensuite la députation à retourner dans ses foyers, en annonçant à ceux qui les avoient envoyés que bientôt leur libérateur se rendroit dans leurs murs.

Il s'y rendit en effet peu de jours après, reçut les félicitations de la noble ville et les sermens de ses habitans, fit célébrer par des fêtes publiques l'époque de sa nouvelle conquête; et promenant ses regards sur cette cité superbe, il s'écria, en parodiant le mot de Henri IV: *Gênes vaut bien une guerre.*

Ainsi finit une république dont la fondation remontoit presqu'au berceau de la république romaine; qui avoit excité successivement la jalousie de Carthage et de Rome; qui, après avoir subi diverses fortunes sous les Romains, les Lombards et Charlemagne, après avoir vu ses murs détruits par les Sarrasins, étoit sortie plus brillante de ses ruines, et, par la sagesse de ses lois, l'étendue de son commerce et sa puissance maritime, avoit été long-temps l'objet de l'admiration de l'Europe et la rivale de Venise; qui, ne sachant ni servir ni jouir de la liberté, avoit su se conserver long-temps au milieu des orages politiques dont elle étoit agitée ; qui, tombée successivement au pouvoir des Français et des Autrichiens, étoit parvenue, dans le cours du dix-huitième siècle, à s'affranchir du joug abhorré de ces derniers. Nul doute que son existence ne fût tout à fait précaire au moment où elle se livra sans réserve au despotisme de Napoléon. Mais quelle voie de salut lui restoit-il ? Son sort fut alors moins humiliant que celui qu'elle a subi après lui. En s'emparant des Etats indépendans, il agissoit en conquérant, et ne professoit pas du moins les principes de la légitimité : doctrine salutaire et digne du respect des peuples, si les rois ne prenoient pas soin de nous apprendre eux-mêmes que la véritable légitimité n'est souvent que le droit du plus fort.

Après la réunion de la république ligurienne, quel espoir restoit-il à celle de Lucques de conserver son indépendance ? D'un mot Napoléon la réunit à la principauté de Piombino, et la mit sous les lois de sa sœur Eliza. Parme, Plaisance et Guastalla entrèrent sous la Constitution de l'empire français. L'Etrurie et Naples paraissoient conserver encore une ombre d'indépendance ; mais leurs destins étoient fixés dans la pensée de Napoléon. Le roi de Naples, pour avoir fourni des vivres à l'escadre anglaise, fut fortement menacé. Il s'excusa, fit ses soumissions, et s'engagea à l'entretien de l'armée du général Gouvion-Saint-Cyr, qui occupoit ses Etats.

Cet excellent prince, plus dévot qu'éclairé, venoit de rétablir les jésuites en Sicile, comme il les avoit rétablis à Naples. Il se flattoit, en rappelant cet ordre célèbre dans ses Etats, de rappeler aussi les bénédictions du Ciel, et de conjurer l'orage qui le menaçoit. Mais l'heure n'étoit pas venue où le Ciel devoit exaucer ses prières. Buonaparte avoit encore des triomphes à obtenir et des couronnes à distribuer.

Fier de tant de conquêtes, il revint à Paris, et le ministre anglais, M. Pitt, ayant compris dans son budget 5 millions sterling pour les dépenses continentales, Buonaparte se hâta de déclarer que si les puissances continentales étoient assez folles pour nouer une nouvelle coalition, une campagne suffiroit pour leur faire expier leur folie : prédiction qui ne les effraya pas, mais que l'or, les armées et le génie de Buonaparte ne tardèrent pas à réaliser.

CHAPITRE IX.

Retour de Buonaparte en France; son départ pour le camp de Boulogne. Vive inquiétude de l'Angleterre. Napoléon lui dérobe le secret de ses projets. Départ du contre-amiral Magon pour rejoindre l'amiral Villeneuve. Activité prodigieuse de Nelson pour découvrir et combattre Villeneuve; inutilité de ses recherches; son retour en Angleterre. Combat entre les flottes combinées de France et d'Espagne et l'escadre de sir Robert Calder. Issue du combat.

A peine Buonaparte étoit-il de retour à Paris, que sa première pensée fut d'aller visiter son camp de Boulogne. Au milieu même des intérêts qui l'occupoient en Italie, son projet de descente n'avoit cessé d'être l'objet de ses soins les plus chers. Quand on lit sa correspondance avec son ministre de la marine, on est toujours frappé de son infatigable activité, de la facilité avec laquelle il embrassoit à la fois les objets les plus variés et les plus importans ; nul détail n'échappoit à sa vaste conception, et tous ses desseins étoient concertés avec un admirable accord.

La vue de plus de cent mille combattans prêts, au premier signal, à fondre sur le rivage ennemi, à faire disparoître à jamais la puissance la plus formidable de l'Europe, excitoit son impatience; il ne falloit qu'une chance heureuse, un vent favorable pour assurer son triomphe et le rendre maître du monde.

Cependant il ne se dissimuloit point les difficultés de l'entreprise, et ne se flattoit pas de soumettre à ses armes un peuple fier et brave combattant pour ses propres foyers, comme il avoit soumis l'Egypte. Mais les intelligences qu'il entretenoit en Angleterre, et surtout à Londres, et les nombreux espions de sa police, le rassuroient suffisamment; il ne doutoit nullement que, s'il parvenoit à débarquer, Londres ne tombât bientôt à son pouvoir, et qu'il n'y trouvât un parti populaire prêt à s'insurger contre les grands pour s'en partager les dépouilles. Tout dépendoit donc du succès de ses entreprises maritimes. Jusqu'alors le secret en avoit été religieusement gardé; lui-même il se plaisoit à se jouer de la prudence anglaise, à multiplier ses incertitudes et ses craintes, en faisant circuler de fausses nouvelles.

Tantôt il faisoit répandre le bruit que la flotte combinée de France et d'Espagne étoit destinée pour le Brésil, tantôt qu'elle devoit tomber à l'improviste sur l'Irlande. Lorsqu'il apprit que les vaisseaux espagnols de Carthagène n'avoient pu se joindre à l'escadre de Villeneuve, il donna l'ordre au ministre de la marine de faire passer à Toulon l'escadre de Missiessy, de se réunir à celle de Carthagène, et de paroître méditer une descente en Egypte.

De son côté, l'Angleterre faisoit retentir l'Europe entière du bruit d'une expédition secrète dont les préparatifs paroissoient formidables ; la nouvelle amirauté se paroit d'un patriotisme infatigable. Mais Buonaparte, toujours bien servi par ses espions, savoit très-bien qu'il ne s'agissoit que d'aller se montrer à Lisbonne, et de porter des renforts aux garnisons de Malte et de Gibraltar.

Il se rioit de la pénétration des Anglois, qui n'avoient encore pu ni deviner ni déconcerter un seul de ses mouvemens, et se livroit envers son gouvernement à d'amères dérisions.

« Ces Anglais, disoit-il, si fiers, si puissans, si avisés, entendent parler du départ de l'escadre de Rochefort quand elle a pris la Dominique, du départ de l'escadre de Toulon quand elle a passé le détroit. Ils n'ont pas su un mot de la seconde escadre de Rochefort, partie déjà depuis long-temps, et que les frégates anglaises venoient encore guetter et observer il n'y a pas plus de huit jours. Les Anglais se verront frappés dans des parages qu'ils croient à peine connus de nos marins. »

Puis, se livrant à toute la vanité que lui inspiroient ses succès, il se vantoit d'avoir sur ses chantiers trente vaisseaux de haut bord qu'il pourroit mettre en mer avant dix-huit mois, et proclamoit que, quand même toutes les escadres françaises lancées sur l'Océan viendroient à périr, l'Angleterre n'en seroit ni plus en sûreté dans ses foyers, ni plus redoutable à la France. « D'autres flottes braveroient de nouveau les flots et les tempêtes, une population intarissable accoureroit pour les monter ; enfin, il seroit plus facile au roi d'Angleterre de venir se faire couronner roi de France dans la métropole de Paris, que de déshériter la grande nation du commerce du monde. Les compagnies d'assurance feront bien d'augmenter leurs prétentions ; car, nous les avertissons, il n'est pas un point important sur le vaste Océan où il n'existe une croisière française. »

La seconde escadre de Rochefort dont il est ici question étoit celle du contre-amiral Magon, l'un des plus habiles et des plus braves officiers de la marine française, qui avoit reçu l'ordre de sortir avec quatre vaisseaux de 74, et d'aller rejoindre l'amiral Villeneuve, mouvement qu'il opéra avec le plus rare bonheur. Tout se présentoit donc à l'imagination de Buonaparte sous les couleurs les plus riantes. L'amiral avoit des instructions qu'on ne devoit ouvrir qu'à une hauteur indiquée dans les mers des Antilles. Parvenu à ce point, Villeneuve les décacheta, et en fit part à l'amiral espagnol Gravina. Elles lui prescrivoient d'aller en toute hâte mettre en sûreté les possessions espagnoles, de revenir ensuite rejoindre Villeneuve, de faire voile avec lui pour le Férol, et d'en sortir ensuite pour se présenter dans la Manche avec toutes leurs forces.

On ne pouvoit contester à Buonaparte le mérite et la justesse de ses plans; on y reconnoissoit l'habileté et l'adresse d'un esprit fécond en ressources, aussi prompt à terrasser son ennemi par la force qu'à le tromper par la ruse.

Le contre-amiral Magon étoit chargé de

lettres pour Villeneuve; elles lui annonçoient que trois frégates et trois bricks prêts à mettre à la voile lui porteroient des nouvelles de l'amiral Gantheaume; que dans le cas où il jugeroit la nécessité de son retour imminente, l'intention de l'empereur étoit qu'avec ses vingt vaisseaux de ligne français et espagnols, il prît au Férol quinze autres vaisseaux, et qu'avec ces trente-cinq bâtimens il se présentât devant Brest, où Gantheaume le joindroit avec vingt-un vaisseaux, et qu'avec cette formidable escadre de cinquante-six navires de haut bord, il entrât dans la Manche.

Buonaparte, en formant ses plans, en prescrivant tous ces mouvemens, oublioit que la mer n'est pas un élément aussi sûr que la terre; que des bâtimens ne marchent point par étapes, et qu'on ne trace pas leurs routes comme celles des forces de terre. Villeneuve, malgré les vents contraires, parvint à éviter la rencontre des escadres anglaises, et après avoir quitté les Antilles, fit voile pour le Férol avec l'amiral Gravina. Mais l'amiral Calder croisoit au cap Finistère avec dix-sept vaisseaux de ligne.

On a vu précédemment que lord Nelson, après s'être égaré dans la Méditerranée sur les traces de la flotte de Toulon, avoit passé le détroit, et s'étoit mis à la poursuite des Français dans la mer des Antilles. Il s'étoit déterminé de lui-même à ce mouvement, sans se dissimuler la responsabilité à laquelle il s'exposoit en prenant une pareille résolution sans attendre les instructions de son gouvernement; mais il mettoit sa confiance dans la Providence, à laquelle il n'avoit jamais cessé de rapporter ses succès; il se regardoit comme l'instrument qu'elle avoit choisi pour sauver sa patrie.

Il navigua avec une si incroyable activité que, quoiqu'il fût encore le 15 mai à vingt lieues au nord de Madère, il arriva le 1er juin aux Barbades. Il y apprit que Villeneuve étoit, depuis le 1er du mois de mai, à la Martinique, et qu'il s'y tenoit dans une incompréhensible inactivité. Nelson s'étant joint à l'amiral Cochrane, prit la résolution d'aller attaquer l'ennemi. Toutes les colonies anglaises étoient dans la terreur; elles se regardoient déjà comme conquises par les Français, lorsque l'arrivée de Nelson y ramena l'espérance et la joie. Il est vrai que les Français étoient supérieurs en forces; mais la *victoire* et *Nelson* sembloient deux mots inséparables. Les Anglais, qui ne connoissoient point les ordres de Villeneuve, se perdoient en conjectures pour s'expliquer son repos : les uns l'attribuoient aux maladies contagieuses, qui, disoient-ils, s'étoient répandues dans son armée et lui avoient enlevé trois mille hommes; d'autres se disoient confidemment que la désunion s'étoit mise entre les Français et les Espagnols : ce qui fortifioit cette conjecture, c'est que l'amiral Gravina s'étoit séparé de l'escadre de Villeneuve, et l'on supposoit qu'il avoit en vue quelque entreprise importante. Nelson se persuada qu'il en vouloit à l'île de la Trinité, dont les Espagnols n'avoient cessé de regretter la perte. Prévenu de cette idée, il ne prit que vingt-quatre heures pour s'approvisionner d'eau fraîche, embarqua deux mille hommes sous les ordres de sir Williams Myers, et le 7 juin il étoit à la Trinité. Quel fut son étonnement quand il apprit qu'on n'y avoit point vu l'ennemi! Il partit le lendemain, et le 9 il étoit à Grenade. Autre sujet de disgrâce : on lui assura que l'amiral espagnol avoit rejoint Villeneuve, qu'ils avoient mis ensemble à la voile avec vingt vaisseaux de ligne, et s'étoient dirigés vers le nord. Il ne douta point qu'ils ne se fussent portés sur Antigoa, et se hâta de les y suivre. Sa surprise fut plus grande que jamais quand il y apprit que les Français ne s'y étoient pas montrés, et que, malgré la supériorité de leurs forces, ils avoient continué leur route, et gagné l'Europe à toutes voiles. L'orgueil anglais ne manqua point d'imputer cette feinte à la terreur qu'avoit inspirée aux alliés la nouvelle de l'arrivée de Nelson, et l'on célébra avec un égal transport le courage des uns et la lâcheté des autres. Nelson débarqua les troupes qu'il avoit prises à la Barbade, et se mit avec une nouvelle ardeur à la poursuite de l'ennemi. Les Anglais ne se tenoient pas de joie de voir une escadre aussi considérable fuir devant sept bâtimens du même bord, car c'étoit tout ce que commandoit Nelson. Cet habile amiral, fier lui-même d'un pareil avantage, ne négligea cependant aucune des précautions de la prudence. Il dépêcha des bâtimens légers pour instruire toutes les escadres anglaises de la position des choses, engager le gouvernement à les renforcer, de manière que Villeneuve, en arrivant en Europe, se trouvât pressé en arrière par Nelson, et en avant par les escadres envoyées à sa rencontre, ce qui le placeroit entre deux feux, et le livreroit facilement ou à l'amiral Calder, ou à l'amiral Collingwood, qui croisoient pour lui fermer la rentrée dans les ports d'Europe.

Jamais on n'avoit eu d'exemple d'une pareille activité. Dans l'espace de soixante-huit jours, Nelson avoit deux fois parcouru l'Atlantique, visité les colonies anglaises, pris et débarqué des troupes, approvisionné son escadre. Il arriva le 19 juillet au détroit de Gibraltar, sans avoir encore fait aucune découverte. Après s'être assuré que l'ennemi n'étoit point entré dans la Méditerranée, pressé par un manque absolu d'eau, il relâcha dans la baie de Tétuan, où il jeta l'ancre le 22. Après avoir pris des rafraîchissemens, il remit à la voile le 26; il arriva à Cadix le 27; et convaincu que Villeneuve ne s'y étoit point montré, il se dirigea vers le cap Saint-Vincent, où l'on n'avoit non plus aucune nouvelle de l'ennemi. Il sembloit que la fortune se jouât de tous ses calculs : il supposa que l'Irlande devoit être le but de l'expédition française, s'y dirigea à toutes voiles, et désappointé de nouveau, las de conjecturer si malheureusement, prit le parti de retourner en Angleterre; mais avant il détacha une partie de son escadre pour renforcer celle de l'amiral Gardner, dans la crainte que si Villeneuve se dirigeoit sur Brest, cet officier ne se trouvât pressé en même temps par Villeneuve et par Gantheaume. Le 18, son pavillon flottoit glorieusement à Portsmouth, et le 20 il recueilloit à Londres les félicitations que lui méritoient la prodigieuse activité de ses recherches, les salutaires avis qu'il avoit expédiés à toutes les croisières anglaises. Il avoit laissé aux Antilles l'amiral Cochrane avec *le Northumberland* et quatre frégates.

L'amiral Villeneuve ne pouvoit tarder à se présenter vers le détroit; il y étoit attendu par sir Robert Calder avec quinze vaisseaux de ligne, deux frégates, un cutter et un lougre. L'amiral Villeneuve, depuis sa jonction avec l'amiral Magon, avoit vingt bâtimens de haut bord, cinq frégates, quatre bâtimens armés en flûte. Ainsi les chances de la victoire étoient pour lui; mais une partie de son escadre étoit montée par des Espagnols, plus lents, plus circonspects dans leurs manœuvres que les Français. Le combat s'engagea avec une égale bravoure des deux côtés. Une brume épaisse régnoit sur la mer, les deux escadres se distinguoient avec peine; et la nuit épaississant encore les ténèbres, le combat cessa après quatre heures d'un engagement terrible. Deux vaisseaux espagnols, *le Saint-Raphaël* et *le Firme*, horriblement maltraités, s'égarèrent dans l'obscurité, et tombèrent au pouvoir de l'ennemi. De son côté, l'amiral anglais eut à regretter la destruction, presque totale du *Vindsor-Castle*, vaisseau de 74. Le lendemain, les deux escadres se tinrent sur la défensive; sir Robert Calder, parce qu'il étoit inférieur en force, que ses bâtimens avoient beaucoup souffert, et qu'il avoit fallu en diminuer le nombre pour garder ses prises; l'amiral Villeneuve, parce que ses instructions lui prescrivoient d'entrer au Ferrol ou à la Corogne. Sir Calder ne l'ayant point attaqué, il accomplit sa mission sans aucun autre échec. L'amiral anglais s'étoit hâté de faire passer en Angleterre la nouvelle de ce qu'il appeloit *sa victoire*, avec promesse de détruire le lendemain la flotte ennemie. La joie fut extrême à Londres; le canon annonça le triomphe des armes anglaises, et la *lâcheté* des Français, qui, avec la supériorité du nombre et l'avantage du vent, n'avoient osé tenir devant dix-sept vaisseaux anglais.

Peu de temps auparavant, la consternation avoit été générale dans le commerce; on ne doutoit pas que toutes les colonies des îles du Vent ne tombassent au pouvoir des Français; mais quand on apprit que l'amiral Villeneuve étoit rentré sans avoir fait de mal à son ennemi, on ne trouva pas d'expressions pour insulter à la lâcheté de nos marins; car dans l'ignorance où l'on étoit des instructions que Buonaparte avoit données à ses amiraux, on ne trouvoit pas d'autre motif pour expliquer leur conduite.

Mais tandis qu'à Londres on proclamoit la grande victoire de sir Robert Calder, Buonaparte faisoit publier à Paris la grande victoire de l'amiral Villeneuve : c'étoit lui qui avoit attaqué, et sans une brume épaisse l'ennemi étoit perdu; c'étoit cette brume qui avoit fait tomber dans son escadre deux vaisseaux espagnols démâtés ; mais sir Calder n'en avoit pas moins fui à toutes voiles, et abandonné le champ de bataille. Cependant, les journaux anglais ayant continué de célébrer cette victoire, Napoléon en témoigna la plus vive impatience; il disputa dans ses feuilles officielles sur la force respective des vaisseaux. « Les Anglais, disoit-il, prétendent que tel bâtiment étoit de 80 canons, il n'étoit que de 74. » Enfin, il tranchoit la difficulté en révélant une partie des instructions qu'il avoit données à Villeneuve. « Il s'agissoit pour lui, disoit-il, d'entrer au Ferrol; il s'agissoit pour l'amiral Calder de l'en empêcher : lequel a rempli sa mission ? »

Il étoit constant qu'à l'exception des deux vaisseaux espagnols perdus, l'amiral français avoit rempli sa mission avec un extrême bonheur; il revenoit d'ailleurs chargé des dépouilles de l'ennemi, estimées 20 millions.

La réflexion amena bientôt à Londres de nouvelles idées sur cet évènement. On se demandoit pourquoi sir Robert n'avoit pas renouvelé le combat; son courrier en avoit apporté la promesse; si, comme il le disoit, l'ennemi avoit fait preuve de tant de timidité, si la bravoure anglaise lui avoit inspiré tant de terreur, ne devoit-il pas mieux profiter de ses avantages? Ces réflexions s'étant fortifiées, sir Robert Calder fut cité devant la Cour de l'amirauté; sa défense prouva qu'il avoit cru devoir sacrifier à la prudence plutôt qu'à l'audace; et l'amirauté se contenta d'une sévère réprimande, rigueur trop grande encore pour un guerrier qui avoit servi son pays avec honneur pendant quarante ans, et auquel on n'avoit jamais pu reprocher de lâcheté.

Tandis que ces évènemens avoient lieu au midi, la flotille de Boulogne, où le contre-amiral Lacrosse avoit remplacé Bruix, essayoit ses forces contre les croisières anglaises, et se montroit incapable d'exécuter avec autant d'habileté que de courage les grands desseins de Napoléon. L'amiral Werrhuel s'étoit montré tout récemment avec le plus grand éclat; l'ennemi lui-même n'avoit pu lui refuser son estime. Les capitaines Hamelin et Moras s'étoient aussi distingués dans divers engagemens avec les frégates anglaises qui prétendoient s'opposer à leurs mouvemens, et tout promettoit de la part de la flotille les plus intrépides résolutions, le jour où le signal du départ seroit donné. Mais la fortune devoit en disposer autrement.

CHAPITRE X.

Mécontentement des puissances continentales en apprenant la réunion de Gênes. Préparatifs de guerre. Signes évidens d'une prochaine rupture avec l'Autriche, et d'une nouvelle coalition entre les cours de Saint-Pétersbourg, de Vienne, de Londres et de Stockholm contre la France. Négociations infructueuses pour éviter une rupture. Invasion des Autrichiens en Bavière.

La réunion de Gênes à la France étoit de la plus haute importance; car si jamais le royaume de Lombardie venoit à reconquérir son indépendance, Gênes ouvroit aux Français un passage assuré en Italie, et les mettoit à portée de conserver les ports dont ils s'étoient mis en possession sur la Méditerranée. Tant d'avantages ne pouvoient manquer d'alarmer le continent, et surtout l'Autriche. L'Angleterre y vit l'occasion de rallumer la guerre. Il étoit d'ailleurs facile de prévoir que Buonaparte ne borneroit pas son ambition à ce qu'il possédoit en Italie ; ses vues s'étendoient sur Naples et la Toscane. Il passoit pour certain qu'il avoit essayé de disposer de la main de la reine d'Etrurie pour Eugène Beauharnais ; mais cette princesse, fière et dévote, avoit rejeté avec hauteur une pareille alliance. La cour de Naples avoit également opposé une oreille superbe à la demande d'une princesse de son sang pour un prince de la famille de Buonaparte : ces princes ne lui paroissoient pas encore d'une assez bonne maison. On s'étoit permis de rire d'une généalogie publiée dans le même temps pour relever la noblesse du sang des Buonaparte, et l'antiquité de son origine. Napoléon en ressentit un vif dépit. Il nia dans un écrit public ses vues sur l'Etrurie et Naples, et désavoua la généalogie, qu'il déclara être l'ouvrage d'un sot, en disant que *l'origine de la maison de Buonaparte étoit connue, qu'elle datoit du 18 brumaire.* Mais irrité de l'orgueil des vieilles dynasties, il jura que, dans dix ans, la sienne seroit la plus ancienne de l'Europe : et peu s'en fallut qu'il ne tînt parole.

La guerre continentale s'annonçoit par des signes qui ne pouvoient tromper personne. L'Autriche recrutoit sur toute l'étendue de ses Etats, ses frontières d'Italie se couvroient de soldats, ses relations avec l'Angleterre n'étoient ignorées de personne, et l'on savoit que, dès le mois de janvier de l'année précédente, le comte de Stadion avoit adressé à la cour de Londres un Mémoire sur les moyens de réprimer l'ambition de la France : et la police de Napoléon s'en étoit procuré un exemplaire. Mais l'empereur ne s'en obstinoit pas moins à soutenir que la paix ne seroit point troublée sur le continent. Il étoit sûr de la Prusse. Le prince Charles, président du conseil aulique, vouloit bien des mesures de prudence, mais repoussoit toute idée de guerre. La Bavière et les Etats voisins du Rhin étoient à lui ; et sans la coopération de l'Autriche, la Russie ne pouvoit rien ; elle paroissoit elle-même assez disposée au repos ; et quoiqu'elle eût, dès le mois d'avril précédent, signé avec le roi d'Angleterre un traité *de concert* (1),

---

(1) Ce traité, signé à Saint-Pétersbourg, portoit que Leurs Majestés l'empereur de Russie et le roi de la Grande-Bretagne se concerteroient pour arrêter les progrès de Napoléon ; qu'à cet effet il seroit formé une ligue entre les différens Etats de l'Europe pour en rétablir l'équilibre, en assurer le repos, et que l'on rassembleroit une force de cinq cents mille hommes, non compris celle que pourroit fournir l'Angleterre ; que l'objet de cette ligue seroit d'obtenir l'évacuation de

quand les ministres anglais la pressèrent plus vivement de se déclarer, elle répondit qu'elle vouloit avant tout épuiser les moyens de conciliation. La Suède et l'Autriche entrèrent dans les mêmes vues ; et l'on convint, avant de se permettre aucun acte d'hostilité, d'ouvrir des négociations à Paris. M. de Novosilzof fut chargé des pouvoirs de la Russie, et se rendit à Berlin, où il demanda des passeports pour la France. Il les avoit obtenus, et se disposoit à s'y rendre, lorsque l'empereur de Russie, instruit que Buonaparte venoit de réunir Gênes à la France, donna ordre à M. de Novosilzof de revenir à Saint-Pétersbourg. Avant de partir, le ministre russe adressa une note à M. Laforest, pour lui exposer les motifs de son départ. Cette note, communiquée à Buonaparte, le jeta dans un violent accès de colère. Incapable de la contenir dans l'intérieur de son palais, il l'exhala dans les colonnes officielles de son *Moniteur*.

« Que veut, disoit-il, cette Russie moitié

---

l'électorat d'Hanovre, l'indépendance de la Suisse, de la Hollande, de l'Italie, la sécurité de Naples, et le rétablissement du roi de Sardaigne en Piémont. Les puissances contractantes s'engageoient à ne faire la paix que d'un commun accord.

européenne, moitié asiatique, moitié civilisée, moitié barbare? Elle parle des invasions de la France : mais quel empire s'en permit jamais autant que la Russie? Si la France agrandit sa puissance de quelques contrées voisines, ce n'est pas du moins pour y porter la barbarie. Qui donc se plaint de la France? est-ce l'Autriche? Mais l'oseroit-elle? ne se souvient-elle pas de quel abîme elle a été tirée par le traité le plus magnanime que jamais un vainqueur ait scellé avec le vaincu? C'est en Autriche, c'est à Vienne que l'on doit parler de la modération de l'empereur des Français; sa puissance, son génie, sa grandeur d'âme sont gravés sur un trône que sa main généreuse a deux fois relevé.

« Valoit-il mieux, au lieu de porter la paix, d'établir la concorde chez des peuples que l'anarchie dévoroit, y porter la servitude et tous les genres de vexations que la Russie exerce sur les Etats qu'elle a rendus ses tributaires? Que ces procédés conviennent à un empire qui, jusque dans sa capitale, n'offre encore qu'une civilisation imparfaite, qu'ils conviennent à un jeune monarque chez qui le génie ne paroît pas avoir devancé l'expérience, Napoléon suit d'autres règles et connoît mieux le génie de son siècle. L'empereur de Russie a-t-il reçu des peuples de Parme, de Gênes, de Milan, de Lucques quelque mission et des pouvoirs pour se mêler de leurs affaires ? Non, pas plus que les peuples de la Crimée, de la Moldavie, de l'Arménie n'en ont adressé à l'empereur Napoléon.... Les limites de la France sont en réalité l'Adige et le Rhin : a-t-elle passé l'Adige ? a-t-elle passé le Rhin ? »

Il essayoit ensuite de démontrer que la réunion de Gênes à l'empire français étoit un acte d'humanité plutôt qu'un témoignage d'ambition ; que cette république, assise sur un lit de rochers, sur un sol frappé de stérilité, privée de tout commerce par l'effet de l'avarice et de l'ambition anglaise, sans population, sans influence dans la balance politique, n'avoit d'autre ressource que de se jeter dans les bras de la France, qui seule pouvoit lutter avec la Grande-Bretagne ; que la Russie, mieux instruite de ses propres intérêts, concevroit bientôt que la plus redoutable des usurpations étoit la domination exclusive des mers. « Qu'est-ce donc, disoit-il, que la possession de Gênes et de Piombino en comparaison de l'Océan et de la Méditerranée ? »

Mais ce qui l'avoit choqué surtout dans la mission de M. de Novosilzof, c'est que ce ministre avoit déclaré qu'il ne venoit traiter ni avec l'empereur des Français ni avec le roi d'Italie, mais avec le chef du gouvernement de France. « Ce ton, disoit Buonaparte, convient-il au czar? auroit-il oublié que, moins d'un siècle auparavant, un de mes augustes prédécesseurs lui refusoit le titre de *majesté,* et ne lui accordoit que celui d'*altesse?* »

On ne pouvoit nier que la domination de la Grande-Bretagne sur toutes les mers ne fût plus redoutable pour les puissances du continent que les usurpations de Buonaparte en Italie, puisque cette domination les exposoit à subir bientôt les lois que l'orgueil britannique voudroit leur imposer. Mais Buonaparte menaçoit tellement la liberté de ses voisins, qu'on oublioit un danger plus grand pour un danger plus prochain.

Le 9 du mois d'août, le plénipotentiaire autrichien signa à Saint-Pétersbourg, au nom de son maître, la nouvelle ligue contre la France.

Cependant, pour ne point rompre entièrement avec elle, M. de Cobentzel, ambassadeur de Vienne à Paris, remit une note à M. de Talleyrand, dans laquelle il déclaroit que Leurs Majestés l'empereur d'Autriche et de Russie étoient animés des intentions les plus pacifiques, et disposés à tout pour éviter les désastres d'une nouvelle guerre ; mais que la réunion de Gênes et de Lucques avoit forcé M. de Novosilzof à retourner à Saint-Pétersbourg.

Le ministre français répondit qu'il étoit difficile de croire à la bonne foi de l'Autriche ; que si elle eût été sincèrement animée du désir de la paix, elle pouvoit facilement la conserver, puisque la Russie ne pouvoit rien sans le secours de la Prusse ou de l'Autriche ; que la Prusse s'étoit franchement déclarée ; que si l'Autriche vouloit en faire autant, remettre son armée sur le pied de paix, dès ce moment les deux couronnes de France et d'Italie seroient séparées pour jamais, et que l'Europe devroit sa tranquillité à la modération et à la sagesse de Sa Majesté autrichienne ; qu'un autre parti pouvoit jeter le continent, et l'Autriche surtout, dans un état de confusion incalculable.

Une nouvelle note, en renouvelant cette déclaration, demanda que les vingt-un régimens envoyés dans le Tyrol allemand et italien en fussent sur le champ retirés, et que ces provinces rentrassent sur le même pied militaire où elles étoient six mois auparavant ; que l'on cessât de fortifier les camps de l'État vénitien; que les troupes de Styrie, de Carinthie, du Frioul rentrassent dans l'état où elles étoient six mois avant; qu'enfin, l'Autriche déclarât formellement à l'Angleterre qu'elle étoit décidée à garder la plus stricte neutralité.

Ce langage impérieux étoit peu propre à rapprocher les deux cabinets: cependant l'Autriche parut vouloir encore conserver la paix; et dans une nouvelle note elle annonça que la Russie, pour entrer dans les vues pacifiques de Sa Majesté autrichienne, étoit prête à renouer les négociations; mais que, pour leur donner plus de poids, elle étoit dans la résolution d'envoyer deux armées de cinquante mille hommes chacune sur le Danube; qu'elle prenoit néanmoins l'engagement solennel de les retirer dès qu'on pourroit compter sur le repos de l'Europe et la sécurité des États.

Le cabinet autrichien ajoutoit que la paix entre lui et la France étoit fondée sur le traité de Lunéville; que, par cet acte solennel, Napoléon s'étoit engagé à rendre une entière indépendance à l'Italie, la Suisse, la Hollande; que l'état où se trouvoient aujourd'hui ces puissances étoit une violation manifeste du traité, et que si le cabinet autrichien avoit pris des mesures en Italie, ce n'avoit été que par représailles et à la suite seulement du développement extraordinaire des forces françaises à Marengo et sur les frontières du Tyrol ; que l'Autriche ne s'étoit point armée pour faire une diversion en faveur de l'Angleterre, et que l'Angleterre elle-même seroit prête à la paix dès que les conditions en seroient compatibles avec l'honneur et la sécurité des empires.

Mais quelque assurance que donnât l'empereur d'Autriche de ne vouloir point empêcher la descente en Angleterre par une diversion en faveur de cette puissance, il est certain que les cabinets du continent se représentoient sous les plus sinistres couleurs l'invasion et la chute de l'empire britannique. Dans quel chaos l'Europe ne tomberoit-elle pas si l'Angleterre venoit à être détruite ? qui pourroit désormais arrêter l'insatiable ambition de l'empereur des Français ? la prudence n'exigeoit-elle pas qu'on lui conservât un rival capable de le tenir sans cesse en haleine ? En se faisant couronner à Milan, il n'avoit pas oublié de faire placer auprès de lui les honneurs de l'empereur Charlemagne, et l'on ne pouvoit douter qu'il n'eût le projet de relever comme lui l'empire d'Occident.

Au milieu de ces négociations, l'Autriche

ne négligeoit rien pour se mettre en état de commencer les hostilités. Dès les premiers jours du mois d'août, on avoit fait partir de Vienne cent cinquante pièces de canon pour l'Italie ; toutes les fabriques d'armes étoient dans la plus grande activité : déjà elles avoient fourni cinquante mille fusils d'un nouveau modèle. Les archiducs Charles et Ferdinand achetoient leurs équipages de guerre, et le ministre autrichien en Bavière n'avoit pas dissimulé à la cour électorale qu'en attendant l'issue des négociations, l'Autriche se proposoit de prendre en dépôt la Bavière.

Buonaparte, aussi bien servi par son or et ses espions que par le fer de ses soldats, connoissoit déjà les plans de l'Autriche. Des mains affidées avoient intercepté la correspondance de la cour de Naples avec Vienne, et presque toutes les lettres de la reine Caroline à l'empereur d'Autriche lui étoient fidèlement remises. Enfin, Plutus avoit établi ses autels jusque dans le sein des conseils du monarque et sous les tentes des officiers généraux.

Ainsi, avant d'ouvrir la campagne, l'empereur des Français pouvoit déjà se promettre la victoire ; et pour me servir de l'expression d'un de ses ministres, *l'état-major autrichien avoit été complètement enfoncé.* Ce ministre et celui des relations extérieures valoient pour lui des armées.

Proposer de nouvelles négociations pour gagner du temps, étoit de la part de l'Autriche et de la Russie un artifice grossier. Quelle ruse pouvoit surprendre un homme tel que Buonaparte! Avant d'entrer en campagne, il fit présenter une note énergique à la diète de Ratisbonne, par M. Bacher. Ce ministre plénipotentiaire avoit commencé sa carrière diplomatique en qualité de secrétaire d'ambassade en Suisse. Lorsqu'en 1795 la Convention se décida à rompre les fers de Mme la dauphine, fille de Louis XVI, pour l'échanger contre les commissaires que Dumouriez avoit livrés aux Autrichiens, M. Bacher fut chargé de cette honorable mission, et la remplit avec beaucoup d'égards pour l'auguste prisonnière. Il succéda à M. Barthélemy auprès de la république helvétique, devint un instant suspect au Directoire, se justifia, et fut envoyé à la diète de Ratisbonne pendant le congrès de Rastadt. Après avoir été employé successivement dans les cours de Toscane et de Naples, il reprit sous le règne de Buonaparte le poste qu'il occupoit à la diète.

Il se plaignit amèrement dans sa note de la conduite artificieuse et dissimulée de l'Autriche, essaya de répondre aux reproches d'usurpation et d'agrandissement que la cour de Vienne faisoit à Napoléon, en se plaignant lui-même des envahissemens de l'Autriche, de l'extension immodérée du droit d'épave (c'est-à-dire de celui que les hauts justiciers s'arrogeoient sur les propriétés abandonnées, ou dont les possesseurs légitimes étoient inconnus), de l'acquisition de Lindau et de plusieurs autres villes en Souabe, du refus d'acquitter la dette de Venise et les créances de plusieurs sujets de Napoléon à Milan et à Mantoue. Il opposoit à cette conduite celle de l'empereur des Français, qui avoit évacué la Suisse, donné à l'Italie, à la Hollande des Constitutions propres à assurer leur indépendance. S'il entretenoit des forces en Italie, s'il en occupoit les ports, c'étoit pour protéger le commerce du Levant, et se préparer des moyens d'indemnité dans le cas où la Russie continueroit d'occuper Corfou et les îles Ioniennes. S'il avoit fait d'immenses préparatifs sur les côtes de son empire, s'il avoit créé des flottes, c'étoit pour venger l'honneur des puissances continentales, et affranchir les mers de la tyrannie britannique. L'Autriche, au contraire, avoit lâchement reconnu le droit de blocus que s'arrogeoient les Anglais, et par ses préparatifs militaires avoit jeté l'alarme dans la Bavière, la Souabe et la Suisse. « A qui en veut-elle? disoit Napoléon; est-ce à la Suisse? est-ce à la France? est-ce à la Bavière? » Il déclaroit en même temps à l'Autriche qu'il regarderoit comme une rupture manifeste toute agression de la part de l'Autriche contre quelque partie que ce fût des Etats de l'empire germanique, et notamment contre la Bavière; il finissoit par engager la diète à joindre ses efforts aux siens pour assurer le repos du continent.

L'empereur d'Autriche répondit que toutes ses intentions avoient été constamment pacifiques; qu'il avoit offert sa médiation, et que la France l'avoit refusée; qu'en vain l'empereur Napoléon se paroit du désir de la paix, que l'état où il prétendoit tenir l'Europe étoit plus fâcheux que la guerre même; et que telle étoit la marche toujours croissante de ses envahissemens, qu'il étoit maintenant impossible de douter que son but ne fût, en restant seul armé, de s'emparer successivement de tous les Etats indépendans, en les attaquant l'un après l'autre; que c'étoit pour prévenir cette servitude générale que LL. MM. l'empereur d'Autriche et de Russie avoient pris les armes, et que les deux cours, pour donner de nouvelles preuves de la droiture de leurs intentions, étoient prêtes à entrer en négociation sur un pied conforme à la justice et à la modération, mais qu'elles ne pouvoient négliger les précautions nécessaires à leur sûreté; qu'il étoit notoire que plusieurs cercles des frontières de l'empire germanique avoient été engagés par la France à s'armer contre leur propre empereur et le corps politique dont ils étoient membres.

Ces communications et celles de M. de Talleyrand avec l'ambassadeur d'Autriche ne faisoient qu'aigrir les esprits; la guerre fut donc décidée. Mais avant de tracer l'histoire d'une campagne presque inouïe dans les fastes de l'histoire militaire, reposons-nous un instant sur des images moins terribles, et jetons un coup-d'œil sur l'intérieur de la France.

Au milieu des orages qui grondoient autour d'elle, elle offroit l'image de la plus profonde sécurité: les arts, l'industrie, les sciences, les lettres y étoient dans une activité toujours croissante; le luxe s'y rencontroit avec toute l'élégance et l'éclat dont il jouissoit avant la révolution. L'école française de peinture étoit la première de l'Europe; les David, les Gros, les Guérin, les Girodet, les Gérard comptoient peu de rivaux. Si Canova tenoit en Italie le sceptre de la sculpture, il avoit en

France d'heureux et brillans émules : les Rux-thiel, les Dupaty, les Bozio préludoient aux chefs-d'œuvre dont ils ont enrichi nos monumens publics et les riches collections des particuliers. La Melpomène française se reproduisoit sur la scène avec un éclat inconnu depuis la révolution. Si, l'année précédente, la tragédie de *Cyrus*, par Chénier, avoit été outrageusement sifflée, si celle de *Pierre-le-Grand*, par M. Carion de Nisas avoit subi le même sort, on se plaisoit, en 1805, à prodiguer les applaudissemens aux *Templiers*, de M. Raynouard, à *la Mort d'Henri IV*, de M. Legouvé.

Buonaparte ne restoit point étranger à cette brillante activité des esprits; il aimoit la tragédie, se plaisoit, quand il le pouvoit, à la lecture des chefs-d'œuvre de nos grands poëtes; et l'on ne permettoit guère la représentation de quelque ouvrage important sans qu'il eût été consulté préalablement. Il avoit lu la tragédie des *Templiers*, et l'avoit permise : c'étoit en quelque sorte le procès d'un roi et d'un pape; mais par cela même elle convenoit à l'empereur, parce qu'elle étoit propre à exciter parmi les gens de lettres et les salons de la capitale d'heureuses diversions. Celle d'*Henri IV* ne devoit pas être d'un moindre intérêt. Produire sur la scène le premier et le plus chéri des Bourbons n'étoit peut-être pas d'une politique éclairée (1). Aussi Buonaparte voulut-il connoître la pièce avant la représentation : renfermé dans son cabinet sans autres témoins que Talma et Legouvé, il l'écouta avec une grande attention. Legouvé, naturellement timide, avoit évité dans son ouvrage tout ce qui pouvoit se rattacher à la politique et rappeler des temps malheureux. Il n'avoit voulu voir dans ce grand et funeste évènement qu'une conspiration domestique.

La pièce lue, Buonaparte lui dit : « Il me semble, messieurs les poëtes, que vous négligez trop un moyen de tragédie qui n'eût peut-être pas échappé aux anciens : chez eux, un homme, un héros, un roi tomboit sous les coups de la fatalité ; c'étoit une victime immolée au destin. Ce ressort n'est plus de nos mœurs ; mais ne pourriez-vous pas en trouver un dans les nécessités de la politique ? Par exemple, un personnage vertueux, digne de tous les égards de la société, de toute la protection des lois, se trouve par son nom, son rang, son caractère, sa situation, exposé

---

(1) Napoléon n'aimoit pas sa popularité, et ne l'appeloit guère que *le roi de la canaille*.

aux coups de la politique, et la politique, dont les exigences sont aussi inexorables que le destin lui-même, veut qu'on l'immole; ne trouveriez-vous pas dans cette nouvelle espèce de fatalité une compensation de la fatalité ancienne? c'est ainsi, ajouta-t-il, que le duc d'Enghien a péri. »

L'auteur, surpris d'une pareille observation, sentant tout ce qu'il pouvoit y répondre, se contenta de dire que « la politique étoit un ressort qui ne pouvoit être manié que par un homme de génie, et que Napoléon seul pourroit faire une tragédie telle qu'il la concevoit. » Celle de Legouvé donna lieu à autant de discussions que la tragédie des *Templiers*; et tandis qu'on se passionnoit pour ou contre Marie de Médicis et le duc d'Epernon, Buonaparte, charmé de ces distractions, poursuivoit ses grandes opérations de terre et de mer, sans négliger les moindres soins de l'intérieur.

Le blocus de nos ports rendoit le sucre rare et cher; il encouragea vivement la fabrication des sirops et du sucre de betterave. On essaya de substituer au quinquina, à l'indigo, mais avec moins de succès, quelques productions indigènes. Des pharmaciens parvinrent, en concentrant le café, à obtenir d'une moindre quantité de substance une plus grande quantité de liquide. Des chimistes complaisans publièrent des manifestes contre le café au lait. On agrandit les rues trop étroites, on abattit les vieilles constructions qui déshonoroient les quais ou les monumens publics. On livra aux voyageurs, vers le milieu du mois d'août, la magnifique route du Mont-Cenis. Les faubourgs de Paris s'animèrent d'une nouvelle industrie.

Il falloit aux nouvelles altesses impériales des palais et des châteaux; plusieurs restoient inhabités. Madame mère, que le petit peuple appeloit dans son langage grossier *la mère La Joie,* à cause de son prénom de *Lætitia,* acheta celui de Pont-sur-Seine, ancienne résidence du prince Xavier de Saxe, et s'y fit remarquer plus par son étroite parcimonie que par une magnificence impériale.

Jérôme venoit enfin de sacrifier sa femme aux ordres de son frère et à sa propre ambition. Buonaparte lui avoit donné, dans le port de Gênes, le commandement d'une escadrille. Pour marquer sa rentrée dans sa famille par quelque acte honorable, il le chargea de se présenter devant Alger avec trois frégates, et de réclamer les captifs génois, qui, depuis la réunion de Gênes à la France, étoient devenus Français. Jérôme remplit sa mission avec succès, et ramena cent trente-un captifs, qui furent reçus dans leur patrie aux acclamations de tous leurs concitoyens. Jérôme, réconcilié avec son frère, n'en étoit pas beaucoup plus docile; il tranchoit du souverain, se donnoit des grades à lui-même, en donnoit aux autres. Buonaparte, obligé de le réprimander, le tint quelque temps dans sa dépendance, en ajournant pour lui le titre de *prince*.

A l'époque où les Français, maîtres de Rome, s'étoient enrichis d'une partie de ses dépouilles, une magnifique croix de diamant étoit tombée entre leurs mains. Buonaparte trouva moyen de la restituer d'une manière délicate. Il fit fabriquer à Paris, par Auguste et Nitot, les deux artistes les plus habiles dans ce genre de travail, une tiare d'une admirable richesse, surmontée de la croix ravie jadis au trésor du Vatican, et la fit présenter au pape par le cardinal Fesch; il y ajouta de magnifiques tapisseries dont les sujets étoient tirés de l'Evangile.

La religon reprenoit chaque jour son empire, une douce et salutaire tolérance s'établissoit entre les ministres des divers cultes. L'évêque de Nyon en donna un exemple remarquable. Les magistrats, les principales autorités et le clergé de la ville s'étant réunis dans un banquet pour se féliciter de sa nomination, il ne dédaigna pas d'y assister, et s'y trouva sans répugnance avec quelques ministres protestans qui avoient sollicité l'honneur d'y être admis.

Les livres religieux se multiplioient; et si l'on en excepte une mauvaise compilation publiée par le romancier Pigault-Lebrun, sous le titre de *Citateur,* on ne voyoit reparoître aucune de ces productions du siècle précédent, qui avoient porté tant de désordre dans les esprits et de corruption dans les cœurs.

Mais les mœurs ne se refaisoient que lentement; les femmes se faisoient surtout remarquer par l'immodestie de leur costume, qui approchoit d'une nudité totale. Le préfet de police les atteignit adroitement, en prescrivant aux filles publiques une mise plus décente que celle que la mode avoit introduite dans la société. Cet oubli étoit porté si loin, qu'il passoit pour certain que beaucoup de femmes, voulant se faire peindre en Vénus, n'hésitoient point à se produire aux yeux de l'artiste sans autre voile que leurs charmes. C'étoit ainsi, disoit-on, que la princesse Pauline s'étoit montrée à Canova : mais Pauline se mettoit au-dessus de toutes les règles de la bienséance, et l'intérieur de sa maison étoit un foyer de corruption et de scandale. Cette dégénération des mœurs influoit jusque sur les opinions; on devenoit vicieux en voyant le vice heureux et récompensé. L'opposition contre Napoléon s'affoiblissoit tous les jours; elle ne se faisoit plus remarquer que dans le faubourg Saint-Germain.

CHAPITRE XI.

Campagne mémorable contre les Russes et les Autrichiens. Suite inouïe de victoires. Honteuse capitulation du général Mack, à Ulm. Désastres sur mer; ruine de la marine française à Trafalgar.

Rien n'étoit, en apparence, propre à causer un plus profond dépit à Buonaparte que de se voir tout à coup victime des intrigues de l'or et de la politique de l'Angleterre. Cette puissance venoit de se racheter du plus grand péril qu'elle eût couru depuis plusieurs siècles, et Napoléon, après tant de préparatifs, tant de promesses et tant de sacrifices, se voyoit dans la nécessité de détourner ses regards de ces rivages où il avoit rasssemblé toutes ses espérances et toutes ses forces. Mais en le soumettant à cette dure épreuve, la fortune le servit mieux qu'il ne croyoit.

Habile à dissimuler, il sut concentrer son chagrin; et prenant son parti en homme supérieur aux évènemens, sans dégarnir entièrement ses camps, dès le milieu du mois d'août, il dirigea une partie de son armée vers les frontières ennemies. Jamais marche ne fut plus rapide : près de deux cents mille hommes se trouvèrent, en moins d'un mois, transférés, comme par enchantement, des bords de la mer aux rives du Rhin. Cette armée étoit magnifique, et s'avançoit sous les ordres des plus braves et des plus habiles généraux de l'Europe; elle formoit sept corps différens et une grande réserve de cavalerie. L'infanterie comptoit à sa tête les maréchaux Bernadote, Davoust, Soult, Lannes, Ney, Augereau et le général Marmont. Murat commandoit la cavalerie, ayant sous lui Nansouty, d'Hautpoul, Klein, Walther et Beaumont. Masséna partit pour l'Italie, où il alla prendre le commandement de soixante mille hommes. Pour augmenter ces forces, Buonaparte signe, le 21 septembre, à Paris, un traité avec le roi de Naples, où il s'engage à retirer toutes ses troupes du royaume, sous la condition expresse que le roi gardera la plus exacte neutralité, ne confiera le commandement de ses troupes et de ses places ni à des officiers russes, ni à des officiers autrichiens ou émigrés. Ce traité lui remettoit vingt-cinq mille hommes, qui allèrent, sous les ordres du général Gouvion-Saint-Cyr, rejoindre la grande armée d'Italie. Deux jours après, il se rend au Sénat. Déjà les Autrichiens s'étoient répandus dans ses États de Bavière, avoient forcé l'électeur d'abandonner sa capitale et de se retirer à Wurtzbourg; son armée s'étoit repliée sur la Franconie. Antérieurement, M. de Bieler, plénipotentiaire russe à Ratisbonne, avoit parcouru tous les cercles d'Allemagne, en notifiant que les empereurs d'Autriche et de Russie regarderoient comme ennemis tous ceux qui refuseroient de joindre leurs armes à celles de Leurs Majestés; mais il ne put détacher de la cause des Français ni l'électeur de Bavière, ni celui de Wurtemberg, ni le margrave de Bade, auxquels Buonaparte avoit fait les plus hautes promesses. C'est un fait avoué, même par les écrivains d'Angleterre, que les Autrichiens commirent les plus odieuses exactions dans toute la Bavière, en forçant les habitans de recevoir, pour sa valeur nominale, leur papier-monnoie, tombé chez eux dans le plus grand discrédit, en obligeant les négocians à livrer leurs marchandises à ce nouveau *maximum* révolutionnaire.

Buonaparte exposa vivement ces griefs au Sénat. « Dans les circonstances où se trouve l'Europe, dit-il, j'ai jugé à propos de me rendre auprès de vous. Je quitte ma capitale pour aller me mettre à la tête de mes armées, et porter de prompts secours à mes alliés. Les vœux de l'implacable ennemi du continent sont accomplis. Le feu de la guerre est allumé au sein de l'Allemagne; la Russie et l'Autriche se sont coalisées avec l'Angleterre, et la génération présente va se trouver exposée à toutes les calamités de la guerre. J'avois encore, il y a quelques jours, l'espoir de conserver la paix; je me mettois au-dessus des menaces et des outrages. Mais les Autrichiens ont passé l'Inn, Munich est envahie, l'électeur de Bavière chassé de sa capitale. Toutes mes espérances sont évanouies. On s'est alarmé de mon profond amour pour la paix; on a craint que l'Autriche, à la vue de l'abîme qui se creusoit sous ses pas, ne revînt à des sentimens de justice et de modération; on l'y a précipitée. Je frémis à l'idée que le sang va couler de nouveau en Europe. Mais le nom français en sortira plus brillant et plus glorieux. Quand la nation a posé sur ma tête cette couronne impériale, j'ai juré de la conserver sans tache. Mon peuple m'a donné dans toute occasion des preuves de son affection et de sa confiance; il volera sous les étendards de son empereur et de ses soldats, qui, dans quelques jours, auront franchi les frontières. Magistrats, soldats, citoyens, tous s'empresseront d'arracher leur patrie à l'influence anglaise. Si elle prévaloit, elle ne nous donneroit qu'une paix marquée par la honte et l'ignominie, et dont les premières conditions seroient de brûler nos flottes, fermer nos ports, étouffer notre industrie. Ce que j'avois promis au peuple français je l'ai rempli ; c'est à lui maintenant d'accomplir ses devoirs envers moi, et de mériter ce nom de *grand peuple* dont je l'ai salué au milieu des champs de bataille. Français, votre empereur a fait son devoir, l'armée fera le sien ; c'est à vous de faire le vôtre. » Ce discours fut accueilli par les plus vives acclamations.

M. François de Neufchâteau prit la parole ; et après avoir comblé d'éloges la modération et la bonne foi de Napoléon-le-Grand, il s'éleva avec indignation contre la perfidie de ce gouvernement autrichien, qui, se parant d'un faux amour de la paix, tandis qu'il méditoit la guerre ; qui, trahissant les intérêts du corps germanique, dont il étoit le chef, venoit de s'emparer de la Bavière ; qui recevoit les Russes sur son territoire en prodiguant à la France les témoignages de la plus cordiale amitié.

« Mais, ajouta-t-il, elle n'a pu en imposer à la candeur d'une grande âme. A votre voix, sire, se renouvellera le prodige dont se vantoit un célèbre Romain à qui il suffisoit de frapper la terre du pied pour en faire sortir des soldats. »

Après cette profusion d'éloges, le Sénat décréta une levée de quatre vingt mille hommes, et la réorganisation générale de la garde nationale. Napoléon établit trois corps d'armée de réserve à Boulogne, à Mayence, à Strasbourg, et trois camps volants de grenadiers, à Rennes, dans la Vendée, à Marengo. Il remit ensuite l'autorité entre les mains de son frère Joseph, et partit dès le lendemain pour Strasbourg. Il emmenoit avec lui l'impératrice, une cour assez nombreuse, et le général Savary, chargé de la police de l'armée, et muni de toutes les notes du ministre Fouché. Il étoit accompagné de l'homme le plus adroit, le plus souple, le plus fécond en ressources dont les annales de la police aient conservé le souvenir; c'étoit un allemand nommé *Schulmeister*, qui faisoit en France, depuis quelque temps, le commerce du tabac, souvent celui de contrebande; il étoit si habile à se déguiser, échappoit si souvent à toutes les recherches, qu'il donna à la police la plus haute idée de son adresse, et qu'elle n'hésita pas à lui proposer de quitter son commerce pour celui des consciences. Elle lui donna un intérêt dans la ferme des jeux, et le chargea de missions dont il s'acquitta avec tant d'habileté, que le général Savary se l'attacha comme une espèce d'aide-de-camp, et lui confia la conduite du mulet de Philippe, chargé de 50 millions, que Napoléon venoit d'enlever à la Banque pour aider le succès de ses opérations militaires. Avec ces ressources, d'excellens généraux et d'excellens soldats, le vainqueur de Marengo entra en campagne.

Les Autrichiens, qui avoient cru le surprendre, ne pouvoient s'expliquer comment ils le voyoient sur le Rhin avec des forces immenses, quand ils le croyoient encore à quatre-vingts lieues de leurs frontières. Mais Buonaparte étoit accoutumé à faire la guerre autant avec les jambes qu'avec les bras de ses soldats; il savoit aussi animer leur courage par des proclamations courtes, énergiques et fières, dont il possédoit éminemment le secret.

« Soldats! leur dit-il en se mettant à leur tête, l'Autriche a violé les traités, attaqué et chassé de sa capitale un prince notre allié..... Nous avons passé le Rhin; nous ne nous arrêterons plus que nous n'ayons vengé cet affront.... Nous aurons des marches forcées à faire, des fatigues et des privations de toute nature à endurer. Quelques obstacles qu'on nous oppose nous les vaincrons, et nous ne prendrons de repos que nous n'ayons planté nos aigles sur le territoire de nos ennemis. »

Masséna, de son côté, harangua l'armée d'Italie avec la même vigueur. Après s'être félicité de se retrouver au milieu de ses premiers compagnons d'armes, et de les voir animés des mêmes sentimens, « Soldats! leur dit-il, notre empereur ne vouloit pas la guerre; mais l'ennemi a violé les traités. Souvenez-vous que vous êtes sur cette même terre que Napoléon a illustrée par ses triomphes, et que vous ne sauriez y faire un pas sans y trouver quelque trace de son génie et de sa grandeur d'âme. »

Masséna se trouvoit en présence de ce prince Charles qui avoit aussi cueilli quelques lauriers sur cette même terre, quoiqu'avec moins de succès que Buonaparte; il en rappela le souvenir à son armée; et des deux côtés on se prépara à soutenir avec honneur la lutte qui venoit de s'engager.

De toutes les puissances du continent, la Prusse seule, le Danemarck et quelques souverains inférieurs de l'Allemagne se tenoient étrangers à cette guerre. Buonaparte avoit inutilement essayé d'engager le roi de Prusse dans sa querelle, en le tentant par l'espoir de faire entrer le Hanovre dans ses Etats. Tout ce que le général Duroc, son envoyé, avoit pu obtenir, c'est que Sa Majesté prussienne enverroit une armée sur les frontières de la Poméranie pour observer les Suédois et les contenir. Pressé par deux rivaux également redoutables, le cabinet prussien adopta une politique indécise et timide, qui ne tarda pas à mettre le royaume dans un danger imminent.

On avoit, dans le conseil des ministres anglais, ouvert contre Buonaparte un avis qui le fit trembler; c'étoit de déclarer que la guerre actuelle n'avoit pour objet que sa personne, que c'étoit contre lui seul que l'Europe s'étoit coalisée.

« Veut-on donc, s'écria-t-il dans ses feuilles officielles, armer encore contre moi des assassins ? Ma couronne, je la tiens du choix et de l'amour du peuple; je puis, sans craindre de la perdre, la déposer sur un coussin et dire aux Français : Si vous connoissez quelqu'un plus digne que moi de la porter, placez-la sur sa tête. »

Prêt à partir, il voulut que tous ses ministres écrivissent des circulaires à leurs subordonnés pour leur recommander la conscription. Le grand-juge enjoignit à tous les procureurs-généraux d'être sans pitié pour les conscrits réfractaires et pour ceux qui leur témoigneroient quelque pitié. On n'oublia point non plus les prières publiques, les exhortations des pasteurs et les mandemens des évêques ; tous alors étoient prêts à obéir, plusieurs même surpassoient en dévouement les fonctionnaires civils et militaires. « On s'étonne, disoit l'abbé de Broglie, évêque d'Acqui, on s'étonne de la patiente magnanimité de Napoléon, de ce nouvel Alexandre, qui impose à la terre le silence de l'admiration. Oui, nos très-chers frères, la vérité est dans notre bouche, toute idée d'adulation nous est étrangère. Disons à notre empereur : Nous vous servons avec joie, nous vous offrons nos bras, nos fortunes contre vos ennemis ; nous demandons pour vous, au Seigneur, un gouvernement stable, des armées courageuses et la paix. »

C'étoit cet abbé de Broglie, aumônier de Buonaparte, qui, avant d'être sacré, avoit présenté aux évêques d'Italie le livre des Evangiles, et leur avoit fait jurer, à genoux, au pied du trône de Napoléon, le serment de fidélité, qu'il avoit ensuite répété lui-même à genoux.

Le ministère de Napoléon étoit alors composé ainsi qu'il suit : Fouché à la police, Talleyrand aux affaires étrangères, Champagny à l'intérieur, Gaudin aux finances, Regnier à la justice, Decrès à la marine, Portalis aux affaires ecclésiastiques, Berthier à la guerre.

Quittons maintenant l'intérieur de la France, et suivons les enseignes de Buonaparte dans l'intérieur de l'Allemagne. L'armée autrichienne étoit commandée par l'archiduc Ferdinand, ayant pour conseil ce même colonel Mack, qui, en Italie, s'étoit rendu la fable de l'armée française, mais que l'Autriche s'obstinoit à regarder comme un grand homme de guerre. Cette armée étoit de quatre-vingts à quatre-vingt dix mille hommes. Mack avoit fait garder les défilés de la forêt Noire, persuadé que les Français tenteroient de s'en emparer. Il s'étoit fortifié sur l'Iller, à Memmingen et à Ulm. Mais toutes ses précautions furent inutiles ; les Français trompèrent sa vigilance, en prenant des routes sur lesquelles on ne les attendoit pas, et toutes ses positions étoient tournées quand il se reposoit encore dans la plus profonde sécurité.

Buonaparte, en laissant à Strasbourg l'impératrice et sa cour, leur avoit dit « qu'il leur montreroit bientôt que toutes les campagnes de Moreau n'étoient que des jeux d'enfans. » Il tint parole. Tous les espions de l'armée autrichienne étoient à lui; elle ne faisoit pas un mouvement qu'il n'en fût instruit, et régloit les siens sur ces renseignemens.

Une division du corps commandé par le maréchal Soult, après une marche forcée, arriva, le 5 octobre, sur les bords du Danube, attaqua le pont de Donawert, défendu par le régiment de Colleredo, et l'enfonça. Le même jour, le maréchal Murat, avec sa cavalerie, passa le pont, s'avança vers le Lech avec le corps du général Walther, et força l'ennemi à la retraite.

Le lendemain, le maréchal Soult, avec les divisions des généraux Vandamme et Legrand, se porta sur Augsbourg, tandis que le général Saint-Hilaire, marchant sur la rive gauche du Rhin, se dirigeoit vers le même point.

Murat, à la tête des divisions de cavalerie sous les ordres de Nansouty, Beaumont et Klein, s'avança jusqu'à Vertinghen, dans l'intention de couper les communications entre Ulm et Augsbourg. Il étoit soutenu par le maréchal Lannes, avec la division d'infanterie du général Oudinot. Ce fut là que commença la première déroute de l'ennemi. Vertinghen étoit défendu par un corps considérable d'infanterie autrichienne, que soutenoient quatre escadrons des cuirassiers d'Albert. Les deux maréchaux engagent le combat avec leur résolution ordinaire, enfoncent l'ennemi, et malgré la plus vive résistance en mettent une partie dans une déroute complète, et font l'autre prisonnière. La victoire fut entière. Les Autrichiens perdirent tous leurs bagages, toute leur artillerie, huit drapeaux, deux lieutenans-colonels, six majors, soixante officiers d'un rang inférieur et quatre mille soldats.

Deux jours après, le maréchal Soult, après avoir mis en fuite un corps d'ennemis qui s'étoient repliés sur le petit village d'Aichach, entra à Augsbourg avec les divisions Vandamme, Saint-Hilaire et Legrand. Davoust passa le Danube à Neubourg, Marmont prit position entre Aichach et Augsbourg. Bernadote, réuni aux Bavarois, commandés par les généraux Deroy et Verden, s'empara d'Ingolstadt, et la garde impériale, sous les ordres du maréchal Bessières, arriva à Augsbourg avec la division de cuirassiers du général Hautpoult. Murat, à la tête de la cavalerie, se plaça entre Ulm et Augsbourg.

Ainsi, toute l'armée se trouvoit réunie au

même point; elle s'étoit accrue de vingt-cinq mille Bavarois, de sept mille Wurtembergeois et de quatre mille Badois. Buonaparte en passa la revue, lui témoigna sa satisfaction de la victoire qu'elle venoit de remporter à Vertinghen, et distribua des décorations à ceux qui s'étoient signalés davantage.

Deux jours après, un nouveau succès illustra les armes françaises. L'ennemi avoit pris position à Guntzbourg, sa droite appuyée sur le village de Limpach, sa gauche sur Keisersbourg. Il y avoit rassemblé des forces imposantes, dans l'intention de prendre l'offensive, et tenoit tous les ponts sur une étendue de plusieurs lieues. Le prince Ferdinand commandoit en personne.

Le maréchal Ney, remontant le Danube avec les divisions des généraux Malher, Dupont, Loison, Baraguey-d'Hilliers et Gazan, attaqua vivement l'ennemi dans la position de Grümberg, le mit en déroute, et poursuivant ses avantages, arriva devant Guntzbourg. Cette petite ville du royaume de Bavière est située avantageusement au confluent de la rivière de Guntz et du Danube, à cinq lieues d'Ulm. Il falloit en forcer le pont, ou en enlever d'autres pour la tourner. Les Autrichiens, animés par la présence de leur prince, firent partout une vive et brave résistance; mais la division du général Malher étant parvenue à enlever le pont et la chaussée de Guntzbourg, la victoire fut assurée. L'archiduc se distingua par une défense pleine de courage et de résolution. Enfin, forcé d'abandonner sa position, il se retira sur Ulm, après avoir perdu trois mille hommes et presque toute son artillerie. Les Français eurent aussi à souffrir du canon ennemi, mais ils étoient maîtres d'une excellente position. L'armée entière marchoit et couvroit le Danube de ses bataillons victorieux. Bernadote étoit sur la route de Munich. Le quartier-général étoit à Augsbourg.

L'activité de Buonaparte s'accroissoit avec ses succès; il étoit partout, haranguant ses troupes, leur parlant de la situation critique de l'ennemi, leur annonçant de nouveaux combats et de nouvelles victoires. Par la rapidité de ses mouvemens, l'armée française se trouvoit entre Vienne et Mack. Vienne éprouvoit déjà des alarmes.

Les Russes étoient en pleine marche, et se hâtoient de joindre leur allié. Buonaparte donna ordre à Bernadote de s'avancer vers l'Inn, pour faire tête à l'armée combinée, tandis que lui-même, avec le reste des Français, marcheroit contre Mack.

Bernadote commandoit quarante mille hommes, tant Français que Bavarois : à son approche, le général autrichien Kiennmeyer se hâta d'évacuer Munich et de se replier sur la forteresse de Brannau, où la première colonne russe venoit d'arriver. Bernadote entra à Munich le 12 octobre, s'empara sur sa route des bagages de la garde autrichienne, fit huit cents prisonniers, et sans perdre de temps passa l'Inn, et se porta rapidement sur la route de Brannau, dispersa quelques détachemens autrichiens, leur enleva quelques centaines de soldats et du canon, et prit une position d'où il pouvoit observer les mouvemens des alliés et leur disputer le passage de l'Inn, s'ils essayoient de le franchir. Cette manœuvre laissoit Buonaparte maître d'attaquer Mack avec toutes ses forces. Dans ce dessein, le maréchal Soult se détacha de l'aile gauche, se porta sur Landsberg, y surprit un corps de cuirassiers, et après un court et vif engagement, les força de se replier sur Ulm. Cet avantage étoit d'une haute importance; il fermoit à Mack les communications avec le Tyrol, sa position devenoit de plus en plus difficile, et l'on s'étonnoit de le voir rester immobile à Ulm. Mais c'étoit un homme de peu d'esprit, fortement attaché à ses premières idées; et quand les circonstances changeoient, ses idées restoient toujours les mêmes. Il se trouvoit alors renfermé dans un cercle très-étroit; sa ligne d'opération étoit resserrée entre Memmingen, Ulm et les travaux qui environnoient ces places. Buonaparte, résolu de l'envelopper, fit avancer le maréchal Soult sur Memmingen, place de quelque importance sur laquelle s'appuyoit l'aile droite de l'ennemi, et qui renfermoit d'immenses magasins d'armes. Le ville se rendit dès le lendemain par capitulation. La garnison fut prisonnière de guerre; les officiers, renvoyés sur parole, eurent la permission d'emporter leurs effets avec eux, et les Français leur fournirent galamment des chariots.

Comment expliquer cette étrange capitulation? Quelques personnes voulurent alors en faire honneur à l'habileté de Schulmeister. On raconta qu'il s'étoit introduit sous le nom et l'uniforme d'un officier-général autrichien, qu'il avoit exhibé des ordres, et que, par ce stratagême et son éloquence persuasive, il avoit décidé le commandant à se rendre.

Il ne s'agissoit plus maintenant que d'enlever les ouvrages avancés qui couvroient la citadelle où Mack s'étoit enfermé. Ney attaqua avec son intrépidité accoutumée un corps ennemi retranché dans une forte position. La défense fut opiniâtre; deux fois les Français furent repoussés; mais Buonaparte étant survenu avec de nouvelles troupes, les Français parvinrent enfin à forcer les retranchemens qui dominoient la citadelle, et à s'y établir.

Le prince Ferdinand, qui avoit essayé de se retirer sur Biberach, se vit, par les mouvemens de l'armée française, forcé de se jeter dans Ulm. Il falloit se résigner ou à partager le sort de Mack ou à se faire jour à travers l'armée française : cette résolution hardie n'effraya pas le courage du prince. Il passe le Danube, et cherche à s'ouvrir un chemin vers la Bohême, par Nordlingen et Nuremberg. Murat et Lannes le poursuivent, atteignent près de la première de ces villes la division du lieutenant-général Wernek, et l'obligent à mettre bas les armes. Elle étoit composée de douze mille hommes qui se rendirent prisonniers de guerre. Les deux généraux continuent leur poursuite, atteignent une seconde fois l'ennemi, lui font de nouveau un grand nombre de prisonniers, s'emparent de son artillerie, et jugent à propos de s'arrêter. L'archiduc, suivi d'un petit corps de cavalerie, parvient ainsi à leur échapper.

Mack est maintenant seul, il est complètement enveloppé dans sa citadelle, les travaux dont les Français se sont emparés commandent la place : y restera-t-il enfermé, ou imitera-t-il l'audace du prince Ferdinand, et tentera-t-il, comme lui, de s'ouvrir de vive force un chemin à travers l'ennemi? Les forces des Français sont triples des siennes : quel espoir de succès peut-il avoir? S'il entreprend de défendre la place, il y sera évidemment forcé, car les fortifications élevées à la hâte ne sauroient soutenir un assaut.

L'archiduc l'avoit inutilement pressé de sortir de la place et de livrer bataille, il s'y étoit constamment refusé; et quand le prince entreprit de le lui commander, il lui montra des ordres supérieurs de l'empereur même, qui lui confioit le commandement en chef de l'armée.

Buonaparte, pressé de vaincre, fit en apparence toutes les dispositions pour livrer l'assaut, et prévint ses soldats par une proclamation pleine d'énergie.

« Soldats! il y a un mois que nous étions campés sur l'Océan, en face de l'Angleterre, mais une ligue impie nous a obligés de voler sur le Rhin. Il n'y a pas quinze jours que nous l'avons passé. Les Alpes wirtembergeoises, le Necker, le Danube, le Lech, barrières si célèbres de l'Allemagne, n'ont pas retardé notre marche d'un jour, d'une heure, d'un instant. L'indignation contre un prince que nous avons deux fois remis sur son trône quand il ne tenoit qu'à nous de l'en précipiter, nous a donné des ailes.

« Soldats! sans cette armée que vous avez devant vous, nous serions aujourd'hui à Londres; nous eussions vengé six siècles d'outrages, et rendu la liberté aux mers. Souvenez-vous demain que vous vous battez contre les alliés de l'Angleterre, que vous avez à vous venger d'un prince parjure. Il nous croyoit occupés ailleurs : qu'il apprenne, pour la troisième et dernière fois, que nous savons être partout où la patrie a des ennemis à combattre.

« Demain vous remporterez une victoire mille fois plus éclatante que celle de Marengo. Les Autrichiens sont aujourd'hui dans la même situation où se trouvoit Mélas. Mais s'emparer de cette place, faire l'ennemi prisonnier ne seroit pas un triomphe digne de vous ni de votre empereur ; il faut qu'aucun de nos ennemis ne nous échappe, et qu'un gouvernement qui a violé tous les traités n'apprenne votre triomphe que quand vous serez sous les murs de Vienne. »

Le jour même, il somme le général Mack de se rendre, et le menace, en cas de refus, de livrer l'assaut et de passer la garnison au fil de l'épée.

Mack avoit, quelques jours auparavant, essayé une sortie contre les Français, et fait attaquer la division du général Dupont par des forces presque doubles; mais cet essai lui avoit mal réussi. Dupont s'étoit non seulement défendu avec courage, mais il étoit parvenu à mettre les Autrichiens en déroute, à leur faire quinze cents prisonniers.

Mack, cerné de toutes parts, abandonné à lui-même, effrayé de sa situation, incapable d'une haute résolution, parut dans cette circonstance tel qu'il s'étoit montré en Italie, sans ressource ni dans le cœur ni dans l'esprit. Il signa deux jours après la plus honteuse des capitulations.

Il remettoit la citadelle d'Ulm avec toute son artillerie et ses magasins; la garnison, composée de plus de trente mille hommes, sortoit de la place avec tous les honneurs de la guerre, déposoit ensuite les armes, et se rendoit prisonnière; les officiers gardoient leur épée, et retournoient en Autriche sur leur parole. Il ne devoit néanmoins remettre la place que le 25, à minuit; et dans le cas où elle seroit secourue avant ce terme, la capitulation restoit comme non avenue.

Mais Buonaparte étoit pressé d'en finir et de marcher contre les Russes avant qu'ils eussent le temps de se reconnoître. Dès le lendemain, il fit inviter Mack à une entrevue avec le maréchal Berthier; et celui-ci lui prouva si clairement que ni les Autrichiens ni les Russes ne pouvoient venir à son secours, qu'il n'hésita pas à signer une clause additionnelle par laquelle il s'engageoit à remettre la place dans le jour même. Ainsi, en moins de vingt-cinq jours, toute cette grande armée autrichienne qui s'étoit avancée en Bavière avec tant de confiance, qui peut-être se figuroit déjà la conquête de la Lorraine et de l'Alsace, se trouva anéantie, abandonna au pouvoir de l'ennemi près de soixante mille prisonniers, toute son artillerie, presque tous ses bagages, et vit son propre pays livré sans défense à l'invasion des Français. Mack avoit adressé de fastueuses proclamations à son armée, et déclaré qu'il ne quitteroit ses bottes que sur la place du Carrousel (1). Il eut à

---

(1) « Au nom de Sa Majesté, disoit-il dans une de ces proclamations, je rends responsables, sur leur honneur, leur devoir et leur propre bonheur, tous les gé-

peine le temps de les mettre à Ulm, et les remporta toutes neuves à Vienne avec sa honteuse capitulation ; mais avant de partir il se munit d'un certificat de Napoléon qui justifioit sa conduite et approuvoit ses bonnes dispositions militaires. Cette précaution n'empêcha point l'Europe entière de l'accuser de trahison, et l'empereur d'Autriche de le faire arrêter.

Cependant il n'avoit pas trahi ; et quoiqu'il ait été depuis condamné à mort par une Cour martiale, et renfermé, par grâce du prince, dans une citadelle pendant plusieurs années, le seul chef d'accusation qui soit prouvé contre lui, c'est qu'il se laissa complètement jouer par la duplicité de ses propres espions et l'ex-

---

néraux, officiers supérieurs et officiers qui penseroient encore à autre chose qu'à la défense la plus opiniâtre. Dans deux jours, les avant-gardes de deux grandes armées, savoir, d'une armée impériale-royale et d'une armée russe, seront devant Ulm pour nous délivrer.

« L'armée ennemie est dans la situation la plus terrible, tant par le mauvais temps que par le manque de vivres. Elle ne peut tenter l'assaut que par petits pelotons. Nos fossés sont larges, et il est facile de tuer les assaillans. Si les vivres nous manquent, nous mangerons du cheval ; j'en mangerai le premier. Nous avons trois mille chevaux. »

trême habileté de ceux de Buonaparte; qu'il fut dupe de tous les faux avis qu'on lui donna; qu'il prit pour des ordres émanés de sa cour des ordres fabriqués dans le camp français, et pour des conseils d'amis des conseils donnés par des officiers vendus. On avoit admiré ses plans à Vienne, il les admira de même à Ulm, et n'y voulut rien changer. Il est certain que si, au lieu de se concentrer obstinément dans un cercle étroit et de s'y laisser enfermer, il eût fait usage de ses troupes pour attaquer séparément les divisions françaises à mesure qu'elles arrivoient, il auroit pu les écraser avant qu'elles eussent eu le temps de se réunir; mais pénétré de l'idée que les Français passeroient par les points qu'il avoit indiqués, sa tête, peu féconde en ressources, se perdit quand il se vit trompé dans son attente.

Un général jeune, actif, entreprenant, auroit tout sacrifié à l'honneur; il se crut plus sage en sacrifiant l'honneur à la nécessité. Lorsqu'il eut signé sa honteuse capitulation, quelques officiers français s'étonnèrent devant Buonaparte qu'il n'eût pas été retenu prisonnier : « C'est, dit l'empereur, qu'il est plus aisé de le prendre que de le garder. » En effet, il s'étoit enfui du camp des Français en

Italie, et ensuite de Paris, où Napoléon, après le 18 brumaire, lui avoit permis de rester. Il ne fallut rien moins que cette ignominieuse campagne pour désenivrer l'Allemagne, qui s'étoit obstinée à le regarder comme le plus grand homme de guerre de son siècle.

Tandis que la garnison d'Ulm défiloit sous les yeux du vainqueur pour se rendre en France, Buonaparte, qui s'étoit placé avantageusement pour jouir de ce spectacle, appela à lui le général Mack et quelques autres officiers-généraux de l'armée autrichienne :

« Messieurs, leur dit-il, votre maître me fait une guerre injuste ; je vous le dis sincèrement, je ne comprends rien à cette guerre. Que me veut-on ? Mes ressources ne se bornent point à cette armée. Ces soldats, qui se rendent en France, pourront juger, sur leur route, de quel esprit mon peuple est animé, avec quelle ardeur la jeunesse vole sous mes drapeaux. D'un mot je puis rassembler dans mes camps deux cent mille hommes, et six semaines suffisent pour en faire de bons soldats, tandis que chez vous les hommes ne marchent que par contrainte, et qu'il faut plusieurs années pour les former. Vous allez revoir mon frère l'empereur, engagez-le à faire promptement la paix. Les États ont une fin comme les hommes, et la fin de la dynastie des princes de Lorraine pourroit bien être arrivée. Je n'ai rien à désirer sur le continent, mais j'ai besoin de vaisseaux, de colonies, de commerce, pour balancer la puissance anglaise, et il est de votre intérêt comme du mien de me procurer ces avantages. »

Le général Mack lui ayant dit que l'empereur d'Autriche n'avoit pas voulu la guerre, mais qu'il y avoit été forcé par la Russie : « Vous n'êtes donc plus, répliqua-t-il, une puissance ? » Il finit cette conversation par des mots obligeans pour les officiers vaincus. « Les chances de la guerre, leur dit-il, sont variables, et le vainqueur peut devenir à son tour le vaincu. »

Buonaparte envoya une partie des drapeaux conquis sur l'ennemi à la ville de Paris, une autre partie au Sénat. « C'est un présent, écrivoit-il, que moi et mon armée faisons aux sages de l'empire. Français, faites marcher vos frères. Votre empereur avoit promis de faire son devoir, il l'a fait. C'est à mon peuple maintenant à faire le sien. Avec l'aide de Dieu, j'espère de nouveaux triomphes. »

Les bulletins de la grande-armée étoient lus sur les principaux théâtres de la capitale, et affichés dans toutes les rues. Un jour que l'on jouoit aux Français l'*Iphigénie* de Racine, la salle retentit d'applaudissemens lorsqu'après la lecture du bulletin on entendit ces deux vers :

Mais qui peut dans sa course arrêter ce torrent?
Achille va, revient et triomphe en courant.

Il est vrai que jamais Buonaparte ne s'étoit montré plus habile capitaine et soldat plus actif. Les chemins étant devenus très-mauvais, il n'en ralentit pas un instant sa marche. L'infanterie avoit de la boue jusqu'aux genoux, mais il en étoit couvert lui-même des pieds à la tête. Un officier autrichien ayant témoigné son étonnement de le voir braver ainsi les saisons : « Votre empereur, lui dit-il, a voulu me rappeler que j'étois un soldat; je ne l'ai jamais oublié, et vous voyez si je sais mon métier. » Depuis huit jours, il n'avoit pris que quelques heures de sommeil, dormant tout habillé, et ses bottes aux jambes; trois cents chevaux étoient toujours scellés et bridés autour de lui, prêts à partir au premier signal. Son exemple animoit l'armée, et jamais on n'entendit moins de plaintes de la bouche du soldat. Pour lui en témoigner sa satisfaction, Buonaparte décréta que la campagne du mois d'octobre compteroit pour une campagne entière. Il ordonna que les Français se missent en possession de tout ce que l'Autriche possédoit dans la Souabe, que 100 millions de contributions de guerre et les impôts ordinaires fussent levés au profit de l'armée, et qu'elle se distribuât elle-même, suivant le grade et les appointemens, tout ce qu'on trouveroit dans les magasins, à l'exception de l'artillerie et des vivres.

Au bruit de tant de triomphes, les hymnes de l'Eglise ne tardèrent pas à se mêler aux chants militaires (1). Buonaparte avoit écrit lui-même aux évêques pour les leur demander. Il ne faut pas, pour l'honneur du clergé, rappeler les mandemens publiés à cette époque. Jamais l'adulation ne s'était exprimée sous des formes plus hyperboliques, jamais on n'avoit profané plus malheureusement les nobles et saintes idées de la Providence.

Cependant la Providence venoit de permettre un de ces grands désastres propres à ra-

___

(1) Ces chants de guerre étoient composés par MM. Etienne, Carion de Nisas et Deschamps, poëtes à la suite de l'impératrice, qui, à chaque victoire, donnoit des fêtes à Strasbourg.

mener l'orgueil des princes à des pensées plus modestes.

L'escadre combinée de l'amiral Villeneuve et de l'amiral Gravina étoit entrée, après le combat du cap Finistère, d'abord à la Corogne et ensuite au Férol; elle s'y étoit renforcée de treize vaisseaux de ligne, ce qui lui donnoit une supériorité marquée sur l'ennemi. En suivant les instructions de Buonaparte, elle devoit sortir du Férol pour se porter sur Brest, dégager l'amiral Gantheaume, se joindre à lui, et avec ces forces immenses mettre l'armée de Boulogne en état d'opérer la descente. Villeneuve sortit du port le 4 août. Buonaparte venoit d'arriver au camp de Boulogne, et attendoit un grand triomphe. Il est constant qu'en ce moment les forces anglaises ne pouvoient lutter contre les siennes. Mais Villeneuve, après avoir tenu la mer pendant dix-huit jours, soit lâcheté, soit impéritie, soit qu'il n'osât lutter contre l'irrégularité des vents et se fier un peu à la fortune, prit subitement le parti d'entrer à Cadix : c'étoit tout perdre, car les ports d'Angleterre étoient dans le plus grand mouvement, et Nelson se disposoit à en sortir avec de nouvelles forces. Il seroit difficile de peindre la colère de Buonaparte en apprenant cette nouvelle. Gantheaume restoit bloqué à Brest; il étoit évident que Villeneuve le seroit bientôt à Cadix. Ainsi, tout projet de descente étoit maintenant impossible. Avec un officier plus habile, plus propre à de grandes entreprises, il étoit possible de jeter assez d'alarmes sur le sol anglais pour que la coalition elle-même en fût effrayée et reculât devant l'avenir. Buonaparte, indigné, prit son parti en homme capable de s'élever au-dessus de la fortune, leva le camp, et marcha vers le Rhin; mais il jura de tirer une satisfaction exemplaire du lâche ou ignorant officier auquel son ministre avoit confié les destins de la marine espagnole et française.

La face des mers venoit de changer. L'amiral Collingwood, qui ne commandoit qu'une foible escadre devant Cadix, à la vue de Villeneuve, s'étoit retiré à Gibraltar. Nelson étoit parti pour prendre le commandement des flottes de la Méditerranée, et son gouvernement s'étoit abandonné à son courage et à sa prudence. Réuni à l'amiral Collingwood, officier d'un rare mérite, il se trouva à la tête de vingt-neuf vaisseaux de ligne, et bloqua la flotte combinée. Villeneuve n'ignoroit pas le courroux auquel s'étoit livré Napoléon. Son protecteur Decrès, effrayé lui-même, l'avoit prévenu que le contre-amiral Rosily devoit le remplacer, qu'il ne pouvoit conjurer l'orage que par quelque grande victoire qui le réconciliât avec l'empereur. La tête de Villeneuve, naturellement foible, se perdit; et prêt à tout risquer pour se sauver, il ne parla plus que d'aller chercher l'ennemi et de livrer bataille. Plusieurs fois l'amiral Gravina, homme d'une habileté bien supérieure à celle de Villeneuve, parvint à le retenir. Enfin, le 21 octobre, jour à jamais fatal, Villeneuve, pressé par une nouvelle lettre de son ami Decrès, se décida à sortir pour se mesurer avec Nelson. Le temps étoit affreux, les vents souffloient avec violence. L'amiral espagnol fit tous ses efforts pour l'engager à remettre à un jour meilleur sa folle entreprise; il ne put rien obtenir. L'amiral Nelson étoit à sept lieues en mer, près du cap Trafalgar. Villeneuve y vole avec toutes ses forces. Le combat s'engage avec furie. Nelson commande à vingt-neuf vaisseaux, dont neuf à trois ponts. L'escadre combinée est de trente-trois bâtimens, dont un de 140, deux de 112, un de 100, trois de 84, un de 80, le reste de 74. Pendant trois heures, l'amiral Gravina soutint l'attaque avec un courage héroïque. Trois vaisseaux anglais s'attachent au sien sans pouvoir le faire amener; mais blessé mortellement d'une balle qui lui fracasse le coude, il se voit forcé de rentrer à Cadix. Les Français conservoient encore leur ligne; les bâtimens espagnols font également bien leur devoir. Tout à coup, par une inconcevable détermination, l'amiral Villeneuve amène son pavillon à la vue de deux frégates anglaises qui viennent l'attaquer, laisse entamer sa ligne, et se rend prisonnier avec son vaisseau *le Bucentaure*, de 80 canons. Alors tout est désordre, les Anglais pénètrent dans la ligne; ce n'est plus un combat régulier, mais une confusion. Le brave contre-amiral Magon est tué. Une balle partie de la *Santa-Trinidad* atteint l'amiral Neson à l'épaule; les chirurgiens l'amputent; il meurt deux heures après; mais la marine espagnole est anéantie; la flotte combinée perd vingt vaisseaux, trois brûlés, trois coulés bas, quatre pris, dix échoués ou naufragés sur la côte voisine; neuf rentrent à Cadix dans un état déplorable. Le contre-amiral Beaumanoir en emmène quatre qui n'ont pris qu'une foible part au combat, et qui tomberont bientôt au pouvoir des Anglais. La flotte ennemie est elle-même horriblement maltraitée; dix-sept de ses bâtimens sont hors d'état de servir. Mais cette perte n'est pas la plus sensible pour l'Angleterre; la fin tragique du plus habile, du plus brave de ses marins la couvre d'un deuil universel; on y transporte son corps dans le tronçon d'un mât du vaisseau *l'Orient*, dont il s'étoit emparé à Aboukir. Il étoit âgé de quarante-sept ans. Il avoit perdu, en deux actions différentes, un œil et un bras. C'étoit lui-même qui avoit fait creuser ce tronçon pour lui servir un jour de cercueil. Quand il engageoit un combat, son mot étoit *la victoire ou Westminster*. La Grande-Bretagne pleura sa victoire; elle étoit achetée à un trop haut prix. Les restes du héros furent exposés pendant quelques jours aux regards du peuple, sur un lit de parade, à l'hôpital militaire de Greenwich; ils furent ensuite portés avec une pompe extraordinaire dans l'église de Saint-Paul, où l'État lui fit ériger un monument.

Les historiens anglais ont décrit avec beaucoup de soin cette mémorable action. Voici de quelle manière ils en parlent : « Lord Nelson étoit fort opposé au système des blocus; il étoit convaincu que leur prolongation opéroit, en définitive, la ruine de la marine. Chargé néanmoins de tenir l'ennemi renfermé à Cadix, mais ayant carte blanche, il ne songea plus qu'à l'attirer en mer pour le combattre. Il étoit convaincu que si, favorisé par les vents, Villeneuve parvenoit à s'échapper, il entreroit dans la Méditerranée, augmenteroit ses forces de tous les vaisseaux qu'il trouveroit dans les ports d'Espagne et d'Italie, et mettroit la marine anglaise hors d'état de lutter avec lui.

« Pour éviter toute surprise, il plaça en observation une frégate destinée à donner avis de tous les mouvemens du port, plaça à quelque distance un détachement de son escadre, et lia ce détachement au reste de sa flotte par une ligne de frégates, de sorte qu'à la moindre tentative de la flotte combinée pour sortir du port, il en fût aussitôt averti. Ses forces n'étoient alors que de vingt-quatre vaisseaux de ligne. Pour donner le change à l'ennemi et l'attirer au combat, il feignit de détacher avec une sorte d'ostentation six vaisseaux sous les ordres de l'amiral Louis, pour une destination particulière; mais il étoit instruit que, dès le lendemain, il recevroit un renfort de cinq vaisseaux, et qu'en faisant rentrer les vaisseaux qu'il avoit l'air de détacher, il se trouveroit à la tête de vingt-neuf bâtimens de haut bord. L'amiral Villeneuve donna dans le piége; et convaincu qu'après le départ de l'amiral Louis, Nelson étoit hors d'état de lutter avec l'escadre française, il s'obstina à sortir malgré les remontrances de l'amiral Gravina. Il avoit d'ailleurs d'autres motifs, ajoutent les historiens anglais; il savoit que Buonaparte avoit témoigné le plus grand mécontentement de sa conduite, et lui avoit même fait les honneurs du *Moniteur*. Il pensoit qu'une victoire signalée le remettroit en faveur, et qu'une défaite ajouteroit peu à sa disgrâce.

« Dès qu'il fut sorti de Cadix, Nelson, instruit de ses mouvemens, se disposa au combat. Villeneuve, qui le croyoit inférieur en forces, se proposoit de l'attaquer avec un nombre égal de vaisseaux, et avoit laissé en réserve le reste de son escadre, dans l'intention qu'une fois le combat engagé, elle tournât la ligne anglaise et la mît entre deux feux. Il avoit chargé cette réserve d'un grand nombre de soldats, et d'une grande quantité de matières inflammables pour incendier les bâtimens ennemis; mais quand il eut reconnu les forces de Nelson, il changea ses dispositions, et ne forma plus qu'une seule ligne serrée où les bâtimens français et espagnols étoient entremêlés sans distinction. Il eût été difficile de le forcer dans cette position : aussi Nelson n'essaya-t-il pas de lui opposer une ligne semblable; mais il partagea son escadre en deux colonnes serrées de quatre vaisseaux de front, et les chargea d'enfoncer la ligne française chacune sur le point qui lui correspondoit. L'attaque fut soutenue avec une admirable constance; on se battit avec acharnement depuis midi jusqu'à trois heures. En ce moment, ajoutent les papiers anglais, l'amiral Gravina se retira du combat avec dix vaisseaux espagnols, rentra à Cadix, et laissa dans la ligne une immense ouverture. Tout fut alors perdu pour l'escadre française, et l'amiral Villeneuve amena son pavillon et se rendit prisonnier avec *le Bucentaure*, qu'il commandoit. Les amiraux espagnols d'Alava, Cisneros et le général français Contamine subirent le même sort.

Il falloit annoncer cette nouvelle à Napoléon, et le message étoit difficile à remplir. Le paquet fut adressé au maréchal Berthier, celui de tous les généraux auquel Buonaparte témoignoit le plus d'égards.

Berthier saisit le moment du déjeuner. Assis à la même table que lui, il n'osoit lire cette fatale dépêche, et la poussa tout doucement avec le coude près de l'assiette de Napoléon. Qu'on se figure son emportement! Ses yeux lançoient la flamme, ses lèvres frémissoient d'indignation. Il chargea d'imprécations l'ignorant, le lâche amiral qui venoit, en trois heures de temps, de détruire tout son ouvrage, de perdre la marine espagnole et française, et de sauver l'Angleterre; il jura qu'il paieroit de sa tête cette horrible catastrophe. Puis revenu un peu à lui-même : *Je ne puis être partout!* s'écria-t-il : réflexion juste, car il ne falloit rien moins que son génie pour le succès de ses vastes conceptions.

Cet évènement remplit de joie l'Angleterre. La France en fut couverte de deuil, et la mer parut désormais un élément aussi funeste à Napoléon que la terre sembloit lui prêter de protection et d'appui.

Achevons la triste tâche qu'il nous reste à remplir. Si le succès des Anglais fut immense, les fruits de la victoire furent sur le point de leur échapper. A peine le combat venoit-il de finir, que l'amiral Colligwood eut à lutter contre un ennemi plus dangereux que Villeneuve. La mer s'enfla prodigieusement, la tempête menaça son escadre d'une destruction prochaine; plusieurs de ses vaisseaux, déjà maltraités dans le combat, furent jetés sur les rochers, et dix bâtimens, restes de l'escadre combinée, étant sortis du port pour profiter de sa détresse, il se vit dans la position la plus difficile. Son courage et sa constance le sauvèrent; il triompha également des vents et de l'ennemi; il parvint même à lui enlever le navire *el Rayo*. Mais l'orage ne s'apaisoit pas; les vaisseaux français qu'il avoit pris ne pouvoient plus tenir la mer : ç'eût été pour lui un magnifique triomphe que de les conduire dans les ports d'Angleterre; il se vit forcé d'y renoncer, et se détermina à les détruire; cinq furent coulés bas ou brûlés; de ce nombre *la Santa-Trinidad*, vaisseau de 140 canons, le plus beau qui jamais eût été construit; neuf allèrent se briser sur les côtes voisines avec leurs équipages; *l'Achille*, vaisseau de 74, avoit sauté durant l'action. Ce ne fut qu'avec d'incroyables efforts que les marins anglais parvinrent à conduire à Gibraltar trois vaisseaux espagnols et un français, seuls restes de leur conquête.

On a vu que l'amiral Dumanoir, avec quatre bâtimens, avoit fait voile pour les côtes d'Espagne. Dans la nuit du 2 novembre, sir Richard Strachan, qui croisoit devant le Férol avec quatre vaisseaux de ligne, l'aperçut, et crut d'abord que c'étoit l'escadre de Rochefort; il se mit à sa poursuite, l'atteignit le lendemain, et lui livra le combat. Cette journée ne fut pas plus heureuse que celle du

21 octobre. On se battit de part et d'autre avec une égale résolution. L'amiral français ne se rendit que lorsqu'il se vit dans l'impossibilité de tenir plus long-temps la mer. Le carnage fut horrible parmi ses équipages. Cette journée livra encore aux Anglais *le Formidable*, de 80 canons, *le Duguay-Trouin*, *le Scipion* et *le Mont-Blanc*, de 74. L'amiral Dumanoir resta prisonnier. Ces désastres coûtèrent à la marine française et espagnole trente-cinq vaisseaux, deux amiraux français faits prisonniers, et l'amiral espagnol Gravina, mort de ses blessures.

L'Angleterre, toujours généreuse envers les hommes qui se distinguent par d'immenses services, décerna une annuité de 2000 livres sterling à l'amiral Collingwood.

L'amiral Villeneuve finit d'une manière tragique. Accablé du poids de son malheur, déshonoré aux yeux de la France et de l'Europe, peut-être rassuré par son ami Decrès, il sollicita du gouvernement anglais la permission de rentrer en France et de s'y faire juger. Mais à peine y étoit-il arrivé que sa tête se troubla; et craignant de succomber dans cette épreuve, il se tua à Rennes. On fait dire à Buonaparte, dans les écrits publiés sous son nom, que, depuis sa défaite, ce malheureux amiral étoit tourmenté d'idées funestes; que la pensée du suicide le poursuivoit partout; qu'il avoit fait une étude particulière des organes de la poitrine, pour y connoître exactement la position du cœur et les moyens de l'atteindre; qu'il avoit acheté une planche anatomique sur laquelle il s'exerçoit à percer le cœur avec une longue et forte épingle, et qu'enfin, dans un accès de la noire mélancolie qui l'obsédoit, il s'enfonça cette épingle dans le cœur, à la même place où il l'avoit essayée sur sa carte. Sa mort fut en effet annoncée dans les papiers publics comme l'ouvrage d'un profond désespoir.

Cependant on parla aussi vaguement d'assassinat, de strangulation, d'apparition de mamelucks à Rennes; et ceux qui portoient les soupçons le plus loin donnoient à croire que Decrès, ou Buonaparte lui-même, n'étoient pas étrangers à ce tragique évènement. Villeneuve trouvoit des amis qui défendoient sa mémoire, et, sans oser s'expliquer trop ouvertement, soutenoient qu'il avoit entre les mains des moyens de justification péremptoires, et qu'il n'avoit aucun motif pour s'arracher la vie.

Ce que l'on fait dire à Buonaparte sur les circonstances de cette mort est évidemment fabuleux; car il résulte du rapport des chirurgiens que ce ne fut pas en s'enfonçant dans le cœur une longue et forte épingle qu'il finit sa malheureuse carrière, mais que sa poitrine étoit percée de cinq coups d'un couteau de table resté dans le corps.

On pouvoit donc demeurer dans le doute sur les véritables circonstances de sa mort, lorsqu'en 1825 un sergent en retraite, nommé *Guillemard*, prétendit déchirer le voile qui couvroit cette scène funeste. Ce sergent dit avoir beaucoup vu, savoir beaucoup, et se vante, dans les deux volumes de Mémoires qu'il a publiés, d'avoir tué l'amiral Nelson ; il ajoute qu'il étoit sur *le Bucentaure* avec l'amiral Villeneuve, qu'il le suivit en Angleterre, et revint avec lui en France en qualité de secrétaire.

« Nous arrivâmes, dit-il, à Morlaix le 7 mai, et à Rennes le 10. J'étois logé dans le même hôtel. Deux jours se passèrent sans amener aucun incident remarquable ; le général étoit triste, et sortoit peu. Il écrivit le 11 au contre-amiral Lucas, qui avoit combattu vaillamment à Trafalgar, pour lui annoncer sa prochaine arrivée à Paris. Effectivement, il achète une chaise de poste, et se prépare à partir le 13 à la pointe du jour. Le soir même du 12 arrivent à son hôtel quatre individus à moustaches, proprement habillés en bourgeois, et dont l'accent, les manières et le teint cuivré ne permettoient pas de les croire Français. L'un d'eux m'aborde, me fait une foule de questions sur le vice-amiral, et paroît frappé de surprise en apprenant que son départ étoit fixé au lendemain matin. Il me quitte brusquement avec un petit homme qui avoit les manières dures, la tête blanche et poudrée, des traits ignobles et un extérieur repoussant. Tous les deux s'approchent de moi, et le petit homme m'interroge avec un air de supériorité; toutes ses questions ont trait au général. Bientôt ils sont rejoints par les trois autres moustaches, et me quittent pour monter dans les appartemens de l'hôtel.

« L'amiral se couche sur les dix heures; je l'aide à se déshabiller, et le quitte presque immédiatement, en tirant la porte sur lui. Retiré dans un cabinet de l'étage supérieur, dix minutes après j'étois profondément endormi; tout à coup des cris de douleur partis de l'appartement du général me réveillent en sursaut. Je me précipite sur mon sabre, je me saisis de la lumière laissée sur la table de nuit, et descends précipitamment les degrés qui me séparent de l'étage inférieur. J'aperçois le petit homme qui m'avoit accosté la veille se glisser et descendre rapidement au rez-de-chaussée. Quelque chose me disoit de le poursuivre; mais ma première pensée m'entraîna vers la chambre de l'amiral, dont je trouvai la porte ouverte. Je vis l'infortuné amiral, que les boulets de Trafalgar avoient respecté, étendu pâle et sanglant sur son lit, dont les couvertures étoient éparses sur le parquet. Palpitant et livide, il se débattoit contre les douleurs du dernier moment; il me reconnut, mais je ne pus distinguer que les mots de *commissaire, secrétaire...* dans les paroles interrompues prononcées par le guerrier expirant, qui rendit le dernier soupir dans mes bras, sans qu'il fût en mon pouvoir de le secourir. »

Guillemard ajoute que le corps de l'amiral étoit traversé de cinq blessures profondes, sans qu'on aperçût aucune arme dans l'appartement. Ses cris attirèrent en un instant le maître de l'hôtel et les voyageurs qui s'y trouvoient. Personne ne douta que l'amiral n'eût été assassiné, et l'on apposa le scellé sur ses effets. Quelle fut le lendemain la surprise de Guillemard lorsqu'il entendit répéter de toutes parts que la mort de Villeneuve étoit l'effet d'un suicide! Le jour même, le commissaire des guerres lui enjoignit de quitter Rennes sur le champ, et lui donna une feuille de route pour **rejoindre** son régiment à Paris.

Que faut-il penser de ce récit? Il est certain qu'à l'époque où les papiers publics annoncèrent la mort de l'amiral, on eut beaucoup de doutes sur les circonstances de cette mort, et que grand nombre de personnes soupçonnèrent que ce malheureux officier avoit été assassiné, dans la crainte que l'instruction de son procès ne révélât des faits que l'on vouloit cacher. Mais en supposant que Buonaparte lui-même lui eût donné l'ordre de combattre à Trafalgar, que pouvoit-il en résulter pour lui ? Buonaparte n'étoit-il pas le maître ou d'enlever cet ordre ou de renfermer Villeneuve dans une citadelle sans qu'il pût jamais en sortir? Si cet ordre venoit de Decrès, ce ministre, à la vérité, pouvoit craindre la colère de Buonaparte et les révélations de l'amiral ; mais avoit-il à sa disposition des mamelucks et des agens de police pour le faire assassiner ?

D'ailleurs le récit du sergent Guillemard paroît démenti par des faits dont il est difficile de contester l'authenticité. Villeneuve n'avoit point de secrétaire en arrivant à Rennes. Si Guillemard étoit à sa suite, ce ne pouvoit être que sous un autre titre ; il n'étoit accompagné que d'un chirurgien-major et d'un nègre nommé *Bacqué ;* ils étoient logés à *l'hôtel de la Patrie.* Le chirurgien-major quitta l'amiral peu de temps après son arrivée.

Des procès-verbaux dressés après l'évènement portent que, le 22 avril 1806, Villeneuve se retira dans sa chambre immédiatement après son dîner, et dit à son nègre qu'il pouvoit sortir. A neuf heures du soir, le nègre revint, se présenta à la porte de son maître, qu'il trouva fermée; il y frappa, et personne ne répondit. Inquiet de ce silence, il descend chez le maître de l'hôtel pour lui communiquer ses craintes : celui-ci envoie chercher le commissaire de police. La porte étoit fermée par derrière; on l'enfonce. On trouve l'amiral tombé près de son lit, le corps percé de cinq coups de couteau; l'arme meurtrière est encore dans l'une des plaies; près de lui est une lettre cachetée adressée à sa femme. Un chirurgien nommé *Noblet* constate la mort, et retire le couteau (1).

Tous les actes officiels dressés à cette époque sont conformes à ce procès-verbal. Les Mémoires du sergent Guillemard sont donc

---

(1) Ce chirurgien vivoit encore au mois de janvier 1826, et pouvoit attester les faits.

plus que suspects. Mais ce qui paroît décisif, c'est qu'il est notoire que cet écrit n'est pas de lui, et que l'on a emprunté son nom pour raconter plus commodément des anecdotes qui paraissent ne mériter guère plus de foi que le récit de la mort du malheureux amiral.

S'il est quelqu'un auquel on puisse justement reprocher la perte de la bataille de Trafalgar, c'est au ministre de la marine plus qu'à tout autre. Chargé de désigner un successeur à l'amiral Latouche-Tréville, il consulta ses affections particulières plutôt que le bien de l'Etat, et son crime fut d'avoir désigné pour l'exécution des plus vastes desseins qui aient été conçus depuis la création de la marine française, un homme incapable d'une pareille mission, un homme qui étoit resté sur ses ancres pendant la mémorable et funeste bataille d'Aboukir, tandis qu'en se détachant avec ses quatre vaisseaux dans le feu du combat, et lorsque la flotte anglaise étoit toute entière dans la mêlée, il pouvoit décider la bataille en faveur des Français, et porter un coup mortel à la marine anglaise.

Il attendoit les ordres de l'amiral en chef, a-t-on dit pour sa justification. Mais l'amiral en chef pouvoit-il lui en donner? Et quand il s'agit de sauver son pays, attend-on des ordres?

Le sort des empires dépend souvent d'un mauvais choix ou d'un mauvais ministre. Quand les courtisanes de la cour de Louis XV nommoient les généraux, nos armées étoient battues. Sous la république, elles furent victorieuses partout. Quand l'intrigue et les affections de famille pénétrèrent dans le palais du Directoire, les ennemis vinrent nous insulter jusque sur nos frontières. Buonaparte, en régnant par lui-même, effraya le monde entier de l'éclat de ses victoires : s'il eût permis aux gens de sa cour de distribuer les grades et les emplois, jamais il n'eût placé sur son front la couronne impériale; Marengo, Austerlitz, Iéna seroient des noms inconnus. Si Louis XVIII eût mieux choisi ses ministres, neuf cent mille étrangers ne seroient pas venus ravager nos provinces et nous réduire au traité honteux de Paris; et dans la dernière guerre d'Espagne, où la France a reparu avec toute sa gloire militaire, elle n'auroit pas obtenu ce triomphe, si le Prince généralissime et le duc de Bellune eussent confié le choix des généraux à l'intrigue ou à l'esprit de confrairie. J'écris dans un temps où l'esprit de confrairie et l'intrigue ont acquis beaucoup de puissance : le temps nous apprendra ce qu'il en faut penser.

CHAPITRE XII.

Nouveaux succès de l'armée française. Les Autrichiens battus partout. Inutiles efforts de leur armée et de celle des Russes pour couvrir Vienne. Buonaparte y entre, continue sa marche. Retraite des armées alliées. Napoléon les pousse jusqu'à Olmütz.

Jamais général ne sut mieux profiter de la victoire que Napoléon. A peine étoit-il maître d'Ulm et de Memmingen, à peine avoit-il ordonné la démolition des fortifications de ces deux places, que s'adressant à son armée : « Nous ne resterons pas ici, dit-il. Vous êtes impatiens de combattre les Russes; ils éprouveront le même sort que les Autrichiens. Que la culture de vos terres ne vous inquiète pas. Nous avons fait soixante mille prisonniers : je les envoie manier la charrue en France et remplacer les conscrits. Ici nous déciderons en dernier ressort une question déjà décidée en Suisse et en Hollande; on saura si l'infanterie française est la première ou la seconde de l'Europe. Les généraux qui nous sont opposés nous laissent peu de gloire à acquérir. Mon premier soin sera de vaincre avec la moindre effusion de sang, car mes soldats sont mes enfans. »

Dès le lendemain, l'armée entière se mit en marche, à l'exception du corps du maréchal Ney, qui devoit, conformément à la capitulation, rester dans sa position jusqu'au 25. Elle se dirigea par Augsbourg sur la Bavière, et le 24, Buonaparte entra dans cette ville aux acclamations du peuple, qui le combla d'honneurs. Murat, qui avoit poursuivi le prince Ferdinand, vint l'y rejoindre avec la plus grande partie de sa division, ayant laissé le reste au-delà du Danube, sous les ordres des généraux Mortier et Baraguey-d'Hilliers, pour observer les mouvemens de l'ennemi en Bohême. L'électeur de Bavière n'étoit pas encore rentré dans sa capitale; Napoléon lui envoya une forte escorte pour protéger son retour, et sans s'arrêter se mit en pleine marche sur l'Inn.

Il s'agissoit maintenant du sort de la capitale; elle n'avoit pour sa défense qu'un corps d'Autrichiens et la première colonne de l'armée russe, qui venoit de la rejoindre depuis quelques jours. Ces forces réunies ne s'élevoient pas au delà de cinquante mille hommes. Buonaparte, au contraire, étoit à la tête de son armée presque toute entière; il étoit soutenu à dos et sur sa gauche par les corps de Mortier et de Baraguey-d'Hilliers; sur sa droite, par le maréchal Ney, qui, depuis le 25, remontoit le Lech jusqu'aux confins du Tyrol, pour maintenir par cette position l'archiduc Jean, chargé de la défense de ce pays. Il avoit, en outre, derrière lui le maréchal Augereau, qui, ayant passé le Rhin le dernier, occupoit la Souabe, s'étendoit vers le lac de Constance, chargé d'observer le Voralberg et les Prussiens, dans le cas où ceux-ci, pour se venger de la violation de leur territoire à Bareuth et à Anspach, commettroient quelque hostilité.

Le centre de l'armée passa l'Inn le 28, près de Brannau, où les Autrichiens et les Russes avoient pris position. Le maréchal Bernadote s'étant avancé par Wasserbourg jusqu'à Altinmark, il en trouva le pont détruit et le passage défendu par un fort; mais un détachement de Français et de Bavarois parvint à franchir plus loin la rivière, attaqua le fort, et obligea l'ennemi à la retraite. Les maréchaux Davoust et Murat passèrent à Muttdorf. Les ponts détruits furent partout rétablis, et l'armée ennemie se trouvant sans moyens de défense, se retira sur Vienne; alors l'empereur d'Autriche se trouva dans les plus vives alarmes. Il engagea, dans une proclamation, tous les habitans à s'armer pour la défense de leur pays, déclarant qu'il se confioit dans la justice de sa cause, le dévouement de vingt-cinq millions de sujets, et l'assistance des Russes.

Le 29, les Français entrèrent à Brannau. C'étoit une place importante, riche en magasins, en artillerie, en toutes sortes de munitions. On saisit aussi une grande quantité de poudre et d'armes que les Russes avoient laissées en arrière.

Le 30, Buonaparte arriva à Brannau, et y établit son quartier-général. Instruit des succès de son armée d'Italie, il donne ordre au maréchal Bernadote de se porter sur Saltzbourg, et de couper les communications entre l'armée austro-russe et le prince Charles, qui occupoit le territoire vénitien. Saltzbourg étoit défendue par un corps de six mille Autrichiens; ils battirent en retraite à la première apparition des Français. Le général Kellermann les poursuivit, les atteignit, et malgré la forte position qu'ils occupoient, leur fit un assez grand nombre de prisonniers.

Le corps d'armée marchoit rapidement contre l'ennemi. Le maréchal Murat atteignit le premier son arrière-garde, l'attaqua avec son impétuosité ordinaire, et la mit en déroute. Elle essaya de se rallier pour couvrir ses bagages. Attaquée de nouveau, elle fut de nouveau mise en fuite, après une résistance assez opiniâtre; elle laissa au pouvoir du vainqueur quatre cents prisonniers, dont cent Russes, et quelques pièces de canon.

Il ne restoit plus aux alliés, pour sauver la capitale, que de se retrancher sur l'Ens et d'en défendre le passage; mais l'activité française les déconcerta sur tous les points. Le général Milhaud, avec la réserve de cavalerie, prit Lintz, où il trouva des magasins considérables. Le maréchal Davoust s'approcha de Steyr.

Buonaparte vouloit détacher les alliés de leur dernière ligne de défense; il donna ordre au général Marmont de se porter en avant, et de tourner la gauche de l'ennemi. Murat s'avança sous les murs de la ville d'Ens; le général Walther, avec un corps de dragons, ayant passé le Traunn et défait les Autrichiens, marchoit sans opposition sur l'Ens.

Les alliés s'effraient; ils voient, d'une part, leur gauche près d'être tournée, leur front menacé par Buonaparte, qui s'avance avec une étonnante résolution. Consternés de tant de revers, ils prennent le parti de se retirer lentement sur Vienne. Mais les Français ne s'arrêtent point; ils passent l'Ens, attaquent la position retranchée d'Amstetin, où les alliés avoient fait halte pour retarder les progrès de l'ennemi, leur tuent quatre cents hommes, et leur font douze cents prisonniers. Les Russes vaincus se retirent sur Saint-Polten, après avoir détruit tous les ponts sur l'Ips.

Qui pourroit peindre la consternation de Vienne et les alarmes de l'empereur? laissera-t-il occuper sa capitale par l'ennemi? Il n'a plus de moyens de la défendre; en moins de six semaines son empire semble anéanti. Il a voulu sauver l'Angleterre, et il s'est perdu lui-même. Dans la douleur qui l'accable, il prend la triste résolution de fléchir son ennemi. Le 7 novembre, à la nuit, le comte Giulay se rend au quartier-général à Lintz, et vient proposer à Napoléon, au nom de l'empereur d'Allemagne et de ses alliés, un armistice de quelques semaines, en attendant une négociation sérieuse pour la paix générale. « Dites à votre empereur, répond fièrement Buonaparte, que je consens à cet armistice, à condition qu'il renverra ses alliés chez eux, licenciera sa levée de Hongrie, et remettra entre les mains des Français le Tyrol et le duché de Venise. Voilà ma réponse. »

Le comte Giulay repartit tristement, et Buonaparte poursuivit le cours de ses opérations. Déjà Murat avoit rétabli les ponts de l'Ips, étendu ses postes avancés jusqu'à Saint-Polten, établi son quartier-général à l'abbaye de Moelk. De son côté, le maréchal Davoust se dispose à tourner la gauche des alliés ; il rencontre un corps d'Autrichiens commandé par le général Meerfeld, et venu de Neudstadt pour couvrir Vienne ; il l'attaque, engage avec lui une action vive et opiniâtre, lui enlève trois drapeaux, seize pièces de canon, lui fait trois mille prisonniers, et le rejette sur la route de Hongrie. Buonaparte marche avec le reste de l'armée et la garde impériale ; son quartier-général est à l'abbaye de Moelk. Bernadote et Marmont observent l'archiduc Charles, forcé de reculer en Italie devant Masséna. Les Russes craignant d'être tournés à Saint-Polten, prennent la résolution de se jeter sur le Danube, le passent à Krems et en détruisent le pont ; leur retraite laisse Vienne à découvert. L'empereur d'Autriche jugeant la défense de cette ville impossible, prend le parti de se retirer avec sa cour à Brunn en Moravie. La noblesse évacue la capitale, et se rend en Hongrie. Alors les magistrats de Vienne, abandonnés à eux-mêmes, se rendent au camp de Buonaparte pour implorer sa clémence; il leur promet toute protection, fait prendre possession des faubourgs par son armée, organise une garde nationale pour le maintien de la police, fait son entrée triomphale dans la ville, et choisit pour sa résidence le palais de Schoenbrun. Vienne lui offrit d'immenses ressources pour son armée, des provisions de tout genre en abondance, des pièces de canon de tout calibre, une quantité considérable de fusils; il en fit distribuer quinze mille aux troupes bavaroises, et restituer à l'électeur toute l'artillerie qu'on lui avoit précédemment enlevée; de fortes réquisitions de draps, de vins, approvisionnèrent son armée. D'ailleurs les habitans furent traités avec beaucoup d'égards; ils étoient fatigués de la guerre, pour laquelle on les avoit surchargés de contributions, et dont les malheureuses suites avoient ruiné le commerce en avilissant le papier-monnaie. Les gens de la campagne ne se plaignoient pas moins de la rapacité des Russes; le joug français leur parut plus facile à supporter.

Murat, qui commandoit l'avant-garde, ne fit que traverser la ville, et se porta sur le

Danube pour entrer en Moravie. Le pont étoit défendu par le prince d'Aversberg, avec ordre de le détruire s'il étoit nécessaire. Mais Buonaparte et quelques-uns de ses généraux avoient pour maxime le mot d'Énée, *qu'importe ou la ruse ou la force ?* Murat persuada au prince que les deux empereurs avoient signé un armistice, et sur cette assurance, il eut la bonne foi de livrer le pont. Ainsi la Moravie fut ouverte à l'armée française ; elle s'y précipita avec son ardeur accoutumée; et Buonaparte, après avoir confié au général Clarke le gouvernement de la Haute et Basse-Autriche, se hâta de la rejoindre.

On a vu les Russes passer le Danube à Krems. Le général Mortier occupoit les bords de ce fleuve; il n'avoit que six mille hommes ; l'armée russe étoit de vingt mille. Il fallut se battre. Mortier, loin de décliner le combat, attaqua l'ennemi, le repoussa ; mais attaqué à son tour, enveloppé de toutes parts, il prend une résolution digne d'un général français, il perce la ligne ennemie, y fait un grand carnage, et s'ouvre un libre passage. Il perdit beaucoup de monde, mais il gagna une gloire immortelle. Qu'eût-il donc fait à Ulm, si, comme Mack, il eût commandé trente mille hommes ? L'Autriche perdit dans cette affaire un officier d'un rare mérite, le général Smidt, que le prince Charles honoroit de la plus haute confiance, qui remplissoit les fonctions de quartier-maître-général à l'armée russe. Cette armée ne pouvoit rester dans la position périlleuse où elle se trouvoit ; elle se hâta de rentrer dans la Moravie, où l'on attendoit une nouvelle division russe, commandée par le géral Buxhovden.

L'armée française étoit en marche depuis le mois de septembre ; la saison étoit horrible, mais rien ne l'arrêtoit ; elle s'avança si rapidement, que l'empereur François ne se croyant pas en sûreté à Brunn, se retira avec toute sa cour à Olmütz ; mais il ne put se déterminer à cette douloureuse démarche sans faire une adresse à son peuple.

« J'ai proposé à l'ennemi, dit-il, un armistice, dans l'espoir de négocier un traité de paix. Mon peuple jugera si j'ai pu accepter avec honneur les conditions que m'a proposées l'empereur des Français. Dans la nécessité où je me trouve, il ne me reste d'autre parti que de m'adresser au courage et à la fidélité de mes sujets, de mettre toute ma confiance en eux et dans mes puissans alliés la Russie et la Prusse, dont les forces sont encore entières. A quelque prix que ce soit, je marcherai dans le chemin de l'honneur, jusqu'à ce qu'il plaise à l'empereur Napoléon d'accepter des propositions compatibles avec l'indépendance et la gloire d'un grand État (1). »

La précipitation avec laquelle les Autrichiens avoient passé le Danube et s'étoient éloignés de l'ennemi, ne leur avoit pas permis de veiller à la conservation de leurs magasins; chaque jour l'armée française s'enrichissoit de leurs pertes. A Stokeran, le maréchal Lannes s'empara de huit mille paires de souliers, d'autant de paires de bottes, et d'une quantité d'habits suffisante pour vêtir toute l'armée. Le général Milhaud enleva un nombre considérable de pièces de canon. Bernadote, qui avoit tourné la droite de l'armée française, par Saltzbourg, revint joindre la grande armée. Murat et Lannes attaquèrent à Holbrunn un corps de Russes qui leur abandonna une partie de ses bagages pour se sauver; mais le général, malgré ce sacrifice, se trouvant trop pressé, eut à son tour recours à la ruse. Il envoya le baron Vinzingerod en

---

(1) On pourroit s'étonner de trouver ici le nom du roi de Prusse uni à celui de l'empereur de Russie; nous verrons bientôt pourquoi l'empereur d'Autriche comptoit sur son secours.

parlementaire, proposer, au nom de l'armée russe, de capituler, et de se séparer des Autrichiens. Ces propositions séduisirent Murat, qui se hâta de les communiquer à Buonaparte : celui-ci, moins facile à tromper, répondit que les Russes n'ayant pas d'autorisation pour capituler, il ne recevroit de propositions que de l'empereur Alexandre, et continua sa marche; mais les Russes avoient déjà profité du délai pour s'éloigner.

Le lendemain, ils furent rejoints, et chargés avec impétuosité. Le combat fut sanglant et opiniâtre; ils parvinrent d'abord à repousser les Français à la baïonnette; mais attaqués de front par le maréchal Lannes, tournés sur leur gauche par le général Dupas, et sur leur droite par le maréchal Soult, ils furent enfin réduits à prendre la fuite, et laissèrent deux mille prisonniers, autant à peu près de morts et de blessés, douze pièces de canon et un grand nombre de chariots. La perte du vainqueur ne fut guère moindre; il eut deux mille hommes tués ou blessés : le général Oudinot et ses deux aides-de-camp furent du nombre de ces derniers. Le général fut remplacé par Duroc.

Dans leur déroute, les Russes avoient abandonné leurs malades à Znaïm, où Napoléon vint de Moelk (1) établir son quartier-général. Ces hommes, qu'on avoit présentés comme si redoutables, cédoient partout aux Français. Le général Sébastiani coupa une partie de leur arrière-garde, et leur fit près de deux mille prisonniers. Brunn abandonnée offrit de nouvelles richesses, beaucoup de munitions, des grains, de la poudre, de l'artillerie. Cette place étoit bien fortifiée, et pouvoit soutenir un siége. Buonaparte la fit mettre dans un état complet de défense, s'y arrêta quelques jours, y reçut un députation des Etats de Moravie, et reprit le cours de ses opérations. Les Russes essayèrent inutilement de défendre la route de Brunn à Olmütz; les généraux Walther, Hautpoult et Bessières les forcèrent à la retraite, et les poussèrent jusqu'à Vishau, où l'armée austro-russe prit position et reçut des renforts. Tout annonçoit une action prochaine et décisive.

---

(1) L'abbaye est une de plus belles de l'Europe. La France et l'Italie n'ont rien qu'on puisse lui comparer. Sa position est forte, et domine le Danube. C'étoit un des principaux postes des Romains, qui l'appeloient *la maison de fer*. Les caves étoient remplies d'excellent vin de Hongrie, qu'on distribua à l'armée.

CHAPITRE XIII.

Armée d'Italie ; succès qu'elle obtient. Nouveaux progrès de l'armée française en Moravie. Bataille et victoire d'Austerlitz. Retraite des Russes. Paix de Presbourg.

Quelque brillans que fussent les succès de la grande-armée en Allemagne, le fruit de la victoire eût été moins assuré si les triomphes de Masséna en Italie n'eussent pas répondu à ceux de Buonaparte. L'armée qu'il avoit à combattre étoit commandée par le prince Charles, tandis que l'archiduc Jean occupoit le Tyrol, pour entretenir les communications entre l'Allemagne et les Etats de Venise. Corfou et Malte étoient occupées par des forces considérables de Russes et d'Anglais qui se proposoient de faire une descente dans la péninsule. Au nord de l'Allemagne, un corps combiné d'Anglais et de Suédois se disposoit à marcher pour obliger les Français à évacuer le Hanovre. Ce plan étoit vaste et bien conçu : la fortune de Napoléon triompha de tout.

Le prince Charles et Masséna étoient en présence sur les bords de l'Adige, et n'attendoient que le moment d'en venir aux mains. Masséna commandoit soixante-dix mille hommes, l'archiduc en avoit soixante-quinze mille, tous pleins d'ardeur et de confiance dans le chef qui les commandoit.

Les armées françaises d'Allemagne et d'Italie entretenoient une correspondance active; elles devoient attaquer l'ennemi simultanément. Masséna, instruit que Napoléon avoit joint les Autrichiens, se disposa à passer l'Adige. Deux fausses attaques, l'une sur la droite, l'autre sur la gauche de l'ennemi, trompèrent la prévoyance du prince; et tandis que les ailes défendoient le passage, Masséna, avec le reste de son armée, enfonça le centre autrichien, et passa le fleuve à Vérone. Le pont étoit fortement barricadé, quelques arches en étoient coupées; mais rien n'arrêta les compagnies légères des divisions Gardane et Duhesme. Les Autrichiens furent obligés de se retirer sur les hauteurs, où ils avoient des retranchemens. Le lendemain, ces positions sont attaquées, l'ennemi perd sept pièces d'artillerie, un grand nombre de fourgons et douze cents prisonniers, et le vainqueur, satisfait de cet avantage, repasse le fleuve pour attendre des nouvelles de l'Allemagne. Dès qu'elles sont arrivées, Masséna franchit l'Adige, enlève les positions de l'ennemi, lui prend deux pièces de canon et quinze cents prisonniers; mais il achète chèrement ces succès. L'attaque et la défense sont également sanglantes des deux parts. Les Français bravent tout pour répondre à la réputation qu'ils se sont acquise, les Autrichiens pour soutenir celle de leur général.

Masséna, qui ne s'avançoit qu'avec circonspection, pour mesurer ses mouvemens sur ceux de l'armée d'Allemagne, prit position à quelques milles de Caldéro, où le prince étoit fortement retranché. On s'observa pendant quelques jours. Mais Masséna ayant appris la prise d'Ulm et le dessein de Napoléon de marcher rapidement pour joindre et combattre l'armée combinée des Russes et des Allemands, se porta aussitôt en avant, attaqua la ligne ennemie sur tous les points, et l'enfonça partout. Sa gauche étoit commandée par le général Molitor, le centre par le général Gardane, la droite par le général Duhesme. On se battit des deux parts avec fureur. Trente pièces de canon foudroyoient l'armée française, mais rien ne put résister à la baïonnette des grenadiers, et le carnage fut tel, que l'archiduc demanda une trêve pour enterrer les morts ; il perdoit d'ailleurs trois mille prisonniers. Ce désastre fut bientôt suivi d'une perte encore plus grande. Un corps de cinq mille hommes, commandé par le général Hillinger, s'étoit avancé dans l'intention de tomber sur les derniers rangs de l'armée française ; mais arrivé trop tard, il fut bientôt enveloppé, et réduit à mettre bas les armes, après une honorable et vive résistance.

Ainsi tomboit de toutes parts cette puissance autrichienne qui s'étoit flattée de donner des lois au continent. Cependant, Masséna, réunissant la prudence au courage, marchoit avec une sage circonspection et ne s'avançoit que lentement. Son armée recevoit tous les jours des nouvelles propres à exalter son courage, tandis que celles qui arrivoient au prince Charles produisoient l'effet contraire. Il avoit peu d'espoir d'obtenir des succès sur l'armée de Masséna, qui venoit d'être rejoint par le général Gouvion-Saint-Cyr. Vienne étoit sur le point de tomber au pouvoir de l'ennemi. Partagé entre les intérêts de sa gloire et ceux de son pays, il préféra son pays, et se décida à se mettre en pleine retraite. Il choisit pour son départ le commencement de la nuit, et marcha jusqu'à la pointe du jour sans être aperçu.

Mais bientôt l'armée française s'étant mise à sa poursuite, se fit ouvrir les portes de Vicence, et s'avança sans obstacle. Arrivé à Bassano, le prince pouvoit se retirer également ou dans le Tyrol par Trente, ou dans la Carinthie par Trévise. Dans le Tyrol, il auroit eu à combattre, en avant, Marmont et Bernadote; sur les flancs, Augereau et Ney; en arrière, Masséna. La Carinthie lui offroit, en cas de besoin, le moyen de se jeter en Hongrie et de s'y recruter. Dans l'un et l'autre cas, sa retraite étoit difficile, son armée étant continuellement harcelée par les troupes légères de l'ennemi.

Les Français arrivèrent sur la Brenta au moment où les Autrichiens venoient de passer cette rivière et s'occupoient à détruire le pont. Ils essayèrent de le défendre, mais inutilement. Quelque fatiguées que fussent les troupes françaises, elles furent promptement au-delà du fleuve. Masséna leva des contributions sur les lieux les plus importans où il passoit, et continua sa marche; rien ne pouvoit l'arrêter entre la Brenta et le Tagliamento. Le prince Charles feignit de s'y défendre et de vouloir engager une action sérieuse; mais il se mit en retraite pendant la nuit, et se dirigea sur Laybach, dans la Carniole. Masséna, qui le suivoit avec activité, après avoir passé l'Izouzo, s'être rendu maître de Gradisca, s'approchoit de Goritz, où l'ennemi étoit fortement retranché; mais fidèle à son système de retraite, le prince, pour éviter le combat, évacua cette place pendant la nuit, laissant au pouvoir des Français Udine et Palma, places importantes où ils trouvèrent de riches magasins. Ici Masséna s'arrêta pour veiller à ce qui se passoit derrière lui; il savoit que le Tyrol devoit être occupé par une forte armée sous les ordres de l'archiduc Jean; mais bientôt il apprit que cette armée ne pouvoit plus lui donner d'inquiétude. Le prince étoit également pressé du côté de la Souabe et de la Bavière. Dès le commencement de la campagne, le maréchal Augereau s'étoit rendu maître de Lindaw et de Bregents. L'archiduc connoissant l'impossibilité de se défendre, s'étoit fait jour à travers tous les obstacles, et après des périls et des pertes nombreuses, étoit parvenu à joindre le prince Charles, son frère. Il ne restoit plus dans le Tyrol qu'un corps de sept mille hommes sous les ordres du prince de Rohan. Ce corps, cerné de tous côtés, se trouvoit dans la position la plus critique, et n'avoit d'autre moyen de salut que de gagner Venise, en tournant l'armée de Masséna. Le prince le tenta, se jeta dans les montagnes entre le Tyrol et l'Italie, arriva à Bassano, et se dirigea sur Castel-Franco. Après plusieurs combats, où il déploya une grande valeur, accablé par les corps du général Saint-Cyr et du général Regnier, il fut forcé de mettre bas les armes, et de se rendre prisonnier avec plusieurs officiers de distinction. Ainsi l'Italie se trouva libre, et l'Autriche se vit battue partout, déconcertée dans tous ses plans. Deux divisions autrichiennes commandées par les généraux Jellachich et Wolfskell, capitulèrent entre les mains du maréchal Augereau, et s'engagèrent à ne point prendre les armes contre la France pendant un an. Ce maréchal s'éloignoit peu d'Ulm, pour couvrir la grande-armée de Buonaparte, qui marchoit en avant, et faire face à un corps de Russes réuni en Franconie avec des apparences hostiles.

Le Tyrol étant évacué, le maréchal Ney s'y porta avec sa division et celle du général bavarois Deroi, arriva, par des chemins hérissés de difficultés et presque inconnus, sur les forts de Scharnitz et de Neustark, les prit d'assaut, et, le 17 novembre, entra à Inspruck, où il trouva un arsenal immense et des munitions de tout genre. Le 20, ses avant-postes étoient à Trente. Instruit de ces succès, Masséna marcha sur Laybach, et se mit en communication avec le maréchal Ney, le général Saint-Cyr restant en arrière pour observer les Anglo-Russes qui menaçoient Venise d'une descente. Toutes les parties du plan de Napoléon se trouvoient ainsi exécutées. L'évacuation complète du Tyrol lui assuroit le secours des corps commandés par Ney et Marmont, qui s'approchèrent du Danube. Masséna prit des positions pour contenir le prince Charles. Le maréchal Davoust, après la prise de Vienne, s'étoit porté sur Presbourg, et avoit ouvert avec l'archiduc palatin une négociation pour la neutralité de la Hongrie. Mais ce prince cherchoit plutôt à arrêter les Français, en gagnant du temps, qu'à traiter avec eux. Davoust s'en étant facilement aperçu, rompit les négociations, et alla se réunir à la grande-armée, où tout se préparoit pour un évènement décisif.

La force numérique des deux armées étoit à peu près égale ; celle des alliés se composoit de cinquante mille Russes bien équipés et aguerris, et de vingt-cinq mille Autrichiens, la plupart de nouvelles recrues. L'armée française, après la jonction de Bernadote et de

Davoust, étoit de soixante-dix à quatre-vingt mille hommes, mais tous exaltés par leurs premiers triomphes, et supérieurs à leur ennemi en expérience, en savoir, en discipline. Ces deux armées étoient en présence, quelques heures pouvoient décider du sort de l'Autriche. Dans cette position critique, l'empereur d'Allemagne envoya au camp de Buonaparte les comtes Stadion et Giulay, pour lui proposer des négociations de paix, et dans le même temps le comte Haugwits arriva à Vienne, pour offrir à Napoléon la médiation du roi de Prusse son maître. Buonaparte, plus habile que ses ennemis, instruit d'ailleurs des dispositions du roi de Prusse, qui avoit traité en secret avec les alliés, dissimula, et pour inspirer plus de sécurité aux deux armées qu'il avoit à combattre, feignit de prêter l'oreille aux propositions de l'empereur François et du roi de Prusse; mais il étoit décidé à terminer cette campagne par une action décisive. La fortune favorisa ses desseins. Les Russes, paraissant étrangers aux projets de négociation, attaquèrent quelques-uns de ses avant-postes à Vischaw, et les firent reculer. L'empereur Alexandre, qui venoit d'arriver à son armée, s'avança avec elle, et prit position derrière la ville. La retraite des avant-postes français avoit été concertée avec Napoléon; son dessein étoit d'inspirer une grande confiance à l'ennemi, de l'attirer en avant et de lui faire abandonner ses positions.

Pour s'assurer davantage de l'esprit qui régnoit dans l'armée ennemie, il y envoya le général Savary, sous prétexte de complimenter l'empereur sur son heureuse arrivée : celui-ci, habile observateur, resta au camp tout le jour, étudia tout, et vint rapporter à Napoléon que cette armée étoit montée au plus haut degré d'exaltation, que l'empereur Alexandre paroissoit être sous l'influence de jeunes officiers présomptueux qui ne doutoient pas de leur prochaine victoire.

L'avis étoit précieux : Buonaparte en profita; et pour égarer davantage la prudence de son ennemi et le précipiter dans une confiance aveugle, il quitta pendant la nuit ses positions, en prit d'autres à trois lieues au-delà, ordonna de les fortifier à la hâte, d'y élever des retranchemens et de les garnir d'artillerie; il fit en même temps proposer une entrevue à l'empereur Alexandre. Ce prince lui envoya son aide-de-camp d'Olgorouki. Buonaparte, afin de l'entretenir dans les sentimens qu'il apportoit, affecta de le recevoir aux avant-postes, comme s'il eût craint de le rendre témoin de la peur dont ses soldats étoient saisis. L'aide-de-camp fut complètement trompé. La retraite des avant-postes, celle de l'armée toute entière à trois lieues en arrière, le soin qu'elle prenoit de se fortifier, l'embarras apparent de Buonaparte, la modération de ses discours, l'opinion dont il étoit imbu que rien ne pouvoit résister aux Russes, tout lui persuada que l'armée française et Napoléon lui-même étoient frappés de terreur; et dans l'excès de son illusion il n'hésita point à lui développer sans réserve les propositions dont son maître l'avoit chargé. On demandoit l'évacuation de la Belgique, de la Hollande et du Hanovre, et la renonciation à la couronne d'Italie. Buonaparte, maître de lui-même, ne donna aucun signe de surprise, déclara ne pouvoir répondre sur le champ, et renvoya le négociateur bien convaincu qu'il ne s'agissoit que d'attaquer, pour triompher d'une armée déjà vaincue par la peur. C'étoit tout ce que désiroit Buonaparte. Il savoit mieux qu'un autre apprécier sa position : son armée, à deux cents lieues des frontières, n'avoit derrière elle ni magasins ni points d'appui, sa ligne d'opérations se prolongeoit sur une étendue considérable; à gauche, la Bohême s'insurgeoit; à droite, la Hongrie hâtoit ses levées;

Masséna étoit retenu en Italie par la crainte d'une descente de l'armée anglo-russe; la Prusse armée menaçoit; le prince Charles marchoit sur Vienne, et n'en étoit plus qu'à cinquante lieues. Si les alliés parviennent à gagner du temps, à garder leurs positions, les chances de la fortune peuvent changer, l'ardeur du soldat se refroidir. Ces considérations ne sauroient échapper à un homme tel que Buonaparte; mais il ne perdra pas de temps; une grande bataille décidera des destinées de l'Autriche et du sort de l'Europe. Il a jeté l'ennemi dans une illusion complète; sa présomption le perdra. Tout lui dit d'attendre; mais les prétextes ne lui manqueront pas pour hâter sa perte. Son armée est nombreuse, tous ses renforts sont arrivés, le soldat ne respire que le combat; les vivres sont peu abondans, soit parce qu'on a perdu les plus riches magasins, soit parce que les officiers russes ont retenu les chevaux derrière eux, soit parce que les 5o millions de la banque de Paris ont pénétré dans le commissariat autrichien. L'électeur de Bavière avoit défendu, sous les peines les plus sévères, toute exportation de grains pour l'Autriche. La discipline se relâche, on craint la licence, on se décide à combattre. Les plus habiles croient que le général Kutusow eût mieux servi la cause des alliés en se retirant devant Napoléon pour l'engager plus avant, donner au prince Charles le temps d'inquiéter les Français, et au roi de Prusse celui de se décider. Mais le général partage la présomption de ses soldats; il quitte Olmütz, et n'aspire plus qu'au moment de prouver à l'Europe que Buonaparte n'est pas invincible. Les armées sont en présence, le combat va commencer. Le 2 décembre sera consigné dans les fastes militaires comme une des journées les plus mémorables dont on ait gardé le souvenir. Les armées vont combattre sous les yeux de leurs trois empereurs.

Le maréchal Lannes, ayant sous lui le général Suchet, commande la gauche, appuyée sur des hauteurs qu'il est presqu'impossible de tourner; le maréchal Soult la droite, couverte par des bois et des marais impraticables, malgré la gelée; le maréchal Bernadote le centre, couvert par un mamelon hérissé d'artillerie. Davoust est en observation sur la gauche de l'ennemi. Murat, avec sa cavalerie et vingt-quatre pièces d'artillerie légère, appuie l'aile droite du maréchal Lannes. Le général Duroc commande la réserve, composée de dix bataillons de grenadiers sous les ordres du général Oudinot, et d'un égal nombre de bataillons de la garde impériale, soutenus de quarante pièces de canon.

L'armée française, commandée en chef par Buonaparte lui-même, étoit de huit divisions d'environ sept mille hommes chacune; le corps de réserve étoit de quinze mille hommes, ce qui formoit une masse de soixante-onze mille hommes. Les corps de Bernadote et de Davoust ne s'étoient réunis à la grande-armée que depuis deux jours.

L'armée ennemie étoit de cent quatre bataillons, dont vingt seulement étoient Autrichiens, et de cent cinquante-neuf escadrons de cavalerie, Autrichiens, Russes et Cosaques. Ces forces réunies montoient environ à soixante-douze mille hommes. Les Russes étoient commandés par le général Kutusow, les Autrichiens par le prince de Lichtenstein.

La journée du 1er décembre se passa en démonstrations; mais le lendemain, Buonaparte, près d'engager l'action, adressa une proclamation à son armée:

« Ces Russes que vous avez devant vous sont les mêmes que vous avez déjà vaincus à Hollabrunn; ils ont fui devant vous. Maintenant ils viennent venger l'affront que leurs alliés ont reçu à Ulm; mais cette journée leur sera funeste. Nous occupons une position formidable, et l'ennemi ne sauroit attaquer notre droite sans découvrir son flanc. Je commanderai moi-même la bataille ; et si la victoire devenoit un instant douteuse, vous me verriez à la tête de vos premiers rangs. Nous terminerons aujourd'hui la campagne, et nous la couronnerons par une paix digne de vous, digne du peuple français, digne de moi. »

Dans le cours de la nuit, il visita incognito tous les avant-postes ; mais ayant été reconnu, il fut salué par des acclamations universelles. C'étoit la veille de l'anniversaire du couronnement : le soldat, pour lui rappeler ce jour heureux, avoit illuminé toute la ligne ; des feux de joie éclairoient la position entière.

A minuit, les officiers de l'armée combinée reçurent leurs instructions ; mais on avoit si mal étudié la position des Français, que tout y étoit vague et mal conçu. On supposa, sur de faux renseignemens, que Buonaparte avoit affoibli son centre pour fortifier sa gauche, et l'on résolut d'attaquer sa droite. On se persuada qu'on pouvoit tourner les positions sur lesquelles elle étoit appuyée, et la forcer ensuite à combattre dans la plaine :

ce plan, mal imaginé, fut encore plus mal exécuté.

Buonaparte, plus sûr de ses opérations, mieux servi par ses espions, à l'abri de toute trahison de la part de ses soldats et de ceux de ses alliés, attendit le jour pour donner ses ordres. L'air étoit vif, le ciel très-pur. Il réunit ses officiers-généraux sur une hauteur d'où il pouvoit facilement reconnoître les dispositions de l'ennemi. En l'observant, il dit : *Ils sont à nous.* Il explique ensuite brièvement sa pensée; et les généraux l'ayant quitté pour aller rejoindre au galop leurs corps respectifs, il parcourt lui-même rapidement toute la ligne, où sa présence excite le plus vif enthousiasme.

Il laissa ensuite agir l'ennemi; et lorsqu'il vit que ses opérations avoient peu d'ensemble, et qu'en faisant un long circuit pour tourner sa droite, leur aile gauche avoit laissé un vaste intervalle entre elle et le centre, il commença ses mouvemens, et se porta sur le centre, pour le séparer entièrement de l'aile gauche.

Quoiqu'il n'entre point dans le dessein de ces Mémoires de décrire en tacticien les batailles livrées, les victoires remportées par les Français, on peut déjà concevoir qu'après la faute capitale des généraux alliés, il leur restoit peu de chance pour la victoire; le centre et l'aile droite furent bientôt engagés. Le centre n'avoit que douze mille hommes; Buonaparte marchoit contre lui avec des forces presque doubles.

Le prince Constantin occupoit les hauteurs d'Austerlitz avec une réserve de la garde impériale; il reçut l'ordre d'en descendre. Mais à peine avoit-il quitté sa position, qu'il se vit attaqué par la cavalerie légère de Murat, que commandoit le général Kellermann. Le prince Jean de Lichtenstein vole à son secours, charge vivement, et force d'abord les Français à se replier sur l'infanterie; l'ennemi les y suit sans précaution; mais l'infanterie s'étant ouverte pour recevoir la cavalerie, le prince et le grand-duc, emportés par une ardeur irréfléchie, se trouvent entre deux feux; les hulans perdent quatre cents hommes; le régiment de l'archiduc est écrasé.

L'empereur Alexandre étoit arrivé au centre, à huit heures du matin, à la tête de la quatrième colonne, que commandoit le général autrichien Kollowrath. Malgré tous les désavantages de sa position, il voulut qu'on marchât contre les Français, conformément au plan. L'action étoit à peine commencée, la gauche se mettoit à peine en mouvement pour soutenir le centre, que le général Kutusow aperçoit une colonne épaisse et serrée d'infanterie française bordant le front des hauteurs du village qu'il avoit fait occuper. Ce point étoit de la plus grande importance; il falloit le garder, ou perdre la bataille. Kutusow, prévenu par l'ennemi, surpris de se voir attaqué lorsqu'il se disposoit à attaquer lui-même, sentant toute la gravité de sa situation, fait des efforts infinis pour conserver les points qu'il occupe.

La présence de l'empereur animoit l'armée russe; l'honneur lui faisoit un devoir de tout entreprendre pour sortir de cette position terrible. On n'oublia rien pour y parvenir. Les généraux des deux armées épuisèrent toutes les ressources de leur tactique; mais elle échoua constamment contre celle des généraux français. Les historiens anglais eux-mêmes conviennent qu'ils déployèrent dans cette circonstance une habileté extraordinaire. Enfin, on en vint à la baïonnette; les Autrichiens chargèrent, de concert avec les Russes, sous le général Kamenskoi. Les Français les reçurent avec cette froide intrépidité qui distingue des troupes aguerries. Le carnage devint affreux. Le général Milloradowith s'avançoit contre l'aile droite; mais en ce moment, les généraux Berg et Repnin ayant été blessés, leurs troupes perdirent courage, et l'ardeur de l'attaque se refroidit sur tous les points; alors les Français attaquèrent à leur tour, enfoncèrent l'ennemi, lui enlevèrent sa position, le poursuivirent, et le forcèrent d'abandonner son artillerie dans les marais voisins; tout alors devint confusion, et la quatrième colonne, en désordre, alla se refaire à quelque distance.

Pendant cette déroute, la cavalerie ennemie avoit fait de courageux efforts contre la cavalerie de Murat et l'infanterie des deux ailes de l'armée française pour arrêter les progrès du centre. Le lieutenant-général Lichtenstein avoit eu son cheval tué sous lui. Le prince Repnin, blessé, étoit tombé entre les mains de l'ennemi. Le grand-duc Constantin lui-même avoit couru les plus grands dangers, et s'étoit vu, après une lutte terrible, forcé de faire sa retraite sur Austerlitz.

Le prince Bagration, réduit aux mêmes extrémités, s'étoit retiré derrière la même position; mais rien n'égala le désastre de l'aile gauche des alliés. Superstitieusement attachée au plan qu'on lui avoit communiqué, elle l'avoit exécuté sans tenir compte des changemens survenus dans la position de l'ennemi;

sans rien observer, sans rien étudier, étonnée de se trouver débordée par les Français, devenus maîtres du village dont il vient d'être parlé, elle ne sait prendre aucune résolution. Le général russe Przibiskewsky, enveloppé de toutes parts, fut réduit à mettre bas les armes avec six mille hommes et toute son artillerie. Une autre colonne, brusquement attaquée par le général Vandamme, perdit quatre mille hommes et toute son artillerie. Nombre de fuyards périrent dans un lac voisin, dont la glace se rompit sous leurs pieds. Le général Buxhowden parvint avec peine à gagner Austerlitz avec quelques bataillons. Le chemin de Vishau étant resté à découvert, presque tous les bagages de l'armée combinée tombèrent au pouvoir des Français. Les débris de l'armée russe se retirèrent dans le plus grand désordre; et pour comble de disgrâce, le dégel étant survenu, le mauvais état des chemins ne leur permit pas d'emmener leur artillerie. On compta, suivant le bulletin français, huit mille Russes tués, six cents Autrichiens, neuf cents Français. Le général Buxhowden périt dans la retraite. Le fils du général Kutusow fut tué : c'étoit un jeune homme d'une grande espérance. Sept mille Russes blessés et trois mille Français restèrent sur le champ de bataille. Buonaparte avoua lui-même que le spectacle qu'il offroit étoit horrible à voir; que du milieu des lacs immenses et inaccessibles on entendoit les cris de milliers de victimes qu'on ne pouvoit secourir.

L'armée combinée fut réduite de plus d'un quart par ces pertes immenses; tous les bagages, l'artillerie presque toute entière devinrent la proie du vainqueur, et les blessés ne purent être enlevés que dans l'espace de trois jours. Jamais Buonaparte n'avoit remporté une plus éclatante victoire. La nouvelle en parvint à Paris le 12. décembre. On attendit l'heure des spectacles pour la publier. Tous les théâtres furent parés de lauriers, toutes les rues illuminées; le canon, les proclamations retentirent dans tous les quartiers. On désigna cette journée sous le nom de *bataille des trois empereurs;* mais un seul des trois s'étoit montré grand capitaine.

Le bulletin de la bataille, rédigé sous les yeux de Napoléon, rendoit une justice éclatante aux Russes; on y disoit que c'étoit des bastions qu'il falloit démolir; on y rendoit compte des folles propositions du prince d'Olgorouki, et Buonaparte ajoutoit que la Russie ne les obtiendroit pas, quand même ses armées seroient campées sur les hauteurs de Montmartre, mot qu'on n'oublia pas dans un autre temps.

Le lendemain de la bataille, il dit à ses soldats : « Vous avez décoré vos aigles d'une gloire immortelle. Bientôt je vous ramènerai en France; il vous suffira de dire : *J'étois à la bataille d'Austerlitz,* et l'on répondra : *Voilà un brave.* »

Il décréta des pensions pour les veuves des généraux et des officiers tués, adopta les enfans des soldats, et ordonna qu'ils fussent élevés aux frais de l'Etat. L'armée s'étoit enrichie de nombreuses dépouilles, car le fantassin russe étant dans l'usage de poser son havresac pour combattre, les Français en recueillirent une immense quantité. Ce butin, les récompenses militaires, les largesses de Napoléon, les 100 millions qui devoient être distribués à l'armée, la gloire dont elle venoit de se couvrir, élevoient jusqu'au fanatisme son dévouement pour Buonaparte.

On s'attendoit si peu à cette issue dans les rangs ennemis de Buonaparte, que les émigrés de Vienne avoient repris, au commencement de la campagne, leurs croix de Saint-Louis.

Bientôt les anecdotes se joignirent aux bulletins. On assuroit que si le prince Charles avoit été éloigné de la cour et relégué à l'armée d'Italie, que si le général Mack avoit obtenu le commandement en chef, c'étoit l'effet d'une intrigue concertée par une coterie qui vouloit absolument la guerre, et qui étoit inspirée et dirigée par des jésuites. On faisoit à Buonaparte honneur d'un témoignage de sensibilité qu'il avoit donné aux blessés de l'armée ennemie. Des chariots de blessés, disoit-on, ayant passé devant lui, il se découvrit en disant : *Respect au courage malheureux,* et resta avec ses officiers, son chapeau à la main, pendant tout le passage. On parloit de sa tente, qui n'étoit qu'une mauvaise cabane couverte de chaume ; du bivouac, dont il avoit supporté toutes les fatigues ; de la bonté avec laquelle il avoit traité ses soldats, de sa sévérité pour le maintien de la discipline et la protection des campagnes. Les orateurs, les poëtes, les évêques se disputèrent l'honneur de célébrer tant de merveilles. Les évêques l'emportèrent sur tous les autres.

« Dans ces évènemens extraordinaires, disoit M. de Broglie, évêque d'Acqui, la politique voit le jeu des passions et des intrigues, l'homme frivole les vicissitudes de la terre, le philosophe les écarts de la folie et de l'ambition, l'impie le caprice du hasard : ils ne savent rien, ils ne comprennent rien, ils marchent dans les ténèbres. Quelque chose de plus grand se présente au chrétien : c'est Dieu qui donne la vie, qui l'ôte, qui jette dans l'abîme et qui en retire. Quand Dieu veut perdre les Etats, il répand dans les conseils un esprit de vertige qui les fait chanceler comme un homme ivre. Le Dieu des combats se rit des téméraires projets des hommes ; il a livré les ennemis entre les mains du héros qu'ils avoient osé défier, et leur chute a été complète ; il s'est élevé comme un géant qui parcourt sa carrière ; et ces nations, qui se croyoient invincibles, ont été terrassées. »

Un autre évêque compara l'empereur d'Autriche fuyant devant Buonaparte au sanglier d'Erimanthe fuyant devant Hercule.

On n'avoit point épargné en France les insultes à ce malheureux prince. Parmi les nombreuses caricatures affichées pour le tourner en dérision, on en remarquoit une intitulée : *François II revenant de la guerre*. Il étoit sans habit, sans veste, avoit une jambe de bois, la tête bandée et le bras en écharpe : satire grossière, indigne d'un vainqueur qui se respecte.

L'absence de Napoléon n'avoit été marquée dans l'intérieur que par deux évènemens de quelqu'importance. Le bruit de l'enlèvement de 50 millions à la Banque s'étant répandu, les esprits timides en conçurent de l'inquiétude, et se présentèrent à la Banque pour réaliser les billets dont ils étoient porteurs; bientôt la foule grossit. L'agiotage se mêla à ce mouvement, et, pour réaliser leurs billets, les plus craintifs consentirent à perdre 5, 10 fr. sur un billet de 500 fr. Le commerce commençoit à souffrir de ce désordre : les premiers jours, il avoit été très-grand; les ennemis de Napoléon s'en réjouissoient. On accréditoit des bruits propres à répandre les plus vives alarmes. Le peuple commençoit à fixer ses regards sur ces caves, qu'on disoit receler de grands trésors, et cette portion des basses classes qui recherche les troubles, parce qu'elle y trouve toujours quelque chose à gagner, n'eût pas été fâchée de mettre, comme son empereur, la main dans les caisses publiques. Le ministre Fouché l'arrêta, en faisant distribuer dans les municipalités des numéros sans lesquels les porteurs ne pouvoient se présenter. De son côté, M. Barbé de Marbois rassura le public, en publiant un état de situation d'où il résultoit que la Banque possédoit beaucoup au-delà de ce qui lui étoit nécessaire pour faire face à ses engagemens. Comme il jouissoit d'une haute réputation d'honneur et de probité, le calme se rétablit promptement, la confiance et le crédit reprirent leur cours accoutumé.

L'autre évènement étoit d'une nature plus sombre. Le 27 octobre, le capitaine Wright, détenu au Temple depuis près de deux ans, fut trouvé égorgé dans son lit. Quel étoit l'auteur de cet assassinat? L'opinion publique l'attribua au gouvernement de Napoléon. Ce capitaine avoit jusqu'alors supporté stoïquement sa captivité. S'il réclamoit contre la violation des lois de la guerre, il ne mettoit pas dans ses plaintes assez d'exaltation pour qu'on pût croire qu'il eût le dessein d'attenter à ses jours. Les feuilles officielles du gouvernement annoncèrent cette mort, mais avec des circonstances et d'une manière plus propre à confirmer qu'à dissiper les soupçons du public. On disoit qu'après avoir lu le bulletin de la grande-armée, et vomi beaucoup d'injures contre les Autrichiens, et surtout contre le général Mack, ce capitaine s'étoit coupé la gorge. Pendant long-temps, le secret de cette scène tragique resta impénétrable. Après la chute de Napoléon, l'auteur d'un ouvrage fort connu, intitulé *le Cabinet de Saint-Cloud,* assura que non seulement le capitaine Wrigth avoit été assassiné, mais qu'il avoit préalablement subi une question extraordinaire, et qu'on lui avoit coupé les membres les uns après les autres. En 1815, le *Journal général de France* donna l'extrait d'une lettre signée d'un avocat nommé d'*Hénoux*, qui se trouvoit au Temple à l'époque où le capitaine Wright y périt. Voici ce qu'on y lisoit :

« J'étois prisonnier d'Etat au Temple quand l'assassinat politique du capitaine Wright a eu lieu. La veille du jour où le capitaine fut trouvé la gorge coupée, Savary, à cette époque aide-de-camp de Napoléon, dont on l'appeloit *le bras droit*, vint faire, avec quelques soldats, une inspection rigoureuse de cette terrible prison, inspection dont il étoit chargé spécialement, et indépendamment de Fouché, ministre de la police. *Retirez-vous dans vos chambres*, fut l'ordre que Savary donna aux prisonniers. On fit des perquisitions dans la chambre du capitaine comme dans les autres. L'objet de cette enquête étoit de découvrir une prétendue correspondance avec l'Angleterre, dont on ne trouva aucune preuve. Le jour suivant, une nouvelle perquisition eut lieu, mais seulement dans la chambre du capitaine; elle étoit faite par trois officiers de police escortés de deux soldats. Sans doute, ces vexations irritèrent au plus haut degré ce brave officier, et nous l'entendîmes crier de toute sa force et appeler la vengeance du Ciel sur Buonaparte et sur la cruelle tyrannie de sa police. Vers minuit, ces assassins entrèrent dans sa chambre, et lui coupèrent la gorge avec un rasoir. On supposa que c'étoient les mêmes qui avoient étranglé Pichegru. »

L'accusation est positive; et si l'auteur de cette lettre a dit la vérité et ne s'est point trompé, c'est le gouvernement français qui a fait assassiner le capitaine Wright. Il importoit au général Savary de se justifier d'une aussi atroce imputation; il l'a fait, et d'une manière péremptoire. A l'époque de la mort du capitaine Wright, il étoit auprès de Napoléon, à la grande-armée d'Allemagne; il n'a point quitté cette armée, il y a rendu des services diplomatiques à Napoléon, comme on l'a vu : ce n'est donc pas lui qui a ordonné les perquisitions, ce n'est donc pas lui qui a commandé l'assassinat du capitaine; il y a donc erreur évidente dans la lettre de l'avocat d'Hénoux.

On a cherché très-maladroitement, dans l'ouvrage du docteur O'Meara, à justifier Buonaparte de ce crime; on lui fait dire que personne n'a vu le capitaine assassiné; que celui qui se donne pour témoin étoit en prison, et que la prison n'est pas le séjour d'un honnête homme. Mais la prison, sous Buonaparte et dans le cours de la révolution, étoit souvent un lieu plus honorable que le palais même de ceux qui gouvernoient. Les panégyristes de Napoléon ne pourroient nier que, sous son règne, plusieurs personnes n'aient été enlevées à leur domicile, à leur famille, à leur pays, sans qu'on ait jamais pu savoir ce qu'elles étoient devenues : Fouché ne l'a jamais nié, et le général Savary convient qu'il n'a jamais pu se procurer de renseignemens sur le sort de M. Bathurst, frère du ministre anglais de ce nom, qui fut enlevé à Brême, et dont les papiers furent envoyés à Napoléon. Les auteurs de la mort du capitaine Wright et du général Pichegru resteront probablement inconnus, et ce ne sera pas le seul problême que l'histoire sera forcée de laisser indécis.

Le bruit des victoires de Napoléon fit taire toutes les accusations ; on ne s'occupa plus en France que de fêtes, de *Te Deum*, d'adresses, de félicitations (1); et l'impératrice Joséphine, suivie de sa garde, de ses dames d'hon-

---

(1) On poussa en quelque sorte la flatterie jusqu'au blasphême, en appliquant à un homme ces vers faits pour Dieu :

Que peuvent contre lui tous les rois de la terre ?
En vain ils s'uniroient pour lui faire la guerre :
Pour dissiper leur ligue il n'a qu'à se montrer ;
Il parle, et dans la poudre il les fait tous rentrer.

neur et de ses poëtes, alla jouir de la gloire de son époux sur le théâtre de ses victoires; elle fut reçue à Ulm, à Munich, avec des honneurs extraordinaires.

Après la bataille d'Austerlitz, Buonaparte ne perdit pas de temps; ses généraux et lui se mirent de toutes parts à la poursuite des ennemis. La veille du combat, l'empereur d'Autriche lui avoit envoyé le prince de Lichtenstein en parlementaire, pour lui demander un armistice, et Napoléon, bien sûr de vaincre, l'avoit ajourné au 4 décembre. Ce prince, consterné, craignant de perdre jusqu'à son trône, s'arrêta dans sa fuite, et le 4, il vint, à la nuit, trouver Napoléon à son bivouac, triste et humiliante démarche pour le successeur de tant de souverains. Buonaparte étoit retiré sous une mauvaise tente; il reçut avec honneur son ennemi malheureux; et l'invitant à s'approcher du feu, il lui dit: *Voilà le seul palais que j'habite depuis deux mois.* L'empereur, ému, lui ayant demandé une paix séparée pour les Russes : « Je ne le puis, répondit Napoléon; leur armée est cernée de tous côtés, pas un soldat ne sauroit échapper. Cependant, comme je veux faire quelque chose d'agréable pour l'empereur Alexandre, j'arrêterai mes colonnes, à condition que les

Russes évacueront l'Allemagne, la Pologne autrichienne et prussienne, et retourneront chez eux. » Il déclara qu'il ne se refusoit point à la paix, et convint d'un armistice dont il régla les conditions. Elles portoient que l'armée française resteroit en possession de toutes ses conquêtes, et nommément d'une partie de la Moravie et de la Hongrie, de la Haute et Basse-Autriche, du Tyrol, du territoire de Vienne, de la Carinthie, de la Styrie, de la Carniole, de Goritz, de l'Istrie, du cercle de Montabar en Bohême, et de tout le pays entre Tabor et Lintz; que la France garderoit ces possessions jusqu'à la paix ou la rupture des négociations, et que, dans ce dernier cas, les hostilités ne recommenceroient qu'après quatorze jours, et seroient dénoncées à la tête de chaque armée par des plénipotentiaires.

Buonaparte ajouta que les Russes évacueroient la Moravie et la Hongrie dans l'espace de quinze jours, la Gallicie dans un mois, que la route leur seroit tracée par étapes, que l'insurrection hongroise cesseroit, qu'aucune levée extraordinaire ne seroit faite en Bohême, que Sa Majesté autrichienne ne souffriroit l'entrée dans ses Etats d'aucune armée étrangère, et qu'enfin des plénipotentiaires se réuniroient à Nicholsbourg pour entamer des négociations de paix.

L'entrevue dura deux heures. Napoléon reconduisit l'empereur François jusqu'à sa voiture, et le fit accompagner par le général Savary, qu'il chargea de s'assurer auprès de Sa Majesté russe si elle acceptoit les conditions proposées. Ce prince le reçut avec beaucoup d'égards, et lui dit : « Votre empereur a fait hier des miracles ; c'est un prédestiné du Ciel ; ses triomphes me confondent. Je rentre dans mes Etats : puis-je le faire sans être inquiété par votre armée ? — Oui, sire, lui dit le général, si Votre Majesté consent aux propositions que je suis chargé de lui présenter. Votre Majesté quittera l'Allemagne et la Pologne, et rentrera chez elle par journées d'étapes, qui seront réglées entre elle et l'empereur Napoléon. » Il lui communique ensuite les conditions de l'armistice et le projet d'une négociation pour la paix. L'empereur, après avoir répété que Napoléon étoit l'homme protégé du Ciel, consentit à retirer ses troupes, et écrivit de sa propre main une lettre au maréchal Davoust. Le général Savary se rendit aussitôt aux avant-postes pour suspendre les hostilités.

A peine l'empereur d'Autriche eut-il quitté

le camp français, que Napoléon eut l'air de se repentir d'avoir traité avec lui. « Cet homme, dit-il, m'a fait faire une faute ; j'aurois pu prendre son armée et celle des Russes. » Mais il se paroit d'une vaine générosité; il avoit lui-même besoin de la paix, et ce ne fut pas un des moindres traits de son habileté de ne pas l'avoir refusée. L'armée alliée étoit loin d'être anéantie : en accélérant sa retraite, elle forçoit Napoléon à s'enfoncer davantage dans le pays ennemi, à s'éloigner de plus en plus de ses points d'appui et de ses magasins. L'archiduc Ferdinand, à la tête de vingt mille Bohêmiens, venoit de remporter un avantage éclatant sur le général bavarois de Wrède. L'archiduc Charles, échappé aux poursuites de Masséna, paraissoit sur la rive du Danube, aux portes de Vienne; son armée, composée de ses propres troupes et des débris de celles de l'archiduc Jean, étoit animée du meilleur esprit. Il venoit de sommer la capitale de se rendre, lorsqu'il apprit avec consternation que tout étoit fini. Le roi de Prusse avoit rassemblé ses forces, et se disposoit à marcher contre l'armée française. Le 1er décembre, l'empereur Alexandre lui avoit envoyé un courrier pour l'avertir que l'armée française étoit en pleine retraite, et trembloit en présence des Russes. Les électeurs de Saxe et de Hesse armoient leurs Etats.

Mais après le désastre d'Austerlitz, tout changea de face. Les deux électeurs protostèrent qu'ils n'avoient pris les armes que pour protéger leur neutralité, et qu'ils n'avoient cessé d'être dans les intentions les plus pacifiques. Le roi de Prusse adressa au vainqueur, par M. Haugwitz, des félicitations sur ses triomphes; Buonaparte ne fut point dupe : *Voilà,* dit-il, *des complimens dont l'adresse a été changée.* Mais il dissimula, et le 15 décembre il signa une convention provisoire, par laquelle le roi de Prusse lui cédoit les pays d'Anspach, de Bareuth, Clèves et Neufchâtel, et recevoit en échange l'électorat d'Hanovre, dont il étoit autorisé à prendre possession.

Les négociations pour la paix avoient été ouvertes, le 9 du même mois, entre M. de Talleyrand et le prince de Lichtenstein. Pendant les conférences, Buonaparte alla s'établir au château impérial de Schœnbrunn, où il s'occupa des affaires de l'intérieur de la France. Il rendit, suivant son usage, plusieurs décrets sur des objets de la moindre importance; il établit une bourse de commerce et deux courtiers à Nevers, des maisons d'éducation pour les filles des membres de la Légion-d'Honneur, des commissaires dans quelques villes inférieures de France. Le 25, le traité de paix définitif fut signé à Presbourg. Les conditions n'en étoient guère moins humiliantes pour l'Autriche que celles de l'armistice. Il portoit que l'empereur des Français continueroit de posséder, en toute souveraineté, les duchés, principautés, seigneuries, territoires au-delà des Alpes qui avoient été précédemment réunis à l'empire français ou gouvernés par ses lois; Sa Majesté autrichienne reconnoissoit, pour elle et ses successeurs, tous les droits de Napoléon sur Lucques et Piombino; elle renonçoit, de la même manière, à la partie des Etats de Venise qui lui avoient été concédés par les traités de Campo-Formio et de Lunéville, consentant qu'ils fussent réunis au royaume d'Italie; elle reconnoissoit Napoléon comme roi d'Italie, mais sous la condition qu'à l'époque où toutes les conventions entre les parties contractantes seroient accomplies, les deux couronnes seroient séparées, Sa Majesté autrichienne s'engageant à reconnoître pour roi celui qui seroit désigné par Napoléon. Les électorats de Bavière, de Wurtemberg, de Bade et la république hollandaise étoient compris dans le traité; on convenoit que les électeurs de Bavière et de Wurtemberg prendroient le titre de *roi*, et l'empereur d'Autriche les admettoit pour tels. Le Tyrol étoit abandonné au premier avec plusieurs autres possessions; cinq villes sur le Danube et divers territoires augmentoient les Etats du second. L'électeur de Bade obtenoit le Brisgaw et la ville de Constance. L'Autriche s'engageoit à payer les dettes publiques et particulières des Etats concédés. L'électorat de Saltzbourg, appartenant au prince Ferdinand, étoit réuni à l'empire d'Autriche, et Wurtzbourg érigé en électorat au profit de ce prince. Les deux puissances contractantes assuroient l'indépendance de la Suisse et de la Hollande. L'empereur des Français garantissoit l'intégrité de l'empire d'Autriche tel qu'il étoit déterminé par le traité. Le fort de Braunau restoit pendant un mois à la disposition de Napoléon, comme place de dépôt pour les malades et l'artillerie. Les Français étoient reconnus propriétaires de tous les magasins renfermés dans les places dont ils s'étoient antérieurement emparés. L'Autriche rendoit en outre, au roi de Bavière, les drapeaux et les canons qu'on lui avoit enlevés en 1740. Buonaparte avoit eu constamment auprès de lui, dans cette campagne, l'un des fils de ce souverain, peut-être plutôt par précaution que par amitié. Mais en comblant ce prince d'égards et de bienfaits, ses vues n'étoient pas entièrement désintéressées; trois jours après le traité, le maréchal Duroc se rendit à Munich, et demanda la main de la princesse Auguste-Amélie de Bavière pour le vice-roi d'Italie Eugène Beauharnais, et l'obtint sans difficulté : c'est ainsi que Napoléon commençoit à immiscer sa maison aux maisons souveraines.

On fit alors une remarque qui seroit restée dans l'oubli si les évènemens de 1815 ne lui eussent attaché quelqu'intérêt : c'est que Buonaparte obtint tous ces avantages dans l'espace de cent jours, ce qui fit dire à une des muses officieuses de ce temps :

Le vainqueur d'Austerlitz, d'immortelle mémoire,
A fait de ces cents jours un siècle entier de gloire.

Après tant de succès et de triomphes, il ne restoit plus à Napoléon que de venir recueillir dans sa capitale les félicitations de ses sujets. En son absence, le Sénat et le Tribunat avoient rivalisé de zèle pour lui témoigner leur admiration et leur dévouement. Le Sénat avoit décrété un monument triomphal; le Tribunat avoit proposé de frapper une médaille pour consacrer la mémoire de tant de prodiges, d'élever une colonne sur le modèle de la colonne trajane, et près de ce monument un édifice où seroient déposés les trophées d'Austerlitz, et surtout l'épée de Napoléon, et de donner à la place où seroit érigée la colonne le nom de *Napoléon-le-Grand*. On oublioit, dans cette profusion de libéralités, le principal auteur des miracles de cette campagne, le Badois Schulmeister, dont l'étonnante adresse avoit fait peut-être plus que l'épée de Napoléon. Il reçut en argent ce que la discrétion ne permettoit pas de lui offrir en honneurs. On n'avoit point manqué de faire remarquer dans les écrits publics que Napoléon avoit répondu à ses ennemis autant par ses bienfaits que par ses victoires; qu'en donnant un trône à l'électeur de Wurtemberg, il avoit mis une couronne sur la tête d'une fille du roi d'Angleterre, épouse de ce prince; que la mère de l'empereur Alexandre étoit sœur du nouveau monarque, et le roi de Bavière son beau-frère. On se plaisoit à répéter que les peuples d'Allemagne surnommoient Buonaparte *l'Homme de Dieu;* qu'enfin, la Providence sembloit avoir marqué certains jours pour le combler de ses bienfaits, puisque la victoire d'Austerlitz avoit été remportée le jour anniversaire du couronnement. Ces idées superstitieuses, appropriées à l'esprit du peuple, servoient à fortifier le berceau de la nouvelle dynastie.

Prêt à quitter Vienne, Buonaparte, après une conférence amicale avec le prince Charles, adressa une proclamation à son armée et aux habitans de la capitale d'Autriche. Il annonça à l'armée que le terme de ses travaux étoit arrivé, qu'elle alloit rentrer en France, et recevoir, au sein de la patrie, les éloges dus à son courage; qu'il la réuniroit bientôt autour de lui, non plus pour combattre, mais pour lui donner des fêtes, qu'il en avoit fixé l'époque au mois de mai.

Il félicita les habitans de Vienne de leur sagesse et du soin avec lequel ils avoient maintenu l'ordre et la paix dans l'enceinte de leurs murs; il leur protesta que, s'il s'étoit montré rarement au milieu d'eux, c'étoit pour ne pas les distraire des sentimens d'amour qu'ils portoient à leur excellent souverain.

CHAPITRE XIV.

Retour de Buonaparte. Il s'arrête à Munich pour la célébration du mariage d'Eugène Beauharnais. Son arrivée à Paris. Disgrâce de M. Barbé de Marbois. Mort du célèbre ministre Pitt. Traité entre la France et la Prusse. Invasion du royaume de Naples. Elévation de la famille de Buonaparte. Intérieur. Prise du cap de Bonne-Espérance.

Si la mémorable victoire d'Austerlitz agrandissait l'empire de Buonaparte en Europe, elle lui procuroit une conquête plus belle encore; elle augmentoit la considération qu'on avoit pour lui, elle lui ouvroit de nouveaux domaines dans l'opinion publique, et le cœur des Français. La haine de ses nombreux ennemis de l'intérieur finit par s'adoucir. Convaincus de l'impossibilité de le renverser, ils consentirent à négocier avec la fortune, à se rapprocher de son trône, à voir d'un œil moins désintéressé les faveurs qui pouvoient en descendre. Quand les rois s'abaissoient devant lui, qu'ils ne dédaignoient pas de recevoir une couronne de sa main, et d'allier leur sang à celui de sa famille, quand Rome et le clergé le combloient de leurs bénédictions, quelques chevaliers, tristes restes de l'ancienne monarchie, auroient-ils pu se refuser à toute composition, s'obstiner dans une orgueilleuse et vaine résistance ?

A peine l'impératrice Joséphine étoit-elle arrivée à Munich pour la célébration du mariage de son fils, à peine la nouvelle que Napoléon étoit près d'y arriver fut-elle répandue, que l'on vit le prince archi-chancelier de l'empire, l'ancien électeur de Trèves et beaucoup d'autres souverains, s'empresser de venir lui faire leur cour. Les fêtes du mariage furent magnifiques; mais la cour française n'y resta que quelques jours. De Munich Buonaparte se rendit à Stuttgard, de Stuttgard à Carlsruhe, dans l'appareil d'un suzerain qui visite ses grands vassaux. Il arriva à Paris le 27 janvier, et toutes les autorités constituées se mirent en mouvement pour aller les premières se prosterner à ses genoux, et lui offrir le tribut de leur admiration et de leur dévouement (on pouvoit ajouter, *et de leur servitude*). Le Sénat lui dit, par la bouche de son vice-président, que *sa présence rendoit à la France la lumière et la vie, que la voix du peuple, organe de Dieu, lui décernoit le titre de* grand, et que le Sénat se félicitoit d'être son interprète. Napoléon répondit que ce n'étoit qu'un échange, qu'il avoit le premier décerné à son peuple le même surnom de *Grand*.

On a vu que l'enlèvement de 50 millions à la banque de France avoit produit de l'inquiétude parmi les porteurs de billets. Quoique M. Barbé Marbois, ministre du trésor public, se fût conduit dans cette affaire avec beaucoup de prudence et d'habileté, il n'en reçut pas moins de vifs reproches, et, peu de jours après, Napoléon le destitua, et donna sa place à M. Mollien. Mais l'affaire des billets de banque n'étoit pas le véritable motif de cette disgrâce. On avoit répandu le bruit qu'à l'époque où Pichegru étoit venu en France, M. Barbé de Marbois avoit reçu sa visite, et que, fidèle aux lois de l'honneur, il avoit gardé le silence. Il étoit rare que Buonaparte oubliât, et l'on verra bientôt qu'il n'oublia non plus ni le roi de Naples ni le roi de Prusse; mais habile à garder ses souvenirs, il savoit attendre l'heure de la vengeance.

En ce moment, la mort frappoit un de ses plus implacables adversaires. Depuis quelque temps, l'excès du travail avoit affoibli la santé de M. Pitt. Il mourut après une maladie de quelques mois, et sa mort, comme celle de Nelson, couvrit l'Angleterre de deuil. Nul cabinet d'Europe ne possédoit un ministre d'un génie égal au sien. Il avoit tout fait pour renverser Napoléon, et paroissoit déterminé à lui faire une guerre éternelle. Il avoit, pendant vingt-trois ans, dirigé les conseils, formé toutes les coalitions, rassemblé sur la France tous les orages; et s'il échoua dans ses combinaisons, ce fut moins sa faute que celle de ses alliés. Habile financier, habile politique, habile orateur, il étoit, comme l'amiral Nelson, animé d'une haine aveugle contre la France; et s'il eut quelquefois l'air de s'intéresser au sort de la maison de Bourbon, ce ne fut jamais pour elle, mais pour son pays; leur cause n'étoit pour lui qu'un vain prétexte; et l'on pourra toujours lui reprocher avec justice de n'avoir jamais souffert que les princes émigrés se missent à la tête de leur parti. Par le soin qu'il prit de la marine anglaise, il parvint à détruire les marines espagnole et française; mais la gloire en revient presque toute entière à l'incroyable bravoure de ses amiraux et au génie de Nelson.

Néanmoins, l'Angleterre versa des larmes

sincères sur son tombeau; et cet hommage étoit dû non seulement à ses talens et à son patriotisme, mais encore à ses vertus particulières. Jamais il ne songea à faire servir la puissance à sa fortune, et, par un exemple rare dans nos temps de corruption, il ne laissa pas de quoi se faire enterrer. L'Etat fit les frais de ses funérailles avec magnificence, et lui décerna un monument à Westminster. Sa mort donna lieu à la composition d'un nouveau ministère, dans lequel on put s'étonner de voir entrer le célèbre orateur Fox, qui s'étoit constamment montré l'adversaire de M. Pitt, le partisan de la révolution française et l'admirateur de Buonaparte. On l'avoit vu recevoir avec des marques d'amitié peut-être scandaleuses, le régicide Tallien, à son retour d'Egypte. On l'avoit vu fêté, caressé par Buonaparte à Saint-Cloud, et l'on ne doutoit pas qu'il ne fût disposé à le servir, s'il obtenoit quelque part à l'autorité. La reine s'opposa vivement à sa nomination; mais il fallut accorder quelque chose au parti populaire, dont il étoit le chef.

Cet évènement, et les triomphes qu'il venoit d'obtenir sur le continent, pouvoient promettre à Buonaparte quelque repos, et le mettre à portée de satisfaire son ressentiment contre la cour de Naples. La défaite de Trafalgar n'avoit pas anéanti encore toutes ses espérances du côté de la marine ; il s'enorgueillissoit du succès que venoit d'obtenir une de ses escadres sous les ordres du contre-amiral Lallemant. Cet officier, sorti de l'île d'Aix le 17 juillet 1805, étoit rentré le 24 décembre suivant, après avoir tenu la mer pendant cent soixante jours, avoir pris un vaisseau anglais de 74, trois corvettes et quarante-deux bâtimens marchands. Elle étoit composée d'un vaisseau de 110 canons, de quatre de 74, et de six autres bâtimens d'un rang inférieur. Enivré de ce succès, Buonaparte en prit occasion d'adresser de nouvelles menaces à l'Angleterre, de proclamer que sa marine n'étoit point encore anéantie, et que ses desseins contre son ennemi s'accompliroient plus tard. Cependant, ces avantages n'étoient pas sans revers : cinq vaisseaux, commandés par le contre-amiral Lesseigues, avoient été pris ou détruits par l'amiral Duckworth, dans la baie de San-Domingo. La valeur française s'étoit déployée dans cette affaire avec un nouvel éclat, et l'escadre anglaise avoit elle-même beaucoup souffert ; mais on regrettoit le sang de tant de braves inutilement sacrifiés ; l'on accusoit ou la trahison ou l'impéritie du ministre de la marine, qui envoyoit ainsi toutes nos forces de mer périr successivement sous le canon de la marine anglaise; l'on se demandoit par quel prestige un marin sans gloire, un ministre sans habileté réussissoient à faire adopter des plans dont l'issue étoit presque toujours désastreuse? Mais Decrès avoit de l'obstination dans les idées, de la rudesse dans les manières, de la brusquerie dans le langage; et Buonaparte, qui l'appeloit habituellement *son bourru*, trouvant de l'analogie entre ce caractère et le sien, regardoit volontiers ces défauts comme de hautes qualités. Il suffisoit, pour l'entretenir dans ces dispositions, de lui promettre un jour la ruine de l'Angleterre, à laquelle il rendoit largement la haine qu'elle lui portoit.

Elle venoit, dans ce moment, d'échouer complètement dans ses projets contre l'Italie, et la défection des Russes l'avoit obligée d'évacuer les ports, où ses bâtimens avoient d'abord été reçus avec une sorte d'enthousiasme. En faisant avec le roi de Naples un traité de paix avant l'ouverture de la campagne de 1805, Buonaparte n'avoit d'autre vue que de pouvoir disposer en Italie de toutes ses forces contre l'Autriche. Il n'étoit guère possible de compter sur son affection pour la maison souveraine des Deux-Siciles. Naples se voyoit prête à tomber dans le grand empire de Napoléon, par une réunion forcée au royaume d'Italie; tous les autres Etats de la péninsule éprouvoient de justes alarmes, et n'attendoient que le moment de s'en affranchir. Lorsqu'on vit Napoléon engagé dans une guerre redoutable en Allemagne, que la renommée eut grossi les objets, et montré les armées russes prêtes à fondre de tous leurs poids sur l'armée française, on crut Napoléon perdu, et l'on se sentit disposé à rompre les traités. Une flotte anglo-russe parcouroit les côtes d'Italie, disposée à y faire une descente. Mais sur quel point s'arrêtera-t-elle? les ports d'Etrurie sont gardés par les Français. Rome n'oseroit se compromettre avec la France. Le roi de Naples s'est engagé à ne recevoir dans ses Etats aucune troupe étrangère; et s'il est le maître de ses conseils, les Anglais n'aborderont pas dans ses domaines. Ce prince, d'une bonté extrême, adoré dans ses Etats, craindroit d'en troubler la paix; mais la reine, animée d'un juste ressentiment contre la France, implacable dans ses haines, ne peut voir l'occasion de renverser un gouvernement usurpateur sans seconder les desseins des nombreux ennemis qui l'attaquent de toutes parts, elle l'emporte dans les conseils, et la flotte austro-russe débarque à Naples.

Dès que Buonaparte apprend cette nouvelle, il se livre à d'inconcevables emportemens, la langue française ne lui fournit pas assez de mots pour exprimer sa colère. « C'est vainement, s'écrie-t-il dans son journal officiel, que l'empereur Napoléon a couvert de sa protection le royaume de Naples. De trois filles de Marie-Thérèse, l'une a perdu la monarchie des Bourbons, l'autre a causé la perte de la maison de Parme, la troisième vient de perdre Naples. Une reine furieuse et insensée, une femme méchante et sans mœurs est le présent le plus funeste que le Ciel, dans sa colère, puisse faire à un souverain, à un époux, à une nation.

« Lorsqu'un détachement de l'armée anglaise est arrivé à Naples, la reine est allée au-devant des généraux, et les a accueillis avec empressement. Elle a porté l'impudeur jusqu'à jeter à pleines mains le ridicule sur son époux, en disant qu'il étoit occupé à chasser le sanglier. Quel parti prendra l'empereur Napoléon? aura-t-il pitié du prince royal, qui a blâmé hautement l'extravagante fureur de sa mère? aura-t-il pitié d'un roi, d'un époux si outrageusement joué par une nouvelle Frédégonde? c'est ce que l'avenir connoîtra. »

L'avenir fut bientôt instruit. Une adresse à l'armée française, rédigée à Schœnbrunn, le 26 décembre, annonça clairement les résolutions de l'empereur Napoléon. « Depuis dix ans, j'ai tout fait pour sauver le roi de Naples; il a tout fait pour se perdre. Après les batailles de Dego, de Mondovi, je me fiai à ses paroles; je fus généreux envers lui. Après la victoire de Marengo, abandonné de ses alliés, il m'implora; je lui pardonnai. Vous étiez, il y a peu de mois, aux portes de Naples; j'avois de fortes raisons pour soupçonner la trahison qu'il méditoit, et de venger les outrages qui m'avoient été faits; je fus encore généreux. Pardonnerons-nous une quatrième fois? nous fierons-nous encore à une cour sans foi, sans honneur, sans raison? Non, non : la dynastie de Naples a cessé de régner; son existence est incompatible avec le repos de l'Europe et l'honneur de ma couronne.

« Soldats, précipitez dans les flots ces misérables bataillons d'un peuple tyran des mers; montrez au monde de quelle manière vous punissez le parjure; que la sainteté des traités soit vengée; que les mânes de mes braves soldats égorgés à leur retour d'Egypte soient enfin apaisés. Mon frère marchera à votre tête; il connoît mes desseins, il est investi de mon autorité; il a toute ma confiance; environnez-le de toute la vôtre. »

C'étoit assurément un spectacle frappant pour l'Europe de voir un soldat élevé depuis quelques mois au trône, distribuer les empires, décerner des couronnes, et d'une ligne de décret abolir une monarchie. La paix de Presbourg lui rendoit toutes ses forces, et portoit la confusion et l'effroi dans toutes les cours qui s'étoient associées à la grande coalition pour le perdre. Masséna, vainqueur du prince Charles, vainqueur de l'archiduc Jean, secondé de l'armée aux ordres du général Gouvion-Saint-Cyr, pouvoit-il redouter quelque péril en portant la guerre dans les Etats du roi des Deux-Siciles? Déjà les Russes, en exécution des conventions entre l'empereur Alexandre et Buonaparte, évacuoient la ville de Naples. Les Anglais, abandonnés, se rembarquoient. Joseph étoit à Rome; son armée y arrivoit. Tout trembloit à l'approche des Français. La famille royale elle-même, saisie de frayeur, se sauve en Sicile, emportant avec elle ses trésors, ses pierreries, oubliant ses papiers. Le roi de Sardaigne imite cet exemple, quitte la terre ferme. Joseph, devenu tout à coup général, entre à Naples en conquérant; tous les forts sont remis, et, le 30 mars, Buonaparte renouvelle le décret de déchéance contre la famille royale de Naples, et transporte la couronne des Deux-Siciles sur la tête de son frère. Ainsi commence à s'accomplir la menace qu'il a faite aux rois, de rendre, dans dix ans, sa dynastie la plus ancienne de l'Europe. De quatre trônes que possédoit la maison de Bourbon, il ne reste plus que celui d'Espagne (car l'Etrurie ne compte pour rien), et l'Espagne seconde les projets de Buonaparte! elle lui donne un corps de cinq à six mille hommes, pour aller tenir garnison à Gênes, autant pour occuper Livourne et remplacer le même nombre de Français qui doivent aller grossir l'armée destinée à la conquête de Naples. Mais toutes les provinces de ce royaume ne sont point encore soumises. Les Anglais sont dans la Calabre, et le peuple paroît disposé à combattre avec eux pour se soustraire à la domination française.

L'activité de Buonaparte, l'habileté de ses généraux ne se démentent point; et ses mesures étant prises pour achever sa conquête, il se hâte d'organiser ses nouveaux Etats. Venise reçoit les troupes françaises commandées par le général Miollis. Raguse ouvre ses portes. L'Illyrie et la Dalmatie, occupées par six mille hommes, forment un nouveau gouvernement, sous le commandement du général Dumas. Junot, gouverneur-général de Parme et de Plaisance, désarme plusieurs communes qui s'étoient insurgées contre la domination française. Les troupes anglaises reçues un instant dans le Hanovre l'évacuent. La Prusse, sauf quelques modifications, ratifie la convention provisoire signée à Vienne, et dénonce à l'Europe qu'elle prend possession de cet électorat jusqu'à la pacification générale; elle a usé de dissimulation avec Buonaparte, Buonaparte dissimulera avec elle, et préparera une vengeance éclatante.

Le roi de Suède, déconcerté dans tous ses projets, déçu de toutes ses espérances, se voit réduit à retirer ses troupes, après avoir perdu trente navires de commerce, ou détruits ou retenus dans les ports de France. Ainsi partout la fortune couronne l'audace et l'ambition; la force tient lieu de droit, mais elle est dirigée par une haute intelligence. Ce n'est pas seulement à la tête des armées que Napoléon triomphe, sa puissance s'étend jusque dans les cabinets des souverains. M. de Hardemberg, ministre du roi de Prusse, qui a conseillé la guerre, est éloigné. Le comte de Haugwitz et M. Lombard, plus agréables à

Buonaparte, dirigent maintenant les affaires de ce prince. Le ministère autrichien est reformé, le prince Charles reprend toute son influence, et Buonaparte fait remise, en sa faveur, d'une partie des contributions qui doivent être levées dans les Etats autrichiens; il lui remet en cadeau l'épée magnifique qu'il a reçue du Directoire après le traité de Campo-Formio.

En ce moment, les débats du Parlement d'Angleterre dévoiloient les traités qui avoient été conclus antérieurement entre le cabinet britannique et les divers cabinets du continent. On y apprit que les principales conditions de ces traités étoient de mettre sur pied une force de cinq cent mille hommes, pour s'opposer aux envahissemens de Napoléon, et de rendre l'indépendance aux républiques de Hollande et de Suisse, le Piémont et la Savoie au roi de Sardaigne, avec un agrandissement s'il étoit possible, d'expulser les Français d'Italie. L'Angleterre s'engageoit à fournir aux frais de cette guerre, en payant 1,250,000 liv. sterl. par chaque cent mille hommes qui seroient mis sur pied. On stipuloit cependant que l'objet de la coalition n'étoit point de *contrôler* d'aucune manière en France l'opinion publique et de se mêler des formes de son gouvernement; qu'aucune des puissances alliées ne prendroit possession en son propre nom des conquêtes qu'elle pourroit faire, et qu'après la paix les puissances se réuniroient en congrès général pour discuter et fixer le code de lois des nations, et en garantir l'exécution par l'établissement d'un système fédératif adopté à la situation des différens Etats de l'Europe. On y vit aussi que, tandis que M. de Haugwits négocioit à Vienne avec Napoléon, M. de Hardenberg entretenoit à Londres des correspondances pour engager cette puissance à s'unir contre la France avec la Prusse.

Buonaparte tira un grand avantage de cette publication; les seules dates des traités prouvoient que ce n'étoit point la réunion de Gênes à la France qui avoit mis les armes à la main aux puissances coalisées; il étoit maintenant hors de doute qu'elles s'étoient mises à la solde de l'Angleterre, malgré tout ce que les publicistes d'Allemagne avoient dit de contraire à ce sujet.

Pour prouver qu'il étoit instruit de tout ce qui se passoit dans l'intérieur des cabinets, Napoléon publia les articles secrets de ces traités, dont les ministres anglais n'avoient osé parler; ils étoient au nombre de cinq. La

Belgique devoit être réunie à la Hollande ; la maison d'Orange rétablie dans la dignité de stathouder ; les forteresses de la Meuse servir de places de sûreté, et recevoir des garnisons autrichiennes et russes ; la Savoie et le comté de Nice être réunis au Piémont, et la ville de Lyon passer sous la domination du roi de Sardaigne, si les circonstances le permettoient. Buonaparte rioit, au milieu de ses triomphes, de ces chimériques projets, et, d'une voix prophétique, présageoit la décadence de l'Angleterre, et la prospérité toujours croissante de la France. « Alors, disoit-il, commencera le siècle de la civilisation, des sciences, des lumières et des lois. »

Le général Walhubert et les colonels Morland, Mazas, Lacuée et Bourdon ayant été tués à la grande-armée, il ordonna que des rues, des places publiques nouvelles et des boulevards seroient décorés de leurs noms ; que le Panthéon seroit rendu au culte catholique, sous l'ancienne invocation de Sainte-Geneviève, qu'on y transporteroit les mausolées qui ornoient autrefois les églises de Paris, et qui se trouvoient entassés sans dignité dans le Musée des Petits-Augustins, et que cette magnifique basilique serviroit dorénavant de tombeau aux Français qui se seroient illustrés dans tous les genres de gloire. Il fit célébrer en grande pompe un service solennel à Notre-Dame pour les braves morts à Austerlitz. Il ordonna des réparations à l'antique et célèbre basilique de Saint-Denis, décréta que les empereurs y seroient désormais enterrés, que trois chapelles rappelleroient les trois dynasties, et que l'on y inscriroit sur des tables de marbre les noms des rois qui avoient eu des monumens dans cette église. Il fonda un chapitre composé des évêques démissionnaires ou trop âgés pour continuer leurs fonctions, et décerna le titre de *chanoines de Saint-Denis* aux anciens évêques de Chambéry, de Mende, de Namur, de Quimper, de Rennes, de Montpellier, de Chartres, de Saint-Flour, et à M. de Juigné, ancien archevêque de Paris. Il ordonna l'érection d'un arc de triomphe sur la place du Carrousel, en mémoire de la victoire d'Austerlitz, et en fit prendre le nom au pont du Jardin-des-Plantes. Il fit exposer aux regards du public les armures en fer de François Ier, de Charles IX, d'Anne de Montmorency, de Charles Bourbon et de plusieurs autres guerriers célèbres, déposées précédemment à Vienne. Pour ne point s'oublier lui-même, et faire oublier la procession du vœu de Louis XIII, il voulut que tous les ans, au

15 août, il y eût une fête solennelle en honneur de saint Napoléon et du rétablissement de la religion (le concordat ayant été terminé le 15 de ce mois), et qu'il y eût dans toutes les églises une procession à laquelle assisteroient toutes les autorités en habit de cérémonie. Il ordonna l'évacuation du château de Versailles, et des réparations pour lui rendre son ancienne splendeur. Il accorda aux officiers de la Légion-d'Honneur le droit de faire partie des grands colléges électoraux, et aux simples légionnaires celui de faire partie des colléges d'arrondissement. Il institua six nouveaux titres de chanoines honoraires pour Notre-Dame, et les conféra à des ecclésiastiques d'un mérite et d'un savoir reconnus. Il fit rechercher les frères de la doctrine chrétienne, pour leur confier les soins de l'instruction primaire. Il décerna des éloges et des récompenses aux sœurs de la charité, dont trente étoient mortes en soignant les soldats russes dans les hôpitaux. De nouvelles guerres le forcèrent, à la vérité, de laisser une partie de ces décrets sans exécution. Mais l'émulation qu'il avoit allumée parmi les savans, les artistes, les hommes de lettres, produisoit chaque jour de nouveaux fruits; les théâtres s'enrichissoient de productions spirituelles et

gracieuses qui faisoient oublier de plus en plus la barbarie des temps révolutionnaires; souvent il provoquoit lui-même l'activité des hommes de mérite. Il demanda au respectable auteur de l'*Esprit de la ligue*, une *Histoire de France* moins volumineuse que celle de Vély, lui en traça en quelque sorte le plan en déjeunant familièrement avec lui. Ce bon vieillard avoit alors près de quatre-vingts ans; mais Napoléon l'engagea de si bonne grâce, qu'il ne put refuser, et dans l'espace de quatre ans il acheva l'ouvrage que nous possédons aujourd'hui.

C'est un hommage dû à la mémoire de Napoléon, qu'il plaçoit sa faveur avec discernement, et qu'on ne voyoit point autour de lui cette foule de courtisans inutiles et parasites qui assiégent les vieilles cours, vivent aux dépens du prince, et regardent ses bienfaits comme un tribut légitime dû à leurs charges, à leur nom et à leur servitude; c'étoit à des services et à des talens réels qu'il accordoit sa bienveillance; et l'homme de mérite qui s'attachoit à lui étoit presque toujours sûr de son avancement et de sa fortune. Cette justice distributive réconcilioit les esprits avec lui, accroissoit le nombre de ses partisans, et contribua beaucoup à établir la paix dans l'intérieur. La Vendée finit par s'adoucir; les actes de sévérité y continuoient, mais ils ne tomboient que sur un petit nombre d'hommes qui, sans mesurer leurs forces, continuoient contre lui une guerre qu'il étoit désormais impossible de soutenir. Une commission militaire condamna à mort deux officiers de marine, MM. Dubuc et Rosselin, arrêtés à Morlaix, comme espions et agens des princes. Les commissaires que Louis XVIII entretenoit à Paris renoncèrent à toute entreprise hostile ; quelques-uns même reçurent en même temps les pensions du roi et les libéralités de Buonaparte. La plupart de ces commissaires, tels que MM. Royer-Collard, Michaud, Becquey, étoient des hommes d'un naturel pacifique, plus propres à disserter dans les salons qu'à agir, assez disposés à s'accommoder du gouvernement de Buonaparte, quand ils le croiroient suffisamment établi. M. de Bourmont sortit de sa prison, le Temple compta moins de victimes, et déjà plusieurs gentilshommes de l'ancienne cour contractoient des alliances avec les favoris de la nouvelle. Mlle de Coigny donna sa main au général Sébastiani; Mlle de Faudoas épousa le général Savary; MM^{mes} de Chevreuse, de Mortemart, de Montmorency-Matignon, devinrent dames du palais; M. de Montmorin, fils du gouverneur de Fontainebleau, employé dans la légation de Florence. Enfin, le salon de Fouché lui-même étoit souvent fréquenté par des personnages que leur nom sembloit devoir attacher éternellement à l'ancienne monarchie. Mais cette ancienne monarchie n'avoit plus rien à donner; et dans le cours de ses malheurs elle avoit montré si peu d'habileté, avoit si souvent méconnu les services qu'on lui avoit rendus, et si légèrement sacrifié le mérite à l'intrigue et à la faveur, qu'elle se vit abandonnée par le plus grand nombre de ceux qui avoient si malheureusement sacrifié à sa cause leur pays, leur famille et leur fortune.

Déjà même il se formoit un parti opposé aux principes de la révolution, qui se flattoit de s'emparer de la confiance de l'empereur Napoléon, de le détacher des hommes les plus influens de son gouvernement, de s'insinuer dans ses conseils, et de le dominer en le servant en apparence avec un zèle exclusif, et surtout en caressant son penchant pour l'autorité absolue. Les chefs de ce parti étoient MM. de Fontanes, de Bonald, de Pradt, et quelques jeunes gens avides d'honneurs et de pouvoirs. Leur but étoit de détrôner les vétérans de la révolution, et de former autour de

Napoléon une cour nouvelle qui le séduisît par sa politesse, le rassurât par l'apparence du dévouement, ramenât autour de son trône quelques-unes des vieilles formes de la monarchie, et substituât enfin une partie de l'ancienne France à ce qu'on appeloit alors *la nouvelle France*. Il paroissoit d'autant plus facile de réussir dans ce dessein, que Buonaparte n'étoit pas sans vanité, et que, redoutant toujours la maison de Bourbon, il regardoit comme une victoire de lui enlever quelques-unes de ces familles qui, par leur rang, l'antiquité de leur race et de grands services rendus à l'Etat, faisoient le plus bel ornement de la monarchie française. M. Molé, seul héritier de cet illustre nom, jeune homme de vingt-cinq ans, qui s'annonçoit avec des talens distingués, songea un des premiers à entrer dans les vues de ce parti, et pour le servir et se faire connoître, composa un ouvrage qu'il intitula : *Essais de morale et de politique*. C'étoit une apologie complète du régime despotique, une espèce de code de servitude. M. de Fontanes ne voulut laisser à personne le soin d'en faire l'éloge; il le vanta avec excès dans le *Journal des Débats*, et fit usage de son crédit pour engager dans les intérêts du jeune publiciste tous les hommes de lettres qui écrivoient dans les journaux. L'auteur de ces Mémoires fut, comme les autres, l'objet des plus vives instances; mais il pensa que Buonaparte avoit assez de dispositions naturelles à la tyrannie, sans qu'il fût nécessaire de l'y encourager; il fit sans ménagement la critique de l'ouvrage. M. Molé n'en reçut pas moins la récompense qui lui étoit promise; il fut nommé auditeur au conseil d'Etat, puis maître des requêtes.

Jusqu'alors les journaux avoient été sous la main du ministre de la police : quelle que fût la puissance de Fouché, le parti parvint à lui en enlever plusieurs, et notamment le *Journal de l'Empire*, le plus accrédité de tous, qui fut mis sous la direction de M. Fiévée, avec un traitement de 30,000 francs. Cette feuille étoit celle qui, à toutes les époques, avoit conservé avec plus d'attention et d'habileté les principes de la religion, de la morale et de l'ancienne monarchie; elle tomba bientôt tout à fait dans les intérêts de Buonaparte. Il ne restoit plus guère de journaux fidèles aux vieilles doctrines libérales, que *le Courrier français* et *la Décade philosophique*, rédigés principalement par MM. Ginguené, Auger et J.-B. Say. Fouché parvint à les conserver, et même à enlever le *Mercure de France* à l'influence du parti de M. de Fontanes. Il avoit, pendant la campagne d'Austerlitz, commencé à établir une censure sur les ouvrages d'esprit. Buonaparte feignit de lui en adresser des reproches, et de le réprimander dans son *Moniteur*. C'étoit un jeu entre son ministre et lui; il falloit jeter le mot de *censure* dans le public pour y préparer les esprits. Les acteurs du Théâtre-Français ayant joué la tragédie de *la Mort de César,* par Voltaire, et le parterre ayant vivement applaudi le rôle de Brutus, il sentit que les idées de liberté n'étoient pas entièrement éteintes, et ne voulut pas que l'on en continuât les représentations. Il fit même publier dans ses journaux une apologie de César et une vive censure de Brutus. Une nouvelle production du poëte Chénier augmenta ses défiances; elle étoit intitulée : *Epître à Voltaire.* Les grands principes de liberté y étoient exprimés en très beaux vers. Quel que fût le nom du poëte et sa conduite antérieure, elle fut accueillie et recherchée par tous ceux qui haïssoient la tyrannie de Buonaparte. L'auteur avoit déjà été exclu du Tribunat; il perdit la place d'inspecteur-général des études, qui lui avoit été déférée quelque temps auparavant. Il n'en murmura pas, et vendit sa bibliothèque.

Il étoit impossible, après les succès éclatans que venoit d'obtenir Buonaparte, qu'il ne convoquât point le Corps législatif pour parler de ses triomphes au milieu des représentans de la nation, et les entretenir de ses grandes vues sur les différens Etats de l'Europe. Les députés se réunirent le 2 mars; et Napoléon, entouré d'une pompe orientale, leur dit du haut de son trône :

« Mes armées n'ont cessé de vaincre que lorsque je leur ai ordonné de ne plus combattre. Mes ennemis ont été humiliés et confondus. La maison de Naples a perdu sa couronne sans retour. La presqu'île de l'Italie toute entière fait partie du grand empire. La Russie ne doit le retour des débris de son armée qu'au bienfait de la capitulation que je lui ai accordée. Maître de renverser le trône impérial d'Autriche, je l'ai raffermi. Mes soldats ont surpassé mon attente. Mon peuple a fait son devoir : son amour, plus que l'étendue et la richesse de votre territoire, fait ma gloire. Les tempêtes nous ont fait perdre quelques vaisseaux après un combat engagé imprudemment. Je désire la paix avec l'Angleterre; je serai toujours prêt à la conclure, en prenant pour base les stipulations du traité d'Amiens.

« Mon peuple ne supportera pas de nouvelles charges. J'ai l'intention de diminuer les impositions directes, qui pèsent uniquement sur le territoire, en remplaçant une partie de ces charges par des perceptions indirectes. Rien ne vous sera proposé qui ne soit nécessaire pour garantir la gloire et la sûreté de mes peuples. »

Rome et l'Etrurie devoient comprendre la partie de ce discours qui regardoit la possession de la presqu'île d'Italie toute entière; et quel que fût celui sur la tête duquel Buonaparte se disposoit à mettre la couronne de Naples, il pouvoit savoir d'avance qu'il ne seroit qu'un des grands vassaux de Napoléon-le-Grand. C'étoit déjà une chose connue de toute l'Europe, que cette couronne étoit destinée à Joseph, homme d'un esprit médiocre, inhabile à la guerre, d'un caractère doux et modéré, mais de mœurs peu réglées. Cette couronne lui fut déférée peu de jours après. Déjà il s'étoit initié aux mœurs du pays. Le lendemain de son entrée dans la capitale, comme général, il avoit assisté à une messe solennelle célébrée par le cardinal Ruffo; et quoiqu'il eût probablement peu foi aux miracles de saint Janvier, il avoit fait présent à ce patron des Napolitains d'un magnifique collier de diamans. Les jésuites, rétablis quelque temps auparavant, ne furent point inquiétés. Les *lazzaroni,* dont on avoit annoncé l'insurrection générale, ne firent aucun mouvement (1). Le nouveau roi ne manqua pas de courtisans, et l'on vit les familles les plus distinguées lui fournir de nombreux serviteurs. Le prince Bisignano, le commandeur Pignatelli, les ducs de Cassano et de Campochiaro se chargèrent volontiers d'exercer le ministère.

Dans le même temps, la nouvelle duchesse de Lucques et de Piombino prenoit possession de ses Etats, et marchoit, escortée de la garde d'Etrurie, sous des arcs de triomphe et

---

(1) Au moment où le prince Charles paroissoit en Italie à la tête d'une armée, plusieurs villages, et notamment celui de Crispino, s'étoient révoltés. Après le traité de paix, Buonaparte fulmina contre Crispino un décret terrible:

« Les habitans de Crispino ne pourront réclamer les droits de la Constitution; ils seront traités comme une colonie du royaume composée de gens sans patrie; ils seront sous les ordres d'un commandant de gendarmerie; ils paieront un double impôt foncier; ils seront punis avec le bâton. Une pierre placée sur la porte de la maison commune portera cette inscription: *Napoléon Ier, empereur des Français et roi d'Italie, a décrété: Les habitans de Crispino ne sont point citoyens italiens.* »

des guirlandes de myrte et de roses, hommages offerts par la crainte bien plus que par l'affection.

Buonaparte, enivré de tant de fortune et d'hommages, ne rêvoit plus que grandeur. Il avoit à sa cour le prince Charles de Bavière, fils du roi, et le prince héréditaire de Bade, qui devoit bientôt acquitter la dette de son père envers Napoléon. Joséphine Beauharnais avoit une nièce du nom de son mari, jeune, belle, aimable, devenue, depuis l'élévation de sa tante, la princesse Stéphanie. La main de l'électeur de Bade lui fut destinée. Buonaparte en fit part au Sénat, en lui annonçant qu'il avoit adopté la jeune épouse pour sa fille, et la cérémonie du mariage assimila de nouveau le sang de la famille de Buonaparte à celui des souverains.

Mais il avoit des sœurs : souffriront-elles patiemment la préférence que Napoléon semble donner aux parens de sa femme? L'aînée a déjà une principauté, Pauline s'est alliée au prince Borghèse, Caroline restera-t-elle seule l'épouse d'un roturier parvenu? Déjà la discorde est dans la famille. Caroline est vive et impérieuse. L'épée de Murat, si souvent rougie du sang des ennemis de son frère, restera-t-elle sans récompense? Buonaparte a pourvu à tout : les principautés ou les trônes ne manqueront à personne. Si le roi de Bavière s'est enrichi des dépouilles de l'Autriche, ce qu'il a reçu d'une main il le rendra de l'autre; il cédera à Buonaparte assez de territoire pour en faire une principauté, et Murat trouvera à Dusseldorff une souveraineté provisoire, sous le nom de *grand-duc de Berg*. Il reste encore à pourvoir Lucien, Louis et Jérôme. Lucien se montre infidèle à la gloire, mais fidèle à sa femme; Jérôme a besoin d'être encore éprouvé, son noviciat n'est point achevé; la Hollande est à la disposition de Buonaparte, elle sera pour Louis. Déjà l'amiral Werrhuel est à Paris; les dispositions sont faites pour l'érection d'un nouveau trône, et l'on n'attend plus qu'une députation qui doit venir solliciter de la bonté de Buonaparte d'accorder à la Hollande un maître de sa glorieuse race.

Quel effet ne devoit pas produire sur le Corps législatif un accroissement de puissance si rapide et si brillant? Le président se surpassa lui-même dans sa réponse à l'empereur.

« Les années, sous votre règne, sont plus fécondes en évènemens glorieux que les siècles sous d'autres dynasties. Quelques jours valent un campagne.... Le monde se croit re-

venu à ces temps où, comme l'a dit le plus profond et le plus brillant des écrivains politiques, « la marche du vainqueur étoit si ra-
« pide, que l'univers sembloit plutôt le prix
« de la course que celui de la victoire....... »
Les plus anciennes maisons brillent d'un nouvel éclat en se rapprochant des rayons de votre couronne. Après avoir fait et défait les rois, vous avez vengé leurs tombeaux. Ce lieu qui fut le berceau de la France chrétienne voit se relever le temple célèbre où, depuis douze siècles, la mort confondit les cendres de tant de races royales dont toutes les grandeurs égaleront à peine la vôtre. »

Cependant, les triomphes de Buonaparte venoient d'être troublés par une nouvelle fâcheuse. Le cap de Bonne-Espérance, défendu par le général hollandais Jansens, étoit tombé entre les mains des Anglais. Napoléon en témoigna un extrême déplaisir. Le général Jansens étoit brave; il avoit cinq mille hommes, les Anglais n'en avoient que quatre. La position du Cap offre une défense facile et sûre. Le capitaine-général de l'île de France avoit offert un secours qu'on avoit refusé. « Auroit-on, dit Buonaparte, employé certains *moyens d'usage* qui ne sont inconnus à personne ? »
Le simple récit des faits, la connaissance de

la place, une légère idée *du caractère des faiseurs* donnent le mot de l'énigme.

Napoléon savoit en effet ce que rapportoient les moyens d'usage dont il vouloit parler, et l'empereur d'Autriche les avoit soupçonnés trop tard. Cinquante-neuf généraux ou officiers suspects venoient d'être mis à la pension ou à la retraite, d'autres traduits devant un conseil de guerre, et le prince d'Aversberg condamné à mort, puis gracié à la prière de l'empereur de Russie, puis banni pour vingt ans, dépouillé de toutes ses charges, et forcé de verser dans la caisse des pauvres 300,000 florins. Les Russes, et notamment le prince d'Olgorouki (1), s'étoient plaints hautement

---

(1) Les Dolgorouki étoient, de tous les seigneurs russes, les plus opposés peut-être à Buonaparte. Le prince d'Olgorouki, oncle de celui dont il s'agit ici, commandoit les Russes qui devoient descendre en Italie. La princesse Dolgorouki n'avoit rien oublié, dans son séjour à Naples et à Rome, pour y susciter des ennemis à Napoléon. Il s'en vengea par les plus grossières et les plus cruelles injures qu'on puisse se permettre envers une femme; il fit publier à Rome et dans toute l'Europe un prétendu dialogue entre Pasquin et Marforio.

Marforio. Pourquoi, mon cher Pasquin, es-tu si taciturne? Depuis quinze jours, au moins, tu n'as pas desserré les dents.

d'avoir été mal secondés par les troupes d'Allemagne, ce qui avoit provoqué un duel en-

---

Pasquin. *Ohime!* Mon cher Marforio, de même qu'une étoile pâlit devant une fusée, il a fallu me taire le jour où il est arrivé ici un oracle plus causeur que moi.

Marforio. Quelle est donc cette merveille?

Pasquin. Une commère du Nord qui, depuis quarante ans, roule dans l'Europe un nez de perruche et un caquet de pie. On l'a vue établir à Paris un bureau d'esprit qui culbuta faute de fonds. Elle a ensuite ouvert à Naples une école de politique sur les principes auxquels le royaume des Deux-Siciles doit son éclatante prospérité. Enfin, toujours parlant, elle a débarqué à Rome. Son babil est un moulin qu'elle a juré de n'arrêter que lorsqu'il aura mis en poudre l'empire français et le royaume d'Italie.

Marforio. *Diavolo!* voilà une meule qui tournera long-temps!

Pasquin. Bref, mon ami, cette femme ne laisse pas une sottise à dire; elle accapare toutes les inepties; c'est une affiche universelle pendant que mon piédestal reste aussi nu qu'une porte de comédie le jour de Pâques.

Marforio. Je ne vois, mon cher Pasquin, qu'un seul moyen de prévenir notre ruine. Tu es garçon : épouse-la.

Pasquin. *Ahi! ahi!*

Marforio. Qu'elle devienne la *signora Pasquina.*

Pasquin. Tu ignores donc qu'elle a mis hors de service mon pauvre ami Crispin? tu ne sais donc pas qu'au

tre lui et le général autrichien comte de Nosslitz. Il étoit clair enfin que les moyens d'usage avoient produit un grand effet sur l'armée autrichienne.

---

siége d'une ville turque elle fit, par un caprice, périr trente mille hommes? du moins, elle s'en vante.

MARFORIO. Tant mieux, mon ami! une bonne âme qui a détruit tant d'hommes sent qu'elle a beaucoup à réparer.

PASQUIN. Celle-ci a passé l'âge des réparations : ainsi, n'en parlons plus; je n'aime pas les mariages de convenance.

La princesse se plaignit, demanda qu'on recherchât et punît l'auteur; mais l'auteur étoit hors des atteintes et du pape et de la princesse.

CHAPITRE XV.

Distribution de principautés aux membres de la famille de Buonaparte et à quelques-uns de ses grands-officiers. Proclamation du roi de Prusse, en prenant possession de l'électorat de Hanovre. Manifeste du roi d'Angleterre contre le roi de Prusse. Invasion de la Poméranie suédoise. Gêne du commerce dans le nord de l'Allemagne. Brillant combat de la frégate française la Canonnière. *Fêtes du mois de mai. Traité entre la république batave et Napoléon. Louis Buonaparte, roi de Hollande.*

Si la France eût été plus fortement constituée, si le Sénat et le Corps législatif, au lieu de rivaliser d'abaissement et de servitude, eussent senti plus vivement ce qu'ils se devoient à eux-mêmes et à leur pays, les conquêtes des armées françaises ne seroient pas devenues exclusivement la proie d'une famille privilégiée, et le sang de nos soldats n'eût pas coulé uniquement pour son agrandissement.

Mais Buonaparte, qui n'avoit osé prendre le titre d'*empereur de France*, ne s'en regardoit pas moins comme le possesseur absolu. Les conquêtes n'étoient pas pour elle, mais pour lui. Il faisoit des rois sans elle, il en déposoit sans qu'elle y prît aucune part. S'il consultoit quelquefois le Sénat, s'il proposoit quelques lois au Corps législatif, ce n'étoit pas qu'il crût avoir besoin de leur intervention ; mais il vouloit laisser aux Français une ombre de cette liberté qu'ils s'étoient efforcés d'acquérir au prix de tant de sang, et dont quelques-uns gardoient encore le souvenir.

Le grand-duché de Berg étoit à Murat, le trône de Naples à Joseph, Elisa régnoit à Lucques, Louis étoit roi de Hollande avant que le dictateur suprême eût eu la pensée de communiquer ses projets au Sénat ; ses orateurs ne s'y présentèrent que pour lui annoncer que l'empereur avoit jugé à propos de distribuer à sa famille, à ses généraux et à ses ministres, les provinces conquises par ses armées, et qu'ils étoient chargés de leur faire enregistrer les actes de son conseil. En effet, que falloit-il de plus ? on savoit d'avance que le Sénat, le Corps législatif et le Tribunat se confondroient en remercîmens, et s'empresseroient, par leur soumission, de témoigner à leur auguste maître la reconnoissance dont ils étoient pénétrés de ce qu'il daignoit leur faire part de ses sublimes conceptions.

Le 31 mars, l'archi-chancelier Cambacérès, après avoir convoqué extraordinairement les pères de la patrie, vint leur apprendre que l'empereur avoit réglé, par un décret, tout ce qui concernoit ses rapports de famille avec les princes et princesses du sang impérial; qu'il avoit conféré la couronne de Naples et des Deux-Siciles à son frère Joseph; qu'il avoit réuni les Etats de Venise au royaume d'Italie; qu'il avoit érigé en grands fiefs de son empire la Dalmatie, l'Istrie, le Frioul, Cadore, Bellune, Conégliano, Trévise, Feltre, Bassano, Vicence, Padoue, Rovigo, pour en donner l'investiture à ceux de ses sujets qu'il lui plairoit d'appeler à cet honneur, leur en conférer la propriété pour eux et leurs descendans, avec retour à la couronne en cas d'extinction de leur descendance masculine; qu'il avoit réservé le quinzième des revenus que le royaume d'Italie retireroit de ces provinces, pour être distribué aux titulaires de ces fiefs; qu'il avoit arrêté dans son conseil d'accorder au royaume d'Italie une armée française qui seroit payée, pendant six ans, par le trésor impérial, mais à condition que le trésor royal d'Italie verseroit par mois, dans le trésor de France, la somme de 2 millions 500,000 francs; qu'il avoit également créé dans le royaume de Naples et de Sicile six grands fiefs avec le titre de *duchés,* dont il disposeroit à son gré, et qu'il s'étoit réservé sur ce royaume un million de rente annuelle, pour être distribué aux généraux, officiers et soldats qui auroient rendu le plus de services à la patrie et au trône; qu'enfin, le roi Joseph continueroit d'être grand-dignitaire de l'empire, sans que son élévation à un trône étranger pût porter atteinte à ses droits de succession en France.

L'archi-chancelier décrivit successivement les différentes libéralités de Buonaparte. Les duchés de Berg et de Clèves étoient donnés à Murat, en lui conservant le titre de *grand-amiral de France,* pour lui et ses descendans; la principauté de Guastalla à Pauline Buonaparte et au prince Borghèse son époux; celle de Neuchâtel au maréchal Berthier. Plusieurs duchés dans les Etats de Parme et de Plaisance, et la vente des biens nationaux devoient enrichir d'autres favoris de Sa Majesté.

Le Sénat, les tribuns, le Corps législatif ne virent dans ces dispositions que de nouveaux sujets d'admiration, de nouvelles assurances de bonheur et de gloire.

Tandis que le duc de Berg et de Clèves prenoit possession de ses Etats, le roi de Prusse, qui les avoit cédés, annonçoit aux divers cabinets de l'Europe que, par suite d'arrangemens entre lui et l'empereur Napoléon, il alloit prendre possession de l'électorat de Hanovre, et le réunir à ses Etats. La proclamation étoit courte. Le roi donnoit pour motif de ses déterminations le désir de conserver la paix : c'étoit le seul moyen de colorer une invasion aussi extraordinaire. L'Europe toute entière savoit que la Prusse étoit tacitement entrée dans la dernière coalition; qu'elle avoit tout récemment encore entretenu des relations avec le ministère britannique, que dans une entrevue avec l'empereur Alexandre, à Berlin, les deux jeunes monarques avoient fait serment, sur le tombeau du grand Frédéric, de faire une guerre implacable à la France, et que, peu de jours après, ils avoient signé à Postdam une convention additionnelle pour réunir leurs efforts contre elle; que le roi de Prusse avoit fait marcher ses troupes pour seconder les efforts de la Grande-Bretagne dans le Hanovre, et qu'il n'attendoit que le moment d'une défaite des Français pour les achever. Mais M. de Haugwits avoit tout pacifié. Il avoit avec lui M. Lombard, secrétaire du cabinet, et créature de la célèbre comtesse de Lichtenau : c'étoit un homme d'esprit, qui devoit tout aux heureuses dispositions qu'il avoit reçues de la nature. Fils d'un perruquier, il avoit, malgré le peu d'aisance de ses parens, reçu une bonne éducation, s'étoit adonné à la poésie française, et par les succès qu'il y avoit obtenus, avoit séduit le roi Frédéric II, qui le fit secrétaire du cabinet. Lombard joignoit à son talent pour l'art des vers, des manières agréables et quelques avantages de la personne. Il s'étoit lié à Berlin avec Mme de Genlis, lorsque cette dame avoit jugé à propos de quitter la France ; elle lui dédia depuis, par amitié, un de ses romans. Si M. Lombard plaisoit à la cour, il étoit loin d'obtenir la même faveur parmi les Prussiens ; on lui reprochoit la légèreté de sa conduite et son peu de connoissance des intérêts de l'Etat. La mort du roi Frédéric II et la disgrâce de la comtesse de Lichtenau n'influèrent pas sur sa destinée ; il fut nommé conseiller de cabinet, et se lia étroitement avec M. de Haugwits, appelé alors, malgré son peu de moyens, aux affaires : c'étoit, en effet, une tête peu faite pour régler les intérêts d'un grand empire; il passoit pour joueur de profession; il avoit donné publiquement dans la mysticité et la théosophie. Il poussoit la crédulité jusqu'à croire aux évocations et à la magie; mais ses défauts même le faisoient rechercher, et contribuèrent à sa fortune. Le successeur du grand Frédéric le trouva très-aimable, et par conséquent très-propre aux affaires publiques. La comtesse de Lichtenau en fit un ami. On lui confia des ambassades, puis le porte-feuille des affaires étrangères, puis le ministère du cabinet. On le décora de l'ordre de l'Aigle-Rouge et de celui de l'Aigle-Noir. Il reçut en présent des terres d'un magnifique revenu, abandonna la comtesse de Lichtenau, à la mort de Frédéric II, mais se lia habilement avec M. Lombard, qui venoit d'être conservé, et conquit toute la faveur du nouveau monarque; on frappa même une médaille en son honneur. Il sut enfin si bien fasciner les yeux du prince, qu'on lui fit encore présent d'une terre de 120,000 écus. La Prusse entière s'étonnoit de voir les plus hauts intérêts de la monarchie entre les mains d'un homme dont l'indolence et l'inhabileté étaient portées jusqu'au scandale. On le crut disgracié en 1804, le roi l'ayant envoyé dans ses terres, en lui donnant pour successeur le comte de Hardenberg. Mais, grâce aux bons offices de M. Lombard, qui haïssoit ce ministre, il reprit bientôt sa première faveur, et fut envoyé à Vienne après la bataille d'Austerlitz, comme nous l'avons dit. Les caresses de Napoléon, celles de ses courtisans, la haine qu'il portoit à M. de Hardenberg, lui firent aisément oublier les intérêts de son pays pour plaire au héros qui sembloit avoir dans ses mains les destinées du monde. Napoléon obtint de lui tout ce qu'il voulut; le roi consentit à suivre ses avis, l'envoya avec M. Lombard à Paris, où il brisa tous les liens qui attachoient son maître à l'Angleterre et à la Russie, et par cette versatilité, rendit Frédéric odieux aux puissances du continent et à la Grande-Bretagne, sans le réconcilier sincèrement avec la France.

On crut alors que Mme de Genlis n'avoit point été étrangère aux négociations, et qu'elle avoit fait usage de tout son crédit auprès de M. Lombard, pour le faire entrer dans les intérêts et les vues de Napoléon. Il étoit évident que ces complaisances devoient perdre la Prusse, et que le jour où elle refuseroit quelque chose à Buonaparte, elle succomberoit, sans espoir de secours, sous le poids de son ressentiment.

En s'alliant avec l'empereur des Français, le roi de Prusse devoit s'attendre à la guerre avec l'Angleterre et la Suède; car Napoléon s'occupoit de sa vengeance contre le roi Gustave, et s'apprêtoit à lui enlever la Poméranie.

A l'ouverture du Parlement, le roi d'Angleterre fit part aux Chambres qu'il avoit rappelé son ministre près de la cour de Berlin; qu'il avoit en vain essayé la voie des négociations pour détourner le roi de Prusse d'un système destructeur de toute sûreté et de toute possession légitime, que Sa Majesté prussienne s'étoit mise en guerre avec la Grande-Bretagne dans un moment où les deux puissances entretenoient des relations confidentielles; que, sans aucun sujet de plainte, le roi s'étoit emparé de vive force des possessions électorales de Sa Majesté britannique, et qu'elle avoit, en conséquence, pris la résolution d'exclure les bâtimens de ses sujets de tous les ports et de tous les lieux placés sous la domination prussienne ou sous son influence; que la dignité du peuple anglais ne permettant pas à son roi de souffrir de pareilles agressions, Sa Majesté britannique avoit cru de son devoir et de son honneur d'employer pour les repousser tous les moyens qui étoient en son pouvoir.

Ce manifeste étoit de nature à produire une

vive sensation. Buonaparte y répondit par la voie de son *Moniteur*, interprète habituel de toutes ses pensées.

Il demandoit d'abord si la déclaration de guerre étoit juste, question à laquelle il étoit facile de répondre. Il examinoit ensuite si elle étoit sage, et prétendoit que l'Angleterre auroit eu plus d'avantage à négocier, attendu que si la Prusse avoit cédé quelques possessions en Allemagne, ces possessions n'égaloient pas en population le cinquième de la population du Hanovre, et qu'ainsi la cession de cet électorat pouvoit n'être pas regardée comme définitive. Au reproche qu'on faisoit au roi de varier dans sa politique, il répondoit que ses incertitudes devoient être imputées à un ministre furibond qui étoit vendu à l'Angleterre, qui avoit autrefois appartenu à son service, et qui l'avoit quitté pour des raisons que le sentiment des convenances ne permettoit pas de rapporter (1). Il soutenoit que la Prusse, en fermant ses ports aux bâtimens anglais, faisoit moins de tort à son ennemi que l'Angleterre n'en faisoit en Allemagne en mettant

---

(1) M. de Hardenberg étoit né dans l'électorat de Hanovre, et après avoir passé quelques années en Angleterre, avoit été employé dans l'électorat.

tous les ports du Nord en état de blocus. Il étaloit ensuite le tableau de sa puissance et de ses prospérités toujours croissantes. Il indiquoit ses vues prochaines sur la Hollande, en annonçant que M. Schimmel-Pennink avoit perdu les yeux sans retour, qu'il étoit hors d'état de gouverner, et qu'un changement de magistrature produiroit une secousse qu'il étoit prudent de prévenir; il assuroit qu'il n'avoit pris aucune part aux changemens qui devoient survenir dans ce pays. Il déployoit ensuite ses principes sur les formes de gouvernement les plus propres à faire le bonheur des peuples.

« La prospérité et la liberté des nations ne peuvent être garanties que par deux systèmes, la monarchie tempérée et constitutionnelle, ou la république. Il n'appartient pas à toutes les nations de pouvoir sans danger laisser au public le choix de ses représentans; et lorsqu'elle peut craindre les effets de l'assemblée du peuple en comices, cette nation, qui ne peut être protégée par la république, doit avoir recours à la monarchie. »

Il faisoit ensuite une critique amère du gouvernement hollandais, qu'il avoit précédemment organisé lui-même, affectoit un tendre intérêt pour ce pays, et l'engageoit à choisir librement entre la monarchie et la république, lui conseillant néanmoins, pour son propre bonheur, de préférer la monarchie constitutionnelle.

Il annonçoit la prise de possession de Neuchâtel par l'armée du général Oudinot, et se félicitoit d'y avoir enlevé pour plusieurs millions de marchandises; il demandoit comment la Suisse n'étoit pas frappée des dangers auxquels elle s'exposoit, comment elle se défendroit d'une visite de l'armée française à Bâle.

Ces marchandises n'étoient cependant pas toutes anglaises; la plus grande partie provenoit des fabriques de Suisse, et celles qui venoient de l'Angleterre n'étoient point prohibées même par les règlemens de douane de la France; mais plusieurs millions étoient bons à prendre, et peu importoit la ruine des négocians de Bâle, pourvu que Napoléon y trouvât son profit.

Il passoit ensuite aux affaires de la Dalmatie, et se plaignoit vivement du commandant autrichien et des Russes. « Ce général, disoit-il, a manqué à la France et a trahi son maître. Il commandoit à deux mille Autrichiens, et a rendu le fort de Castel-Nuovo à trois cents Russes. » Il annonçoit qu'en représailles le fort de Brannau, qui devoit être remis le

1er avril, n'avoit pas été rendu; que la marche de la grande-armée étoit suspendue, et que les prisonniers de guerre qui devoient être renvoyés en Allemagne resteroient en France jusqu'à nouvel ordre; que c'étoit à l'Autriche d'accomplir les conditions de ses traités et de se faire obéir par ses généraux. Il se félicitoit d'avoir détruit le charme attaché à la réputation des armées russes; et traçant un tableau rapide des diverses coalitions, il faisoit remarquer que la première, qui avoit duré cinq ans, avoit donné à la France la Hollande, la Belgique et la Cisalpine; que la seconde lui avoit donné la Suisse et le Piémont; que la troisième avoit, en trois mois, ajouté à ses possessions Venise, Naples et Gênes. Il parloit de Rome comme d'un foyer d'intrigues, que des ministres anglais, russes, sardes et quelques poignées de mécontens avoient choisie pour le centre de leurs complots. « L'empereur, ajoutoit-il, a demandé qu'ils fussent chassés, et que le souverain d'un État situé dans son empire ne fît rien de contraire à la sûreté de ses armées. Cette demande a donné lieu à plusieurs consistoires, lorsque ceux qui en étoient l'objet se rendant justice à eux-mêmes, ont tous évacué Rome. »

Enfin, pour tracer un tableau complet de

la situation politique de l'Europe, il assuroit que la victoire d'Austerlitz avoit causé une joie extrême à Constantinople, et que l'empire du croissant voyoit avec la plus vive satisfaction le vol rapide de l'aigle impériale de France. Cependant, la possession de la Dalmatie et des bouches du Cattaro n'étoit guère propre à inspirer tant de joie à la sublime Porte, et les Grecs se félicitoient d'avance de voir près de l'ennemi qui les accabloit de son joug, un homme avide de renommée, pour lequel toutes les entreprises aventureuses et brillantes avoient un charme particulier.

Les difficultés survenues entre l'empereur d'Autriche et Napoléon s'aplanirent promptement. Le général Brady, qui avoit livré le fort de Castel-Nuovo, fut traduit devant un conseil de guerre, et les Russes remirent le fort aux troupes allemandes, qui le livrèrent aux troupes françaises.

Pendant près d'un mois, les journaux officiels de Paris retentirent des plaintes de Buonaparte, qui réclamoit impérieusement l'exécution des traités lorsqu'il les violoit sans pudeur, et ne rougissoit pas de déclarer, dans son propre manifeste, que la Suisse et la Hollande, dont il avoit stipulé l'indépendance, faisoient partie de l'empire français.

Le général Kutusow ayant publié une relation de la campagne d'Austerlitz, où il démentoit plusieurs points du bulletin de Buonaparte, il y répondit dans ses journaux du ton le plus amer.

« Le général russe prétend que l'armée qu'il commandoit n'a fait sa retraite que sur la demande de l'empereur d'Autriche, et qu'elle l'a faite dans le meilleur ordre. Si cela est vrai, pourquoi n'a-t-elle pu sauver un caisson, une pièce d'artillerie? Toute l'Allemagne a vu passer les cent quatre-vingt-quinze pièces de canon qu'on lui a prises. Si le général Kutusow a fait sa retraite en si bon ordre, pourquoi tous les fuyards étoient-ils éparpillés? pourquoi ont-ils été ramenés le lendemain, un à un, sans armes et sans sac? pourquoi l'empereur et sa cour ont-ils été sans chemises? pourquoi le sceau même de l'empereur a-t-il été pris? »

Les changemens survenus en Allemagne depuis la bataille d'Austerlitz y produisoient des inquiétudes et une confusion extraordinaires. Les négocians de Bâle adressèrent en vain des réclamations au gouvernement français pour la saisie de leurs marchandises à Neuchâtel. La morale de Napoléon étoit celle d'un personnage célèbre au théâtre : *ce qui est bon à prendre est bon à garder.* Cet acte de violence porta un coup funeste au commerce de la Suisse. Celui du nord de l'Allemagne se trouva dans la plus extrême détresse, les Anglais ayant déclaré le blocus de tous les ports, et celui de l'Elbe et du Weser. Buonaparte fulmina en vain contre cette mesure, qui portoit, disoit-il, une atteinte criminelle à la liberté des villes anséatiques. Mais lui-même opprimoit ces villes, les frappoit de contributions et d'emprunts; Hambourg étoit à la discrétion de MM. de Bourrienne et Lachevardière, ses agens diplomatiques. Il est vrai qu'il soutenoit que c'étoit pour leur bien, et pour forcer l'Angleterre à respecter un jour le pavillon de toutes les nations. La terreur gagnoit les parties de l'Allemagne les plus reculées. Le roi de Suède parut d'abord disposé à protéger par la voie des armes ses possessions en Poméranie. Stralsund pouvoit soutenir un siége; mais le roi sentit bientôt qu'il ne pouvoit lutter avec un empire dont les forces dissiperoient sans peine tout ce qu'on oseroit lui opposer. Il se contenta d'une protestation véhémente contre Sa Majesté prussienne, et d'ordonner quelques fortifications. Ainsi, cette province ne pouvoit manquer de tomber dans le tourbillon du grand astre politique, et Buonaparte voyoit déjà son ennemi chassé d'une partie de ses Etats. Déjà même on entrevoyoit que la Saxe se ressentiroit aussi du joug de Napoléon, et l'on parloit hautement de l'érection d'un trône en faveur de l'électeur.

Cependant, au milieu de tant d'usurpations, tout espoir de paix n'étoit pas perdu. Buonaparte avoit solennellement déclaré qu'il étoit prêt à traiter avec l'Angleterre sur les bases du traité d'Amiens. Il comptoit particulièrement sur les dispositions du ministre Charles Fox, auquel il avoit fait un accueil extraordinaire à Paris. En conséquence, dès le mois de février, il envoya à Londres un parlementaire; mais le roi se refusa à toute proposition, et Fox lui-même déclama dans la Chambre des communes avec une extrême animosité contre l'agrandissement toujours croissant de l'empire français. Mais, peu de temps après, Fox se radoucit, soit qu'il jugeât la paix utile à son pays, soit que Buonaparte eût employé auprès de lui quelques-uns de ces moyens conciliatoires qui lui réussissoient si bien.

Pour se faire des partisans dans toutes les religions et dans tous les lieux, il se déclara le protecteur de tous les Juifs français qui se trouvoient dans les Etats de Saxe et de Hesse, et il exigea qu'on les affranchît des droits extraordinaires qu'on exigeoit d'eux sous prétexte de leur religion. Ces Juifs ne lui étoient point inutiles; ils lui rendoient service pour service, et lui fournissoient souvent en secret des renseignemens dont sa politique savoit s'accommoder. Ainsi, soit par l'adresse, soit par la force, il se jouoit de toutes les combinaisons des hommes, et ne trouvoit d'ennemis redoutables que dans les élémens, qui se refusoient obstinément à sa domination. Sa marine périssoit en détail, tandis que ses forces de terre se rendoient redoutables à toute l'Europe. Cependant il eut un vif sujet de satisfaction dans la conduite d'un officier de marine qui commandoit la frégate *la Canonnière*. Rencontrée près du cap de Bonne-Espérance par un vaisseau anglais de 74, qui escortoit un convoi des Indes orientales, elle ne déclina pas le combat, et le soutint avec une telle intrépidité pendant un jour entier, qu'elle força l'anglais à l'abandonner. Ce beau fait d'armes illustra le nom du capitaine de vaisseau Bouraine. La bravoure ne manquoit jamais à nos marins, rarement l'habileté; mais le ministre Decrès, en s'obstinant à jeter en mer des escadres trop foibles pour lutter contre l'ennemi, faisoit périr notre marine en détail. Ce système, adopté par Buonaparte, étoit d'autant plus incompréhensible, qu'il n'agissoit lui-même sur terre qu'avec de grandes masses, et que la plupart de ses victoires avoient été gagnées *à coups d'hommes,* comme disoient Moreau et Kléber. Il est vrai que, dans la dernière campagne, il avoit eu affaire à des armées aussi nombreuses que les siennes; mais, il convenoit d'ajouter à ses forces effectives les 5o millions de la Banque, car il prenoit autant de soin de grossir ses caisses que ses armées. Les Etats les plus pauvres étoient tenus de subvenir à ses besoins; et quelque malheureuse que fût la république batave, il avoit trouvé encore moyen de lui tirer 3 millions. Il est vrai qu'il lui promettoit de hautes destinées, une prospérité prochaine, une gloire immense à l'ombre de son sceptre.

A peine étoit il de retour à Paris, qu'il s'occupa de réaliser ces promesses. Le grand-pensionnaire étant presqu'aveugle, ce fût un heureux prétexte pour se mêler du gouvernement de la république. Ce magistrat suprême avoit trop d'esprit pour ne pas avoir conçu, en acceptant ses hautes fonctions, qu'il lui faudroit bientôt résigner sa place à un autre. Cependant, soit que le charme du pouvoir eût exercé son influence sur son cœur, soit qu'il conservât un reste de ce puissant intérêt qu'inspire le bonheur de la patrie, il parut peu disposé à se prêter aux nouvelles combinaisons de Buonaparte; et lorsque le Corps législatif et les ministres furent assemblés pour recevoir les communications de l'arbitre suprême du continent, il s'en absenta le plus qu'il lui fut possible. Ces conférences se tenoient mystérieusement; mais le secret perça bientôt dans le public, et la Hollande apprit avec plus de douleur que d'étonnement qu'il étoit question de lui donner un roi, et de le recevoir de la main de Napoléon. Quel étoit ce roi? Joseph étoit pourvu, Lucien se tenoit constamment éloigné de son frère, Jérôme n'étoit pas même reconnu prince, Murat ne possédoit qu'un simple duché; Louis vivoit dans la retraite, paroissoit chérir son obscutité et redouter l'éclat du trône; mais ce caractère même attira sur lui les yeux des Hollandais; et ne pouvant résister à Buonaparte, ils regardèrent comme une ressource, dans leur malheur, d'avoir pour maître un homme doux, modeste, incapable de sacrifier les intérêts du peuple qui lui seroit confié. Il fut donc résolu de céder à Buonaparte, puisqu'il étoit impossible de lui résister, mais de ne lui céder qu'autant que ce seroit à son frère Louis que la couronne et le sceptre seroient déférés.

Si, lorsque Napoléon étoit engagé en Allemagne, lorsque la Suède étoit armée, lorsque la Prusse étoit décidée à s'armer, les Etats de Hollande eussent été capables d'une grande résolution, s'ils eussent eu la pensée de secouer le joug qui les accabloit, il est probable que cette malheureuse province eût pu s'assurer, par une généreuse insurrection, un sort meilleur que celui que lui préparoit Buonaparte; mais elle étoit sans argent, presque sans armes, et abattue par une longue servitude; elle se décida à composer avec la nécessité. Elle envoya donc une députation à Paris, chargée de présenter à Buonaparte le vœu *libre* des Hollandais, de résigner entre ses mains la Constitution républicaine, et de lui demander son frère pour la gouverner. Trois mois se passèrent en délibérations, en projets de Constitution. Louis n'assista à aucune de ces conférences; mais lorsque tout fut convenu, les membres de la députation se rendirent auprès de lui pour le décider à accepter la couronne. Louis parut décidé à la refuser. On lui représenta en vain que l'ancien stathouder venoit de mourir, et que le prince héréditaire avoit accepté Fulde en indemnité, et renoncé à ses droits; il remercia les députés de leurs bons sentimens, et leur déclara que l'éclat d'une couronne n'avoit aucun charme pour lui. Mais Buonaparte s'expliqua plus ouvertement; il lui fit entendre qu'il n'étoit que son sujet, et qu'il devoit obéir. Ainsi, le 5 juin, le ministre Talleyrand se transporta à Saint-Leu, maison de campagne du prince, lui intima les ordres de son frère, et lui lut à haute voix, ainsi qu'à Hortense, les conditions du traité et les Constitutions de son royaume, en lui demandant s'il les acceptoit.

Louis représenta qu'un ouvrage aussi important ne pouvoit être jugé sur une simple lecture; mais l'envoyé de Napoléon lui déclara que tout étoit fini, et qu'il seroit proclamé roi le surlendemain.

Louis se résigna : son existence devenoit de jour en jour plus pénible; il étoit l'époux d'une femme qu'il n'aimoit pas, et dont l'union forcée avoit répandu sur ses jours une teinte de tristesse qu'il ne put jamais dissiper; sa santé se détérioroit de plus en plus; une chute de cheval lui avoit fortement lésé le genou; un rhumatisme aigu s'étoit fixé sur l'un de ses bras; et malgré les bains fréquens d'eaux minérales, il venoit tout récemment de perdre l'usage de la main; sa vie intérieure étoit remplie de chagrins. Il avoit, en l'absence de

Murat, rempli avec succès les fonctions de gouverneur de Paris, et montré assez d'habileté pour former rapidement une armée du Nord, au moment où la Prusse menaçoit la Hollande. Après la paix, il l'avoit retirée. Son frère, qui avoit instamment demandé cette armée, lui reprocha également de l'avoir assemblée et de l'avoir dissoute, et le reçut avec humeur à Strasbourg, où il étoit allé l'embrasser à son retour. Depuis cette époque, sans emploi à Paris, sans emploi à l'armée, abandonné des hommes, qui fuient la disgrâce, Louis se voyoit sans considération et sans pouvoir, réduit, en sa qualité de *connétable,* à faire des présentations à la cour de son frère. Au milieu de ce délaissement général, il cherchait dans l'étude des lettres des distractions à ses peines, se plaisoit à recevoir des leçons de versification, tantôt de M. Desprez, son secrétaire des commandemens, tantôt de M. Lablée, avec lequel il entretenoit une correspondance. Il falloit maintenant renoncer même à ces obscures douceurs pour aller gouverner un peuple qui gémissoit intérieurement de l'abaissement auquel la force des armes et la mauvaise fortune l'avoient réduit.

Au jour fixé pour la cérémonie, Buonaparte

monta sur son trône, se fit présenter les députés de la république, écouta leur discours, qu'il avoit fait rédiger d'avance, répondit que le bonheur de la Hollande avoit toujours été un des premiers besoins de son cœur, qu'il auroit pu en disposer à son gré, qu'il avoit mieux aimé leur laisser le choix de leur gouvernement, et qu'il adhéroit à leur vœu ; se tournant ensuite vers son frère, il lui dit :

« Vous, prince, régnez sur ce peuple : qu'il vous doive des rois qui protégent ses libertés, ses lois, sa religion ; mais ne cessez jamais d'être Français. La dignité de *connétable* sera conservée pour vous et vos descendans ; elle vous retracera les devoirs que vous avez à remplir envers moi. Entretenez parmi vos troupes cet esprit que je leur ai vu sur le champ de bataille. Entretenez dans vos sujets des sentimens d'union et d'amour pour la France. Soyez la terreur des méchans et le père des bons : c'est le caractère des grands rois. »

Louis répondit que « sa personne et sa volonté étoient à l'empereur, qu'il iroit régner sur les Hollandais, puisque ces peuples le désiroient et que son frère l'ordonnoit. »

Il resta encore neuf jours à Saint-Leu, s'occupant avec les députés de prendre une idée de la situation de leur pays. Il savoit déjà que les caisses étoient vides, mais il se flattoit que son frère lui feroit remettre les 3 millions qu'il en avoit tirés nouvellement. Son frère ne rendit rien; et le nouveau monarque partit pour ses Etats avec 700,000 francs, produit estimable de ses économies personnelles.

FIN DU SIXIÈME VOLUME.

TABLE DES CHAPITRES

DU SIXIÈME VOLUME.

Chapitre premier. Protestation de Louis XVIII, roi de France, contre l'usurpation de Buonaparte. Lettre noble et courageuse de ce prince au roi d'Espagne, en lui renvoyant l'ordre de la Toison-d'Or. Commencement du procès du général Moreau et de ses co-accusés. Explication de lord Hawkesbury, à l'occasion des intrigues politiques de M. Drake et de sir Spencer Smith. *Page* 1

Chap. II. Fin du procès du général Moreau, de Georges Cadoudal et de ses co-accusés. 14

Chap. III. Etablissement de la maison impériale. Nomination des grands-officiers du palais. Récompenses accordées. Réponse de Buonaparte à la protestation de Louis XVIII. Rappel du ministre Fouché. Etablissement public des jeux. Rétablissement des missions étrangères. Améliorations de plusieurs parties de l'administration. Départ de Buonaparte pour les frontières du Nord et de l'Est. 79

Chap. IV. Continuation des préparatifs pour la descente en Angleterre. Vaste plan de Napoléon. Etat des forces maritimes de la Grande-Bretagne. Attaques inutiles des Anglais contre la flotille et les ports français. Enlèvement nocturne de sir Georges Rumbold, ministre d'Angleterre à Hambourg. Vives remontrances du roi de Prusse. *Page* 118

Chap. V. Préparatifs du couronnement de Buonaparte. Allocution du Saint-Père dans un consistoire secret. Son départ de Rome, son arrivée à Paris. Cérémonie du sacre. Distribution des aigles au Champ-de-Mars. Départ de Pie VII. 138

Chap. VI. Convocation du Corps législatif. Changemens survenus dans le ministère anglais. Hostilités commises envers l'Espagne par la marine anglaise. Violent dépit qu'en ressent Buonaparte. Déclaration de guerre de l'Espagne contre l'Angleterre ; manifeste de la première de ces deux puissances. 172

Chap. VII. Lettre de l'empereur Napoléon au roi d'Angleterre pour lui demander la paix. Réponse de lord Mulgrave à M. de Talleyrand. Départ d'une escadre française sous les ordres du contre-amiral Missiessy. Direction de cette flotte; ses succès. Brillante campagne de l'amiral Linois dans les mers de l'Inde. Funeste issue de cette expédition. Fondation d'une ville nouvelle dans la Vendée, sous le nom de *Napoléon*, et sur les ruines de la Roche-sur-Yon. Députation de la Consulte italienne, qui défère la couronne d'Italie à Napoléon. Levée de soixante mille conscrits. Collation de la principauté de Piombino à la sœur de Buonaparte Eliza Bacciochi. Expulsion de M. Salvatico des Etats d'Etrurie. 184

Chap. VIII. Manifeste de l'Angleterre contre l'Espagne. Signes visibles de mécontentement de la part de l'empereur d'Allemagne. Amélioration de quelques branches d'administration intérieure. Nouvelle constitution de Hollande. M. Schimmel-Penninck nommé grand-pensionnaire. Départ de Napoléon pour l'I-

talie. Couronnement. Réunion de Gênes, de Parme et Plaisance à l'empire français. Réunion de la république de Lucques à la principauté de Piombino.
Page 217

Chap. IX. Retour de Buonaparte en France ; son départ pour le camp de Boulogne. Vive inquiétude de l'Angleterre. Napoléon lui dérobe le secret de ses projets. Départ du contre-amiral Magon pour rejoindre l'amiral Villeneuve. Activité prodigieuse de Nelson pour découvrir et combattre Villeneuve ; inutilité de ses recherches ; son retour en Angleterre. Combat entre les flottes combinées de France et d'Espagne et l'escadre de sir Robert Calder. Issue du combat. 247

Chap. X. Mécontentement des puissances continentales en apprenant la réunion de Gênes. Préparatifs de guerre. Signes évidens d'une prochaine rupture avec l'Autriche, et d'une nouvelle coalition entre les cours de Saint-Pétersbourg, de Vienne, de Londres et de Stockholm contre la France. Négociations infructueuses pour éviter une rupture. Invasion des Autrichiens en Bavière. 262

Chap. XI. Campagne mémorable contre les Russes et les Autrichiens. Suite inouïe de victoires. Honteuse capitulation du général Mack à Ulm. Désastres sur mer ; ruine de la marine française à Trafalgar. 284

Chap. XII. Nouveaux succès de l'armée française. Les Autrichiens battus partout. Inutiles efforts de leur armée et de celle des Russes pour couvrir Vienne. Buonaparte y entre, continue sa marche. Retraite des armées alliées. Napoléon les pousse jusqu'à Olmütz. 351

Chap. XIII. Armée d'Italie ; succès qu'elle obtient.

Nouveaux progrès de l'armée française en Moravie. Bataille et victoire d'Austerlitz. Retraite des Russes. Paix de Presbourg. *Page* 344

Chap. XIV. Retour de Buonaparte. Il s'arrête à Munich pour la célébration du mariage d'Eugène Beauharnais. Son arrivée à Paris. Disgrâce de M. Barbé de Marbois. Mort du célèbre ministre Pitt. Traité entre la France et la Prusse. Invasion du royaume de Naples. Elévation de la famille de Buonaparte. Intérieur. Prise du cap de Bonne-Espérance. 383

Chap. XV. Distribution de principautés aux membres de la famille de Buonaparte et à quelques-uns de ses grands-officiers. Proclamation du roi de Prusse, en prenant possession de l'électorat de Hanovre. Manifeste du roi d'Angleterre contre le roi de Prusse. Invasion de la Poméranie suédoise. Gêne du commerce dans le nord de l'Allemagne. Brillant combat de la frégate française *la Canonnière*. Fête du mois de mai. Traité entre la république batave et Napoléon. Louis Buonaparte 416

FIN DE LA TABLE.

www.ingramcontent.com/pod-product-compliance
Lightning Source LLC
Chambersburg PA
CBHW071059230426
43666CB00009B/1755